증상이 아니라 독특함입니다

부모와 교사를 위한 신경다양성 안내서

증상이 아니라 독특함입니다

THE POWER OF NEURODIVERSITY　　토머스 암스트롱 지음 | 강순이 옮김 | 김현수 감수

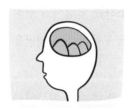

새로온 봄

추천의 글

이 책은 자폐증, 우울증, 난독증, ADHD 등에 대해 '뇌가 고장 난' 사람으로 보는 질병 중심의 시각에서 벗어나 '신경다양성'이라는 두뇌의 다양성 측면에서 접근하여 강점, 재능, 적성을 강조하는 혁명적인 관점을 제시한 책입니다. 또한, 각 주요 유형별로 적소 구축이라는 대안을 제시했다는 점에서 더욱 큰 의미가 있습니다.

장애를 결핍으로 인식하고 무능력하고 불가능한 존재로 치부하는 사회에서, 이런 편견을 깨고 장애는 결핍이 아닌 가능성의 다름임을 강조하는 이 책은 '마른 땅에 단비'와도 같이 느껴집니다. 10년만 더 일찍 나왔더라면 얼마나 좋았을까 하는 개인적인 아쉬움과 함께!

저자의 바람처럼 이 책을 통해 신경다양성을 가진 사람들이 편견에서 해방되고 자신의 삶에서 존엄성과 온전한 자기 모습을 찾을 수 있기를 바랍니다. 이 책은 집단주의가 강해 다름과 틀림을 구분하지 못하는 한국사회에서 이들에 대한 새로운 방향을 제시할 것입니다.

심각한 우울증을 이겨내며 한줄 한줄 군더더기 없는 깔끔한 문장으로 오랜 고민과 공부가 느껴지는 역작을 쓴 토머스 암스트롱과 적확한 단어를 선택하고 꼼꼼한 번역을 한 강순이 선생에게도 감사드립니다.

세상을 더욱더 풍요롭게 하는 신경다양성! 이들을 억압하는 사회가 아니라, 받아들이고 인정하며 가장 적합한 분야를 찾아주는 세상! 장애가 아닌 축복으로 보게 될 날이 오기를 조심스레 꿈꿔 봅니다.

_김정웅, 함께웃는재단 이사장

어서 와, 신경다양성은 처음이지?

estas는 한국 내 성인 자폐인 당사자들의 모임입니다. estas는 다른 '발달장애인 자조모임'들과 다르게 자치적인 성격을 갖고 있어 일체의 외부 간섭이 없다는 것이 특징입니다. 이런 상황에서 자조모임의 성공적인 운영을 위해 필요한 것은 이념이었고, 이에 적절한 '신경다양성'을 기쁘게 받아들였습니다. '신경다양성'은 우리가 자폐인이라는 사실을 긍정할 수 있게 해주었고, 우리는 차별받아서는 안 된다는 것을 스스로 확실히 할 수 있게 했습니다.

estas는 지난 2018년, 외부 재단의 지원으로 영국에 다녀왔습니다. 영국에서 만난 자폐인들은 신경다양성에 매우 공감하였고 estas도 이를 받아들이면 자조모임의 방향을 정하고 발전시키는 데에 긍정적일 것이라고 이야기해 주었습니다. 이후 estas는 신경다양성이라는 개념을 더 깊게 알아보고 싶었으나 인터넷 또는 책 어디에서도 정보를 얻기 어려웠습니다. 한국에서 신경다양성을 이야기하는 사람은 극소수여서 신경다양성에 대해 알고자 한다면 해외 논문을 읽거나 원서를 구해야 했습니다. 그러나 이제 이 책이 한국어로도 나오면서 더 이상 그런 수고를 하지 않아도 되어 매우 기쁩니다.

여러분은 이 책을 손에 쥐었고, 이제 신경다양성이라는 낯설지만 독특한 세계를 탐험하게 될 것입니다. 지금까지 한국 사회에서는 알려지지 않은 낯선 개념이기에 읽다가 이해가 잘 되지 않을 수도 있습니다. 하지만 estas는 여러분이 그런 '시행착오'를 통해 신경다양성에 대해 진정으로 공감하는 계기가 될 것이라고 믿습니다. 특히 한국 사회에 신경다양성을 어떻게 확산시킬까 하는 고민을 estas도 늘 해왔지만, 이제 여러분도 함께 하게 되길 바라봅니다. 신경다양성의 세계에 들어선 당신을 환영하며 인사로 맞이합니다.

"어서 와, 신경다양성은 처음이지?"

_성인 자폐인 자조모임 'estas'의 회원 다같이

토머스 암스트롱은 이 책에서 자폐 장애를 포함한 정신장애에 대해 신경다양성이라는 용어로 장애에 대한 부정적인 측면보다 긍정적이고 포괄적인 시야를 제시합니다. 실제 장애의 기준은 우리 사회가 만들어 낸 고정관념과 선입견에 근거하고 있습니다. 장애인은 우리를 불편하게 하는 대상이 아니라 다른 사람들이며 고유의 강점을 가지고 있다는 저자의 통찰은 정신장애인에게 기회가 주어지지 않는 우리 사회에 시사하는 바가 큽니다.

(주)테스트웍스는 아직은 작지만 장애인에게 기회를 만들기 위해 노력하고 있고 또 실제 검증하고 있습니다. 우리 회사에서 인공지능 데이터가공 업무를 하는 발달장애인은 비장애인에 비해 2배 이상의 생산성을 보이고, 고품질의 데이터를 만들어 내고 있습니다.

다름을 인정하고 포용적인 사회를 만들기 위해 우리는 다양성의 측면에서 정신장애인을 바라보고 이들의 강점을 어떻게 활용해야 하는지 사고의 전환이 필요합니다. 이에 대한 구체적인 대안을 제시하는 이 책을 우리 사회에 긍정적인 변화를 불러오고 싶어 하는 체인지 메이커들에게 꼭 추천하고 싶습니다.

_윤석원 (주)테스트웍스 대표이사

저는 평범한 초등일반교사로 살아오다 선천성 질환으로 발달장애가 있는 둘째 아이를 양육하며 특별한 아이들에 대해 관심을 가지게 되었습니다. 뒤늦게 특수교육을 공부하고 지금은 모든 학생을 위한 배움중심교육을 연구하고 실천하며 살아가고 있습니다. 제가 그토록 전하고 싶었던 모든 학생의 다양성을 인정하고 존중하는 교육에 대해 저자는 뇌의 신경학적 다양성이라는 관점에서 너무나 명쾌하게 풀어주었습니다. 저자의 글을 단숨에 읽으며 가슴속에서부터 뜨거운 것이 밀려들어 오는 느낌을 받았습니다. 미래의 우리나라 통합교육이 나아가야 할 방향을 제대로 보여주고 있기 때문입니다.

초등학교의 어떤 교실에서든 틱이 있는 아이, ADHD가 있는 아이, 말더듬이 있는 아이, 품행장애, 반항장애가 있는 아이, 선택적 함묵증이 있는 아이, 학습장애가 있는 아이, 발달장애가 있는 아이를 쉽게 찾아볼 수 있습니다. 이 아이들을 소위 정상에서 벗어난 비정상 범주의 아이들로 보는 것이 아니라 신경다양성의 연속성 상에서 바라보며 그들의 강점을 교육활동에 최대한 활용하라는 저자의 메시지는 교사들과 그들을 양육하는 부모들에게 커다란 통찰을 전해줄 것입니다. 신경다양성의 힘에 관한 저자의 친절한 안내를 따라가다 보면 어느덧 긍정에너지와 삶의 희망으로 가득 찬 자신을 발견하게 될 것입니다.

_김명희 서울묘곡초등학교 교사, 특수교육학 박사

'장애'를 꽃들의 세계에 비유하여 설명한 책의 첫 문장부터 마지막 페이지까지 앉은자리에서 손을 놓지 못하고 끝까지 단숨에 완독했습니다.

이 책은 우리가 '장애'에 대해 십수 년 동안 고정적으로 갖고 있던 사고의 틀을 '신경다양성'을 통해 깨도록 합니다. 저자는 신경다양성을 뇌과학 이론과 인류학, 진화심리학 등 과학적 연구를 종합해 체계적으로 쉽게 설명합니다. 또한 어떻게 새롭게 바라보고 이해해야 하는지 구체적인 시각적 도구tool까지도 제시해주고 있습니다.

기존의 책들이 이론적인 사실과 원칙 제시에만 머물고 실제적인 대안과 새로운 관점과 방법을 제안하는 데에는 힘없이 끝나고 말았던 한계들이 있어 답답한 적이 많았는데, 이 책은 마지막 장까지 우리가 교실 안에서, 가정에서, 사회에서 개개인의 아이들을 어떠한 시각과 관점으로 바라보고 대해야 하는지를 '신경다양성'을 통해 힘있게 말하고 있습니다. 물론 그 아이가 장애가 있건 없건 예외 없이 말입니다.

특수교사를 포함하여 한 교실 안에서 하루에도 수십 건씩 툭툭 튀어 나오는 여러 아이들의 문제에 대해서 하루하루 에너지가 소진되고 감정적으로 지쳐가는 수많은 교사, 가정에서 양육하는 부모에게까지 필요한 책일 것 같습니다. '결핍, 손상, 기능장애'의 세계에서 아이들을 바라보았던 기존 관점을 '특별한 강점, 재능, 능력, 가능성'의 세계에서 아이들을 바라볼 수 있도록 새로운 세계관을 제시해 주고 있습니다. 이 책을 덮는 순간 자신이 아이들을 바라보고 있던 관점이 어떠

했는지 알아 차리고 내면의 에너지가 소진되는 원인도 깨닫게 될 것
입니다.

_박현주 인천작전초등학교 특수교사

"증상이 아니라 특성입니다. 징후가 아니라 서번트입니다"

지나친 질병과 장애 패러다임에서 벗어나 새로운 희망 만들기

다른 것이 더 아름답다

숨 막히는 획일주의 문화 속에 오래 살아온 우리는 다름에 대한 인정과 포용이 더 어렵지만, 진화와 발달의 본질은 계속 변화하고 달라지는 것입니다. 그러므로 다른 것과 함께하고 다른 것을 풍요롭게 보고자 하는 우리의 노력은 우리의 본성에 해당하는 것입니다. 다른 것을 배척하는 것은 자연의 법칙을 수용하지 못하는 것입니다. 그런 점에서 다양성은 우리를 진보하게 만드는 아름다운 요소입니다. 그러므로 다양성은 존중받아야 합니다.

여러 어려움이 있는 아이들을 만나면서 제가 경험한 현실은, 진단이 중요하지만, 아이들이 그 진단으로 받는 상처가 너무 크다는 것이었습니다. 영국의 Sinason이라는 분이 말한 "어떤 사회는 First handicap(원래의 어려움)도 잘 도와주지 못하면서, Second handicap(사회적 편견과 배제)을 더 크게 준다"는 사회가 바로 우리 사회였습니다. 그래서 저는 새로운 학교를 시작했고 학교의 모토를 이렇게 정했습니다.

"진단보다 상처가 중요하다", "재능을 발견하는 것이 공부하는 것보다 더 긴급한 일이다", "세상에 똑같은 사람은 없다", "사실보다 태도가 중요하다", "우리에게는 모두 역할이 있다", "다른 것을 아름답게 하는 학교"

이런 정신을 실천하려고 노력하면서 성장학교 별을 운영했고, 20여 년 가까운 세월이 흐르면서, ADHD였는데 프로저글러가 되어가고 있는 친구, 조현병이었는데 아마추어 가수가 된 친구, 그리고 자폐증이었는데 일러스트를 잘하는 친구, 예술학교에 입학하고 화가가 되어가고 있는 친구, 정말 성실하게 직장에서 여러 제안을 하면서 스태프로 일하고 있는 자폐 및 지적 장애 친구, 이런 친구들과 함께 지내면서 이들의 우수함과 성실함, 그리고 인생에 대한 깊은 이해와 사랑에 놀라고 있습니다.

진단을 넘어, 신경다양성으로, 새로운 재능과 가치로!

토머스 암스트롱이 7가지 질환을 중심으로 서술한 이 책에는 마치 토머스 암스트롱과 호흡을 함께 해온 것처럼 비슷한 저의 관점이 담겨 있습니다. 저자인 토머스 암스트롱도 현장에서 특수교사로 출발하여 교수가 되고, 작가가 되고, 또 기관을 설립하고 트레이너, 워크숍 진행자가 되면서, 수많은 아이들과 부모들을 만났을 것입니다. 그리고 저와 마찬가지로 그 과정에서 소위 진단받은 아이들이 '다른 방식으로 특별히 능력 있는 사람들differently abled'이 아니라, 재능이 없거나 능력이 없는 사람들disabled로 남겨지는 경험을 하고, 안타까워하고 힘들어했을 것입니다. 그래서 새로운 개념이 필요했을 것입니다. 이들의 독특함uniqueness과 창의성과 희소성은 어찌 보면 우리 정신세계의 또다른 면을 보여주는 특별한 가치가 있다는 것입니다. 이를 아는 사람이 더 많아야 한다는 간절한 바람이 이 책에 담겨 있다고 생각합니다.

신경다양성을 새로운 사회적 힘으로 받아들이는 노력은 이미 시작되었다

10년 전 아스퍼거증후군이 있었던 자녀의 어머니인 주디 싱어가 말하고, 저널리스트 하비 블룸이 제기해서 시작된 이 신경다양성의 개념은 당사자들과 그 가족, 그리고 신경다양성 이론을 모색하는 전문가들에 의해 점차 확장되고 있습니다. 이 책에서는 그간 질병, 장애로 설명되면서 정상-비정상을 단절된 차원에서 이해하던 것을 넘어, 신경다양성으로 이해하고 정상과 비정상을 연속체로 이해하자는 제안을 하고 있습니다.

2017년 하버드 비즈니스 리뷰에 '신경다양성을 경쟁력으로'라는 제목으로 기사가 실리면서 세상에 널리 알려졌습니다. 자폐증이나 ADHD가 있는 친구들을 단지 복지차원이 아니라 그들의 재능을 사회적으로 필요해서 직원으로 뽑기 시작했다는 뉴스였습니다. 마이크로소프트사, 휴렛 팩커드사 등과 같은 기업들이 신경다양성 그룹의 친구들을 전통적인 방식의 면접이나 취업프로세스가 아닌 다른 '어울리기hangouts'라는 특별한 방식을 통해 선발하고, 이미 선발했던 그룹들에서 특별한 성과가 발휘된 분야가 있다는 보고가 그 뉴스에 실렸습니다. 또 그 과정에는 신경다양성 그룹의 친구들의 취업을 돕는 스페셜리스테른Specialisterne이라는 회사의 노력이 있었다고 합니다. 이제 출발을 시작한 것입니다.

재능을 잘 키워 구체적인 희망을 만드는 일

이 책의 후반부는 교실 이야기로 정리가 됩니다. 이 그룹의 친구들이 자신의 재능을 인정받고 증상이 아니라 특성이고, 징후가 아니라 서번트라는 것을 발견해주는 학교, 선생님, 그리고 이 특성과 서번트를 키워줄 교실이 간절히 필요하다고 호소하고 있습니다. 다중지능부터 시작해서 신경다양성의 개념을 잘 이해하면 우리는 이 그룹의 친구들이 세상을 빛나게 할 수 있는 재능있는 아이로 변화시킬 수 있다는 염원을 실천할 수 있습니다. 그렇기 때문에 교실 이야기로 마무리가 됩니다. 토머스 암스트롱은 신경다양성 교실 이야기를 주제로 책을 한 권 더 썼습니다. 부모를 돕고 선생님들에게 영감을 주기 위해서겠지요.

나의 ADHD 극복기 - 그래도 재능을 알아준 선생님들 때문에 살았다

끝으로 제 이야기를 한마디 보탭니다. 저도 어렸을 때부터 ADHD라고 줄곧 혼났었습니다. 물건 잃어버리기, 떠들기, 까먹기, 지우개 쓰지 않고 그 위에 덧쓰기 등으로 초등학교 때 엄청나게 혼나고, 중학교 때도 떠들기, 줄 안 서기 등등으로 많이 맞았으며 성적표의 담임선생님 이야기는 늘 '주의가 산만하여'로 시작했었습니다. 하지만 다른 장점 즉 새로운 제안, 좋은 아이디어를 내는 것, 표어 만들기, 글쓰기 등에서 상을 받으면서 저를 칭찬해주는 몇몇 선생님이 계셔서 학교를 간신히 버텼습니다. 그나마 잘하는 것이 있었다는 것이 정말 살 수 있었던 힘이었습니다.

　다 큰 지금도 한 가지 일을 못 하고 여러 가지 일을 하면서 비난받기도 하고 욕도 먹고 하지만, 또 그래서 칭찬을 받기도 합니다. 새로운 지식에 대해 늘 목말라 해서 이것저것 공부 많이 하고, 한 번 집중하면 하루 종일 집중하기도 합니다. 우산은 아예 가지고 다니기 두렵고, 때로는 겉옷도 어디에다 두고 온지 모르고 집에 오기도 합니다. 그래서 그냥 우산은 포기했고, 겉옷은 입지 않기도 합니다. 그리고 어떻게 의사도 되고 작가도 되었습니다.

하나에만 조용히 집중하라는 것은 저에게는 고통입니다. 아마 둘 이상이 눈에 들어올 때 더 효율적으로 하는 법을 누가 가르쳐주었으면 더 잘 되었을 것입니다. 혼나서 생긴 상처로 인해 시간을 허비하는 것이 줄었을 테니까요. 그래서 중학교 때 저를 지지해주었던 선생님들을 마음속으로 늘 고마워하며 살아왔습니다.

혼내는 것은 이제 그만 해주시고 발견해주세요

그래서 이 책의 독자들에게 부탁드립니다. 신경다양성의 관점에서 비록 아이들이 어떤 어려움이 있는 면이 있지만, 그 속에서 빛나고 있는 재능도 동시에 있다는 것을 알아주세요. 그리고 그 보석 같은 재능을 혼내서 상처 주지 말아주세요! 그 재능을 알아 보아주는 어른, 부모, 선생님이 되어주세요. 그리고 그 뒤에 있는 진단은 잘 배려해주시고, 결점은 보완해주세요. 혹은 결점은 그냥 장점으로 상쇄하기로 해주세요.

다시 한번 강조해주세요. 이 책에 나오는 7가지 질환의 신경다양성 관점에서의 장점을 잘 아시고 그 재능으로, 그 직업으로 잘 안내해주세요. 단, 너무 큰 기대는 마시고, 그 재능을 즐기며 행복하게 살아갈 수 있게 해주세요. 토머스 암스트롱의 마음도 아마 저와 같을 것으로 생각합니다.

_김현수, 명지병원 정신건강의학과,
상처받은 아이들의 학교, 성장학교 별 협력교장

들어가며

교육 컨설턴트로 일하던 때 나는 여러 학교를 방문했고, '다루기 힘든' 학생에 관한 개별화교육프로그램individual education plan 회의에 참석해 학부모, 교사, 전문가들과 만났다. 매번 회의가 있기 전에 나는 아이가 유치원 이후 받은 성적표, 보고서, 시험지 등을 모은 '누적 자료'를 요청했다. 자료를 읽을 때는 노란색 마커펜으로 그 학생에 관한 긍정적인 내용이 보이면 표시를 했다. 의견(예: 유치원 선생님의 메모 "그림물감을 손으로 만지작거리기를 좋아함"), 좋은 성적이나 시험 점수(예: 아동용 웩슬러 지능검사의 모양 맞추기 항목에서 높은 점수를 받음) 등 희망적으로 보이는 내용은 다 표시했다. 그런 다음 모든 긍정적인 내용을 (대개는 백 페이지가 넘는 자료에서 뽑아낸) 모두 모아 두세 페이지로 정리해서 회의 때 제출했다. 이렇게 하면, 회의에 참석한 많은 어른들이 어려움을 겪거나 말

썽을 부리는 학생이 그렇게 많은 긍정적인 평가를 받았다는 사실에 놀라움을 표하는 것을 볼 수 있다. 다음에는 이런 얘기가 나오기 시작한다. "말이 나와서 말인데, 그 아이가 확실히 그림에 소질이 있긴 해요." 또는 "맞아요. 정말로 체험으로 배우는 건 잘해요." 일반적으로 IEP 회의는 아동의 부정적인 특성에 집중하는 경향이 있고, 그래서 분위기가 무거운 경우가 많다. 하지만 학생의 긍정적인 자질에 관한 이야기로 회의를 시작하면, 아이의 진정한 잠재력에 대한 폭넓은 대화의 문이 열리게 되고, 때로는 회의 과정에서 아이를 도울 수 있는 진정한 해법이 나오기도 한다.

나의 이런 작은 실천은 우리의 시선을 학교 안팎에서 ADHDattention deficit hyperactivity disorder, 자폐증, 난독증 등의 꼬리표로 힘들어하는 이들의 본모습과 관련된 중요한 점으로 향하게 한다. 내가 이 책에서 다루는 일곱 개의 꼬리표(ADHD, 자폐증, 난독증, 기분장애, 불안장애, 지적장애, 조현병)는 전문가와 가족, 그리고 다른 사람들에게도 부정적인 생각과 특성을 떠올리게 하고, 그 꼬리표를 단 이들은 낮은 기대치에 매여서 살아가게 된다. 하지만 그들의 삶을 좀 더 깊이 들여다보기 시작하면 강점과 재능, 능력과 지성이 빛을 발하는 모습을 보게 된다. 부정적인 꼬리표를 단 사람들의 긍정적인 측면을 탐색하는 이 과정은 그들이 성공적인 삶을 사는 데 크나큰 도움을 줄 수 있다. 이 일은 대단히 중요하기 때문에 우리가 꼬리표를 단 사람들의 삶을 끈질기게 따라다니는 '질병 중심'의 사고방식을 거부해야 하고, 그들이 어떤 사람이고 또 어떤 사람이 될 수 있는지에 대한 더 긍정적인 이상을 가져야 한다고 나는 확신한다. '신경다양성neurodiversity'이란 말은 이런 긍정의 의미를 전달한다. 사회적 유산이나 생명체의 풍부한 다양성을 드러내기 위해 문화다양성이나 생물다양성이라는 말을 사용하듯이, 종류가 다른 뇌들이 풍부하다는 생각을 전달할 용어도 필요하다. 자폐성 장애 옹호자인 주디 싱어Judy Singer가 만든 '신경다양성'이란 용어는 뇌과학과 진화심리학 등 여러 분야 연구의 최근 증거를 시의적절하게 설명하고, 정신건강에 관한 꼬리표를 단 사람들의 뇌에 손상과 기능장애가 나타나는 가운데도 가능성과 장래성이 밝게 빛나는 지점이 있음을 시사한다. 이 책에서 나는 난독증, 기분장애, ADHD, 자폐증 등이 있는 사람들을 '뇌가 고장 난' 사람으로 보는 일부 사람들의 시각에서 벗어나, 그들이 많은 사람이 의외라고 생각할 뜻밖의 특별한 재능을 가지고 있다는 강력한 증거를 제시한다. 이 책을 읽으며 독자들이 그 일곱 가지 장애나 상태들이 제각각 긍정적인 점들이 얼마나 많은지에 놀라는 일종의 즐거운 경험을 하기 바란다. 또한, 주변 사람 중에 그 일곱 가지 가운데 하나 또는 그 이상이 있는 이들의 '숨겨진 강점'에 대한 대화가 활발해졌으면 한다(예: "말이 나와서 말인데, 우리 삼촌은 자폐성 장애가 있지만 기계 천재예요."). 마지막으로, 두뇌와 관련된 인간의 다양성의 의미에 대해 폭넓은 논의가 열리기를 바란다. 지금까지 우리는 문화적 다양성이나 생물의 다양성에 관해 이야기할 때는 대체로 긍정적인 일상 언어를 사용한 반면 뇌의 다양성에 관해 이야기할 때는 대단히 부정적인 의학 용어를 사용해왔다. 사회와 문화 전체로서 우리의 행복과 건강을 위해서는, 수많은 변이가 있는 뇌에 관해 이야기할 때 좀 더 긍정적인 언어를 사용하는 것이 꼭 필요하다. 비교적 새로운 용어인 '신경다양성'(이 용어는 1999년에 사용되기 시작했고, 이 책은 2010년에 쓰였다-옮긴이)은 우리에게 긍정적인 일상언어로 이야기할 수 있는 수단을 제공한다. 분명히 말하지만, 나는 지나친 낙관주의에 빠져서 뇌에서 일어나는 모든 현상을 놀라운 일이라고 찬양하게 하려는 것은 아니다. 그 일곱 가지의 상태로 인해, 그것을 겪는 사람들, 그리고 그들을 돌보거나 사랑하는 사람들 모두가 이루 말할 수 없는 고통을 받는 것은 분명한 사실이다. 그러나 지금까지 우리는 두뇌의 차이점들을 질병으로 다루는 시각에 치우쳐 있었고, 이러한 불균형을 바로잡기 위해 이제는 긍정적인 면을 탐구하는 데 시간을 투자할 필요가 있다. 만약 이 과정을 통해 뇌에 차이가 있는 개인들에게 도움이 되는 긍정적인 해법들이 나온다면, 이 책을 쓰는 데 시간을 들인 보람이 있을 것이다.

이 책은 1장에서 신경다양성에 관한 8가지 기본 원칙을 요약 설명하면서 시작된다. 기본 원칙 중 '적소 구축(Niche Construction: 생물이 자신의 서식환경을 변화시키는 것을 일컫는 생물학 용어로 틈새구축, 틈새 환경 조성이라고도 한다.-옮긴이)'이라는 개념은 비버가 댐을 짓듯이 신경다양성을 보이는 개인들이 자신에게 맞는 생활방식을 만들어가도록 기회를 제공하는 것이다. 즉 주변 세상에 자신을 끼워 맞추기보다는 세상을 자신의 필요와 방식, 자질에 맞게 바꾸는 것이다. 2~8장에서는 앞서 열거한 장애나 상태를 하나씩 다루면서 여러 문헌에서 찾은 강점에 대해 중점적으로 이야기한다. 특히 나의 흥미를 끄는 부분은, 그 장애나 상태가 문화권에 따라 다르게 여겨질 수 있다는 점, 또는 (선사시대를 포함한) 과거에는 유용한 장점이었을 수도 있다는 점이다. 이 지점에서 1장에 나오는 또 다른 중요 원칙이 부각된다. **'장애로 여겨질지 재능으로 여겨질지는 언제 어디서 태어났느냐에 크게 좌우된다'**라는 원칙이다. 나는 장애라는 꼬리표의 문화적 상대성에 관심이 부족했다고 생각하고, 그 상태들이 여전히 유전자 풀 안에 존재하는 정당한 이유가 있다고 확신한다. 2~8장에서 나는 또한 보조공학(예: 난독이 있는 사람들을 위한 맞춤법 검사기나 문자 음성 변환 프로그램), 적절한 직업 선택(예: 자폐가 있는 사람들을 위한 컴퓨터 분야), 인적 자원(예: ADHD가 있는 사람들을 위한 라이프 코치), 구체적인 전략(예: 불안증이 있는 사람들을 위한 마음챙김 명상) 등을 활용하여 적소를 구축하는 방법을 알아본다. 9장에서는 아동과 교육에 적용되는 신경다양성을 살펴본다. 지금까지의 특수교육 프로그램이 많은 아동을 고립시키고 낙인찍는 결과를 낳았음을 지적하고, 꼬리표가 붙은 아이와 그렇지 않은 아이가 모두 함께하는 새로운 형태의 신경다양성이 적용된 통합교실이 모든 아동에게 더 적합한 학습 환경이라는 점을 강조한다. 마지막으로 10장에서는 신경다양성의 미래에 관해 이야기한다. 예를 들어 소위 신경전형적neurotypical(흔히 정상이라고 말하는, 신경다양성에 대한 상대적 표현-옮긴이)인 사람들보다 컴퓨터 소프트웨어 검사를 더 잘하기 때문에 아스퍼거증후군이 있는 사람들을 고용하는 업체에 대해 알아본다. 또한 유전 공학과 태아 선별검사로 인해 신경다양성이 있는 사람들을 지구상에서 제거하려는 위협이 점점 더 커지고 있는 현실을 살펴본다. 부록에는 이 책에서 다룬 일곱 가지의 상태와 관련해 도움이 될 만한 책, 영상, 기관 및 보조 공학 목록을 제시히였다.

이 책이 세상에 나오는 데 도움을 준 많은 분들에게 감사의 말을 전하고 싶다. 우선 순수하고 소박한 나의 저작권 대리인 조엘 델보르고는 완벽한 에이전트였다. 또한 다카포 출판사에서 이 책의 수호자 역할을 맡아온 편집자 르네 세들리아, 수석 제작 편집장 시스카 슈리펠, 교열 담당자 아네트 웬다에게도 감사한다. '신경다양성'이라는 용어를 생각해 낸 주디 싱어와 하비 블룸, 그 용어를 자신의 놀라운 웹사이트 Neurodiversity.com을 통해 나에게 소개해준 캐슬린 시델에게도 감사한다. 두뇌에 대한 저서를 남긴 올리버 색스에게도 감사의 말을 전하고 싶다. 그의 저서들을 통해 그는 나의 신경다양성 '대부'가 되었다. 또한 나의 정신과 의사인 R. S. S. 가드너 박사에게도 고마운 마음을 전한다. 이 책을 집필하는 동안 나는 특히 힘든 우울증을 겪었지만 그의 도움으로 기분장애를 극복하고 무사히 집필을 끝낼 수 있었다. 또한 나답게 행동할 수 있게 도와준 샌디와 아치 딕스에게도 감사한다. 마지막으로, 이 작업에 몰두해 있는 동안 사랑과 인내, 이해를 보여준 아내 바버라 터너에게 감사를 전한다.

차례

1장

신경다양성
: 새롭게 이해해야 할 시대가 왔다

Neurodiversity
: A Concept Whose Time Has Come

대조를 이루는 가치들이 풍부한, 풍요로운 문화를 이루고자 한다면 우리는 인간이 가진 모든 잠재력을 인식해야 하고, 그래서 인류의 재능 하나하나가 각기 어울리는 곳을 찾을 수 있는 독단이 덜한 사회 구조를 짜야 한다.

_ 마거릿 미드Margaret Mead, 『세 부족사회에서의 성과 기질Sex and Temperament in Three Primitive Societies』

우리 사회가 꽃들로만 구성된 문화라고 잠시 상상해보자. 가령 장미가 정신과 의사라고 하고, 커다란 해바라기가 장미 정신과 의사의 진료실로 들어오는 장면을 그려보자. 정신과 의사는 진단 도구를 꺼내고 30분쯤 뒤에 이런 진단 결과를 내놓는다. **"거대증**을 앓고 계시네요. 조기에 발견하면 치료 가능한 질병이지만, 어이쿠, 지금 환자분 상태에서는 저희가 해드릴 수 있는 게 많지 않습니다. 하지만 환자분이 장애를 이겨내는 법을 배우게 도와드릴 방법은 몇 가지 있습니다." 해바라기는 그 제안을 받아들이고, 눈부신 노란색과 갈색의 머리를 줄기 아래로 축 늘어뜨린 채 진료실을 나선다.

그다음 환자는 작은 수레국화다. 장미 정신과 의사는 몇 가지 진단검사와 건강검진을 한 다음 이런 진단을 내린다. "안타깝게도 환자분은 GD_{growing disability}, 즉 **성장장애**가 있습니다. 유전이 아닐까 싶습니다. 그렇지만 걱정할 필요 없습니다. 적절한 치료를 받으면 어딘가 물이 잘 빠지는 사양토에서 생산적이고 성공적인 삶을 사는 법을 배울 수 있을 겁니다." 수레국화는 들어올 때보다 훨씬 더 작아진 기분을 느끼며 진료실을 나신다.

마지막으로, 진료실에 칼라 백합이 들어오고, 정신과 의사는 5분 만에 무엇이 문제인지 결론을 내린다. "환자분은 PDD_{petal deficit disorder} 즉, **꽃잎결핍질환**이 있습니다. 완치는 어렵지만, 특별히 고안된 처방법을 이용하면 진행을 막을 수는 있습니다. 우리 동네 제초제 외판원이 무료 샘플을 몇 개 주고 갔는데 원하시면 한번 써보세요."

우스꽝스럽게 들리겠지만 이 시나리오는 오늘날 우리 문화가 인간의 신경학적 차이를 어떻게 다루는지에 대한 은유로 충분하다. 우리는 인간 두뇌에 내재된 자연적 다양성을 축하하기는커녕 그러한 차이를 너무나 자주 병리적으로 접근하면서 "조니는 **자폐증**이 있어. 수지는 **학습장애**가 있어. 피트는 ADHD(주의력결핍 과잉행동장애)를 앓고 있어."라고 말한다. 이런 식으로 문화적 차이("네덜란드 사람들은 **고지**高地**결핍증후군**을 앓고 있다.")나 인종적 차이("에두아르도는 피부가 하얗지 않기 때문에 **색소형성장애**가 있다.")를 다룬다면 인종차별주의자로 여겨질 것이다. 그런데도 인간의 뇌에 관해서는 이런 사고가 '객관적인' 과학의 비호 아래 계속된다.

생물다양성이나 문화·인종 다양성과 관련해 배운 교훈을 인간의 뇌에도 적용할 필요가 있다. 우리에게는 인간의 뇌를 생물학적 독립체로 간주하고, 뇌마다 사회성, 학습, 주의력, 기분 등 중요한 정신기능에서 커다란 자연적 차이가 있음을 인정하는 **신경다양성이라는 새로운 영역이 필요하다.** 다른 모든 두뇌와 비교할 완벽하게 '정상적인' 두뇌(예: 장미 정신과 의사의 뇌)가 어딘가에 숨겨져 있는 것처럼 생각하지 말고, 표준적인 꽃도 표준적인 문화나 인종 집단도 없는 것처럼 표준적인 두뇌도 없다는 것을 이해해야 한다. 또한 **뇌의 다양성은 생물다양성이나 문화와 인종의 다양성만큼이나 놀랍도록 우리를 풍요롭게 한다는 사실을 인정해야 한다.**

질병으로 얼룩진 우리 문화

지난 60년 사이에 새로운 정신질환의 수가 놀랄 만큼 증가했고, 그 결과 우리 문화는 각종 장애에 시달리는 문화가 되었다. 1952년 미국정신의학회American Psychiatric Association, APA에서 발간한 『**정신장애 진단 및 통계편람DSM**』제1판에는 100개의 정신질환 범주가 들어 있었다. 2000년에 이 숫자는 3배로 늘었다. 우리 문화는 상당수의 사람들이 60년 전만 해도 들어보지 못했을 '학습장애', '주의력결핍 과잉행동장애', '아스퍼거증후군'과 같은 신경학적 질환을 앓고 있다는 생각에 익숙해져 있다. 2012년에 발간될 DSM 개정판에는 관계 장애, 성적 행동장애,

비디오게임 중독을 포함하여 더욱더 새로운 장애들이 추가될 것으로 예상된다(2013년에 다섯 번째 개정판인 DSM-5가 발행되었다-옮긴이).

미국 국립정신건강연구소NIMH는 어느 해든 전체 성인의 4분의 1 이상이 정신질환으로 진단 가능한 정신장애가 있다고 보고했다. 〈일반 정신의학 기록Archives of General Psychiatry〉에 발표된 연구에 따르면 전체 미국인의 **절반** 정도가 일생 중 어느 시점에 정신질환을 앓는다고 한다.[1] 하버드 의대 정신의학과 존 레이티John J. Ratey 교수는 『그림자 증후군: 우리를 파괴하는 가벼운 형태의 주요 정신질환Shadow Syndromes: The Mild Forms of Major Mental Disorders That Sabotage Us』라는 제목의 책을 썼다. 이는 발견되지 않은 채 존재하는 다양한 종류의 '잠복성' 정신질환이 있는 사람이 많을 수 있음을 암시한다. 즉, 정신질환으로 진단을 받을 만큼 충분히 진전되지는 않았지만 '숨어 있는' 장애가 있을 수 있다는 것이다.[2] 머지않아 사실상 살아 있는 거의 모든 사람이 어느 정도 신경학적 정신질환으로 힘들어 하고 있다고 여기게 되지 않을까 싶다.

우리는 어떻게 이런 상황에 이르게 되었을까? 한 가지 분명한 이유는 지난 수십 년 사이에 인간 뇌에 관한 지식이 엄청나게 발전한 데 있다. 해마다 쏟아져 나오는 수백 건의 연구는 인간의 뇌가 어떻게 작동하는지에 대하여 점점 더 많은 정보를 제공한다. 이를 통해 인간의 정신 기능에 대한 우리의 이해가 혁명적으로 높아진 것은 좋은 일이다. 하지만 이는 또한 우리 문화가 장애 문화가 된 원인이기도 하다. 문제는, 의학 연구자들이 뇌와 관련해 일반적으로 건강과 웰빙에 초점을 맞추기 보다는 **질병 중심**의 관점을 가지고 있다는 것이다. 뇌 연구를 위한 기금은 목소리 큰 사람에게 간다. 예를 들어 난독증이 있는 사람의 좌뇌에 어떤 문제가 있는지에 대한 연구는 많이 있다. 그러나 느슨한 단어 연상을 처리하고 시적 영감의 원천이 되는 우뇌에 대한 연구는 거의 존재하지 않는다.[3] 우리는 모두가 글을 읽기를 원하지만, 우리 사회에서 시는 쓸모가 별로 없다. 게다가 정신질환을 진단하는 사람들—대개 정신과 의사들—은 일반적으로 인류학이나 사회학, 생태학교육을 받지 않았기 때문에 개개인의 차이들을 다양성 모델의 관점에서 보지 못한다.

신경학적 장애가 급증하는 또 다른 이유는 특정 정신질환을 위한 옹호단체의 성장과 관련이 있다. 이러한 단체들은 ADHD, 난독증, 자폐성 장애 등 특정 질환에 대한 인식을 높이는 것을 자신들의 사명으로 삼는다. 오해하지 말길 바란다. 이 단체들은 정신질환자들의 요구에 대해 사람들의 인식을 개선하는데 지대한 역할을 했다. 이러한 단체들이 출현하기 전에 정신질환자들이 얼마나 잔혹한 대우를 받았는지를 잊어서는 안 된다. 정신질환이 있다고 밝혀지기라도 하면 정신병원이나 감옥, 보호시설에 던져져서 학대와 무시를 받았다. 이 단체들의 활동 덕분에 정신질환자들에게 꼭 필요한 서비스를 제공하기 위해 필요한 수십억 달러를 모금할 수 있었다. 그러나 각 단체가 기금을 마련하고 대중의 지지를 얻기 위해 경쟁하는 과정에서 질환의 부정적인 측면을 강조하게 된 것은 어느 정도 사실이다. 도움을 받을 사람들이 그저 인간 다양성의 한 예일 뿐이라면 사람들은 단체에 재정적인 후원을 하지 않을 것이다. 공립학교 역시 특별한 질환이 없는 아이들을 위해 특수교육비를 제공하지는 않을 것이다. 그 결과 강점이나 재능, 적성은 강조하지 않고 결핍과 결함, 기능장애를 강조하는 경향이 생겼다(홍보 캠페인에 강점을 강조하는 부분을 넣은 단체도 일부 있기는 하지만).

신경다양성이라는 개념은 보다 균형 잡힌 시각을 제공한다. 기존처럼 병리적 관점에서 장애나 질환이 있는 사람들로 간주하는 대신에 그들의 **차이**에 집중하도록 한다. 책의 뒷부분에서 다루겠지만 난독증이 있는 사람은 3차원으로 선명하게 시각화하는 능력이 있는 경우가 많다. ADHD가 있는 사람들은 여러 곳으로 확산되는 남다른 주의력 스타일이 있다. 자폐 성향의 사람들은 사람보다는 사물과 더 잘 교감한다. 이는 일부 사람들이 생각하듯이 그저 차별적인 언어 사용을 피하려는 것은 아니다. 실제로 뇌과학과 진화심리학 연구뿐 아니라 인류학, 사회학, 인문학 연구를 보면 이러한 신경다양성이라는 차이가 실재하고, 신중하게 고려할 가치가 있음을 알 수 있다.

그 병들이 엄청난 고난과 고통을 수반한다는 것을 내가 인식하고 있다는 점을 분명히 밝혀두겠다. 정신질환을 발견하고, 적절하게 치료하고, 아주 어릴 때 예방하는 수단을 개발하는 것이 중요하다는 것은 아무리 강조해도 지나치지 않으며, 이러한 과제를 잘 설명하는 훌륭한 책들은 많이 나와 있다. 그러나 내가 이 책에서 강조하려는 것은, 일반적으로 **정상인보다** 부족하다는 낙인이 찍힌 사람들의 긍정적인 면을 부각함으로써 그들이 겪는 고통을 완화할 수 있다는 것이다. 어떤 의미에서 신경다양성은 미국 심리학회 회장을 지낸 마틴 셀리그만Martin Seligman이 이끄는 **긍정심리학**이라는 새로운 운동으로부터 그 생명력의 일부를 끌어온다. 마틴 셀리그만은 심리학이 인간의 성격에서 잘못된 부분에 집중하는 데 너무 많은 시간을 할애해왔다며, 이제는 인류의 긍정적인 면을 연구해야 한다고 제안한다.[4] 이 책은 신경학적 정신질환이 있는 개인의 강점, 재능, 적성, 능력에 관한 풍부한 연구와 정보를 응축해서 제공한다. 이러한 노력을 통해 신경다양성을 가진 이들의 재능을 완전하게 그려내려는 새로운 움직임이 심리학계와 정신의학계에서 촉발되기를 바란다.

신경다양성의 진정한 의미

신경다양성이라는 개념이 등장한 지는 약 10년(2010년 기준-옮긴이)밖에 되지 않았다. 이 용어는 자폐스펙트럼장애ASD라는 딱지가 붙은 개인들의 운동에서 시작되었는데, 그들은 장애가 아닌 다른 특성을 가진 사람으로 보이기를 원했다. 출판물에서 '신경다양성'이라는 용어가 처음 사용된 것은 1998년 9월 〈디애틀랜틱The Atlantic〉에 실린 저널리스트 하비 블룸의 기사에서였다. 블룸은 다음과 같이 썼다. "생물다양성이 생물 전체에게 중요한 만큼 신경다양성이 인류에게 대단히 중요할

지도 모른다. 어느 특정 시점에 어떤 형태의 신경 배선이 가장 유리할지 누가 알겠는가? 예를 들어, 인공두뇌학이나 컴퓨터 문화는 다소 자폐적인 기질을 선호할 수도 있다."[5] 이 용어를 실질적으로 만든 사람은 자칭 '아스피'(Aspie: 아스퍼거증후군이 있는 사람)의 부모인 주디 싱어다. 1999년에 그는 어떤 책에 실린 '왜 일생에 한 번만이라도 정상인이 될 수 없을까?'라는 제목의 장에 이렇게 썼다. "내가 생각하는 '자폐스펙트럼'의 핵심 의미는 신경적 다양성, 즉 내가 '신경다양성'이라고 부르는 개념의 정립을 촉구하고 기대하는 데 있다. '신경적 차이'는 계급/성별/인종 같은 익숙한 정치적 범주에 새로운 범주를 하나 더 보탠 것으로, 장애의 사회적 모델에 통찰력을 증대시킬 것이다."[6] 그 이후 신경다양성이라는 개념은 지원 단체의 창립(예: 발달성인 신경다양성협회DANDA), 웹사이트와 블로그(예: www.neurodiversity.com), 출판물(예: 수잔 안토네타Susanne Antonetta의 책 『독특한 정신A Mind Apart: Travels in a Neurodiverse World』) 등을 통해 계속 성장해 왔다.

신조어인 까닭에 아직 의미가 확실히 자리 잡은 상태는 아니다. 예를 들어, DANDA는 자신들의 조직을 "통합운동장애dyspraxia, ADHD, 아스퍼거증후군 등이 있는 사람들을 위한 조직"으로 본다. 웹사이트 www.neurodiversity.com은 자폐성 장애와 관련된 문제에 주로 초점을 맞추고 있지만 난독증, 다운증후군, 투렛증후군, 비언어 학습장애 등 다양한 다른 장애에 대한 글도 올라가 있다. 위키피디아는 현재 '신경다양성'을 "이례적인(신경이 전형에서 달라지는) 신경 발달은 사람들

사이의 정상적인 차이이고, 인간의 다른 차이처럼 용인되고 존중되어야 한다고 주장하는 개념"으로 정의하고 있다. 온라인 신조어 사전에서는 '신경다양성'을 "반드시 문제라고 볼 수는 없고, 인간 생물학에서 수용 가능하고 대체적인 형태라고 여겨지는, 인간의 정신적 또는 심리신경학적 구조나 행동 전체"로 정의한다. 일부에서는 '신경다양성'과 '신경전형인 증후군neurotypical syndrome'(예: 정상적 행동)의 차이를 구별하려고 한다. 예를 들어 '신경적으로 전형적인 사람들을 위한 연구소'라는 웹사이트에서는 농담조로 "신경전형인 증후군의 특징을 사회적 관심에 대한 집착, 우월성에 대한 망상, 순응해야 한다는 강박관념"으로 본다.

신경다양성에 대해 내가 내린 정의에는 지금까지 신경학적 문제로 생긴 정신질환으로 여겨져 왔지만 이제는 인간의 자연적 차이가 반영된 대체 형태일 수 있다는 탐구가 포함된다. 이 책에서 나는 ADHD, 자폐성 장애, 난독증dyslexia, 기분장애, 불안장애, 지적장애, 조현병을 각 한 장씩 할애해 다뤘다. 이 일곱 가지를 선택한 이유는 그것들이 모두 학술문헌과 대중매체에서 상당히 많이 다뤄졌고, 또한 거의 모든 사람이 그 장애나 질환 중 하나 이상을 겪고 있는 사람을 알고 있기 때문이다. 각 장에서 나는 과학과 사회문화사 자료를 이용해 해당 장애에 대한 기존의 인식과 새로운 인식 사이에 다리를 놓는다. 나는 특히 이 새로운 신경다양성 모델이 각 장애와 관련된 고통을 완화하는 강력한 접근법을 어떻게 제공할 수 있는지에 집중한다. 그 계획의 일부로, 신경다양성 세계로 새로운 모험을 시작하는 데 탄탄한 기초가 되어줄 8가지 원칙을 공유하고자 한다.

신경다양성 8원칙

원칙 1: 인간의 뇌는 기계가 아니라 생태계처럼 작동한다.

지난 400년 동안 뇌의 작용은 주로 기계에 빗대어 설명되었다. 인간의 작동을 설명하는 데 이런 기계론적 언어를 처음 사용한 사람은 17세기 프랑스 철학자 르네 데카르트였다. 그는 "그들은 신의 손으로 만들어진 이 몸을 인간이 고안할 수 있는 그 어떤 기계와도 비교할 수 없을 정도로 정교한 기계로 여길 것이다."[7]라고 썼다. 우디 앨런의 영화 「당신이 섹스에 대해 알고 싶었던 모든 것Everything You Always Wanted to Know About Sex」에 나오는 머릿속 중앙제어실의 토니 랜들에서부터 주로 컴퓨터 모델에 기반을 둔 인공지능 프로젝트에 이르기까지, 우리는 모두 자라면서 인간의 두뇌를 생각할 때 기계의 이미지를 떠올리는 데 익숙해졌다. 하버드대학의 생물학자 리처드 르원틴Richard Lewontin은 "뇌는 한때 전화 교환기였다가, 다음에는 홀로그램이었고, 그다음에는 초창기 디지털컴퓨터였고, 다음에는 병렬처리 컴퓨터였으며, 지금은 분산처리 컴퓨터다."[8]라고 썼다. 지금도 여전히 아이들에게 인간 뇌의 작동을 이해시키기 위해 기계를 들어 설명한다. 예를 들어, 정신의학자 멜 레빈Mel

Levine은 ADHD가 있는 아동들이 자신이 가진 장애의 신경학적 기초를 이해하도록 하기 위해 '정신집중 조종실Concentration Cockpit'을 이용한다. 학생들은 14개의 주의집중 과제를 수행하고 나서 비행기 조종실처럼 보이는 차트에 과제를 배치한다.[9]

이런 접근법의 문제는 인간의 뇌는 기계가 아니라 생물학적 유기체라는 데 있다. 인간의 뇌는 레버와 기어, 전선과 소켓, 컴퓨터의 단순한 2진 코드로 특징지어지지 않는다. 인간의 뇌는 하드웨어도 아니고 소프트웨어도 아닌, 웨트웨어(wetware: 하드웨어, 소프트웨어에 대응해 생물학적 생명체의 뇌가 가진 생체 전기 및 생화학적 특성을 강조하는 용어-옮긴이)다. 또한 아주 복잡하다. 수백만 년의 진화를 거치면서 수천억 개의 뇌세포가 만들어지고 믿을 수 없을 정도로 복잡한 유기체 시스템 내에 조직되고 연결되었다. 뉴런을 포함한 뇌세포는 가지가 많은 이국적인 열대 나무처럼 보인다. 신경망의 전기 신호는 숲에 번개가 치는 것과 흡사하다. 뉴런 사이를 이동하는 신경전달물질의 파동은 바다의 밀물썰물과 비슷하다. 노벨상 수상자인 생물학자 제럴드 에델만Gerald Edelman은 인간의 뇌를 뉴런 집단들이 환경 자극에 반응하는 데 우위를 차지하기 위해 서로 경쟁하는 일종의 적자생존 정글로 보았다. 그는 이렇게 쓰고 있다. "뇌는 컴퓨터 같은, 명령을 수행하는 기계와는 전혀 다르다. 각 개인의 뇌는 성장, 부패, 경쟁, 다양성, 선택이 우글거리는 독특한 열대우림에 가깝다."[10]

뇌는 생태계처럼 변화에 대응하여 스스로를 변화시키는 엄청난 능력을 갖추고 있다. 펜실베니아주에 사는 학생인 크리스티나 샌트하우스Christina Santhouse는 8살 때 뇌염과 뇌염으로 인한 발작 때문에 우뇌 전체를 완전히 들어냈다. 그럼에도 그녀는 고등학교를 우등으로 졸업하고 지금은 대학에 다니고 있다. 말하자면 그녀의 좌뇌가 우뇌의 공백을 메꿔서 거의 정상적으로 기능할 수 있었던 것이다. 또 다른 예를 들자면, 치매 중에 뇌의 전면(앞쪽) 부위를 파괴하는 종류가 있는데, 이 장애가 있는 환자들은 말을 못 하게 된다. 그러나 이 경우 또한 보상작용으로 뇌의 후면(뒤쪽) 부위의 힘이 훨씬 더 강해지게 되고, 때로는 미술이나 음악에서 창의력 폭발로 이어지는 예도 있다.[11] 인간의 뇌는 기계보다는 생태계에 가깝기 때문에 뇌의 개인차에 관해 이야기할 때는 질병 중심 접근이나 기계론적 모델보다는 신경다양성의 개념을 사용하는 것이 훨씬 적절하다.

원칙 2: 인간과 인간의 두뇌는 역량Competence의 연속선 위에 존재한다.
나는 캘리포니아주 해안에 있는 집에서 차를 타고 내륙으로 430킬로미터 떨어진 요세미티 국립공원으로 가서 주말에 하이킹과 캠핑을 하곤 했다. 집과 국립공원을 오가며 나는 물기가 많은 해안 지역이 농작물이 잘 자라는 센트럴밸리의 녹색 들판으로 바뀌고 점차 골드카운티의 갈색 언덕으로 변모하는 것을 보았다. 그 후에도 언덕은 점점 더 높아져서 요세미티 계곡을 가기 위해서는 우뚝 솟은 절벽을 거쳐야 했다. 그 여정에서 인상적이었던 것은 한 지역에서 다음 지역으로의 변화가 감지할 수 없을 정도로 미세하다는 점이었다. 녹색 들판이 갑자기 끝나고 갈색 구릉으로 바뀌는 것이 아니었다. 갈색 구릉도 갑작스럽게 산이 된 것이 아니었다. 그 모든 일은 연속선을 따라 서서히 일어났다.

이와 마찬가지로 특정한 자질과 관련된 사람들 사이의 차이도 연속선 위에 존재한다. 사회성을 예로 들면, 연속선의 한쪽 끝에는 거의 완전한 사회적 고립 상태에 있는 사람들이 있다. 이들은 우리 중에서 자폐 성향이 가장 강한 사람들이다. 그러나 자폐성 장애에는 스펙트럼이 있다. 예를 들어 아스퍼거증후군이 있는 사람 같이 사회성이 훨씬 좋은 개인도 포함된다. 이 연속선을 따라 계속 이동하면, 자폐스펙트럼장애 진단을 받을 정도는 아니지만 자신의 공동체에 섞이지 않으려고 하는 '그림자 증후군Shadow Sydrome'이 있는 괴짜들을 볼 수 있을 것이다. 이들 중 일부는 '회피성 인격장애Avoidant Personality Disorder'로 진단될 수도 있다. 연속선을 따라 더 나아가면, 다른 사람들과 잘 어울리긴 하지만 기질적으로 내성적이고 혼자 있기를 더 좋아하는 사람들을 발견할 수 있다. 그 다음에는 사회성의 정도가 점차 높아지다가 결국 대단히 사교적인 사람들에 (그리고 그곳을 지나 지나치게 사교적인 사람들에까지) 도달할 것이다. 여기서 중요한 점은, 장애가 있는 사람들이 '정상적인' 인간과 완전히 분리된 '무능의 섬'으로 존재하지는 않는다는 것이다. 그들은 역량의 연속선 위에 존재하며, '정상적인' 행동도 그저 연속선 위의 한 지점에 불과하다.

사회성을 예로 들어 설명했지만, 독서 능력과 같은 다른 정신기능도 생각해볼 수 있다. 예일대학교의 심리학자 샐리 셰이위츠Sally Shaywitz와 베넷 셰이위츠Bennett Shaywitz는 난독증을 연구했고, "난독증을 포함한 읽기장애는 정상적인 읽기 능력을 포함하는 연속선의 일부로서 나타난다."[12]는 결론을 내렸다. 조현병도 스펙트럼 위에 존재하며, 크게 심각하지 않은 경우는 '정신분열형 장애' 또는 '분열형 인격장애'로 진단되기도 한다. 또한 다른 장애와 마찬가지로 조현병도 결국에는 정상적인 행동과 구분이 어려운 지점이 나타난다. 스탠퍼드 의과대학의 모리스 M. 오하욘Maurice M. Ohayon 교수가 진행한 연구에 따르면 인구의 거의 40%가 환청을 경험한 적이 있고, 미주리대학교에서 진행한 또 다른 연구에서는 정상적인 피험자들도 실험에서 스트레스를 심하게 받으면 조현병이 있는 사람과 비슷한 수준의 언어 패턴speech pattern을 보일 수 있음이 드러났다.[13]

우리는 모두 환각, 언어 패턴, 유전자 등 몇 가지만 달라져도 조현병으로 진단될 수 있다. 또한 조현병이 있는 사람들도 일반적인 지각 능력, 명확한 대화, 유전자 등 몇 가지만 달라지면 정상이 될 수 있다. 이것은 중요한 원칙이다. 신경학적 정신질환이 있는 사람들에게 찍힌 낙인을 없애는 데 도움이 되기 때문이다. 우리는 정신질환 꼬리표를 단 사람들을 가급적 멀리하려는 경향이 있다. 이런 식의 편견으로 인해 정신장애인들은 많은 고통을 겪는다. 생태계와 마찬가지로 우리가 모두 서로 연결되어 있다는 것을 안다는 것은 우리와 신경계의 구성이

다른 사람들에게 훨씬 더 큰 관용을 보여야 한다는 것을 의미한다.

원칙 3: 인간의 역량은 자신이 속한 문화의 가치관에 의해 규정된다.

남북전쟁이 있기 전 루이지애나주에 새뮤얼 A. 카트라이트Samuel A. Cartwright라는 의사가 있었다. 그는 새로운 정신질환을 발견했다고 주장하는 기사를 냈다. 그는 그 장애를 드라페토마니아drapetomania라고 불렀다(그리스어로 드라페테스drapetes는 '탈출'을 뜻하고, 마니아mania는 '광기'를 뜻한다). 카트라이트는 이 병이 달아난 노예들의 삶에 재앙을 일으켰다고 믿었고, "적절한 의학적 자문을 엄격하게 따르면 많은 흑인들이 탈출하는 이런 골치 아픈 사태를 거의 완전히 예방할 수 있다."[14]고 믿었다. 이제는 이런 종류의 '진단'을 노골적인 인종차별의 예로 보지만 당시에는 좋은 과학으로 여겼다. 좀 더 최근으로 오면, 1930년대에는 지능검사에서 점수가 낮은 사람을 **멍청이**나 **천치, 바보**로 여겼고, 1970년대 초반까지만 해도 미국정신의학회는 동성애를 정신질환으로 간주하였다. 이 이야기들은 '정신질환'으로 생각한 것들이 특정 사회적·역사적 시기의 가치관을 어떻게 반영하는지 보여주는 몇 가지 예에 불과하다. 현재 우리의 정신질환 범주는 그런 종류의 가치판단과는 무관하다고 생각하고 싶겠지만, 25년이나 50년 후에는 틀림없이 오늘날의 정신의학의 진단을 되짚어보면서 우리의 편견이 얼마나 심했는지 알게 될 것이다.

그러한 편견이 정확히 무엇일지는 아직 알 수 없지만, 우리가 앞으

로 하나씩 살펴볼 정신장애들이 우리 사회에서 비정상으로 규정되어
온 이유 중 하나는 중요한 사회적 가치나 덕목에 반하기 때문이라는
점은 언급하고 싶다. 전 미국심리학회장인 니콜라스 홉스Nicholas Hobbs는
특히 아동을 분류하고 꼬리표를 붙이는 것에 초점을 맞춰서 "다르거나
비정상적인 아이들을 분류하고 딱지를 붙이는 가장 큰 이유가 공동체
를 보호하기 위함이라는 입장은 충분히 타당성을 입증할 수 있다."고
말한 적이 있다. 인간의 어떤 행동이 비정상적인 기능을 나타내는지를
정확하게 규정함으로써 궁극적으로 사회는 신성불가침으로 여기는 사
회적 가치를 유지시킨다. 예를 들어 주의력결핍 과잉행동장애는 미국
의 프로테스탄트 직업윤리를 위반하는 것으로 볼 수 있다. 홉스는 이
렇게 설명한다. "이 교리에 따르면, 하나님에게 선택받은 사람은 시간
과 에너지를 합리적이고 효율적으로 사용하고, 집중을 방해하는 충동
을 억제하며, 생산성을 위해 만족을 지연시키고, 검약을 실천하고 야망
을 품음으로써 부와 권력을 가지는 위치에 도달하기 위해 노력하게 된
다."[15] 산만하고 충동적이며 지나치게 활동적인 아이들은 이 모든 가치
를 위반한다.

난독증은 모든 아이들이 글을 읽어야 한다는 우리의 믿음에 반하는
것이다. 150년 전 농경 사회에서는 소수 특권층만이 글을 읽고 쓸 수
있었다. 그러나 보통교육이 뿌리를 내리면서 글을 읽는 것은 모든 사
람의 의무가 되었고, 글 읽기에 어려움을 겪는 사람들은 비정상으로
여겨지게 되었다. 마찬가지로, 이 책에서 살펴볼 나머지 장애들도 현

시대의 특정 가치나 덕목에 반하는 것들이다. 자폐성 장애는 사회성, 우울증은 행복, 불안은 평정, 지적장애는 지성, 조현병은 합리성에 반한다.

원칙 4: 장애로 여겨질지 재능으로 여겨질지는 언제 어디서 태어났느냐에 크게 좌우된다.

앞에서 언급했듯이, 인간의 뇌는 사회적 진공 상태에서 존재하지 않는다. 각각의 뇌는 뇌의 역량 수준을 정의하는 특정한 역사적 시기와 특정한 문화적 배경 아래서 작동한다. 사회평론가 이반 일리히Ivan Illich는 다음과 같이 설명한다. "문명은 각자 자신의 질병을 정한다. 한 문명에서 질병으로 여겨지는 것이 다른 문명에서는 염색체 이상, 범죄, 신성함 또는 죄악일 수 있다. 같은 충동성 도벽 증상으로 처형될 수도 있고, 극도의 고문을 당할 수도 있고, 추방될 수도 있고, 병원 치료를 받을 수도 있고, 구호품이나 세금혜택을 받을 수도 있다."[16] 각 문명은 또한 재능의 양식을 정의한다. 사회적 결속을 위해 종교의식에 의존했던 고대 문화에서는 조현병이 있는(신의 목소리를 듣는) 사람이나 강박증이 있는 (정확한 의식을 행하는) 사람이 재능 있는 사람이었을 것이다. 오늘날에도, 당신에게 재능이 있는지 장애가 있는지 정의하는 데는 어떤 시기와 장소에 있느냐가 결정적 역할을 하는 것으로 보인다. 내가 미국에서 특수교육 교사로 일하면서 주목한 것 중 하나는, 다음 장에서 자세히 설명하겠지만, 특수학급의 아이들은 학교에서 가장 중요시하는 것

(읽기·쓰기·셈, 시험 보기, 규칙 준수)을 가장 못하고 가장 중요시하지 않는 것(미술, 음악, 자연, 처세술, 신체 능력)을 가장 잘하는 경향이 있다는 것이다. 그래서 그들은 결국 사회에 의해 주의력결핍장애나 학습장애가 있는 것으로 간주되고, 궁극적으로는 잘 할 수 있는 일이 아니라 잘 못하는 일을 기준으로 평가받는다.

원칙 5: 인생의 성공은 주변 환경의 요구에 자신의 뇌를 적응시키는 것에 기초한다.

그럼에도 우리는 글을 읽고, 사람들과 잘 어울리고, 이성적으로 생각하고, 규칙을 따르고, 시험에 통과하고, 유쾌하게 행동하고, 정해진 방식대로 순응할 것을 요구하는, 복잡하고 빠르게 돌아가는 오늘날의 세상에서 살아야 한다. 따라서 이 세상에서 성공하는 데 중요한 요소 중 하나는 지금 주어진 환경에 적응하는 것이다. 수천 년 전에 존재했던 환경이나 오늘날 존재해야 할 환경이 아니다. 생물다양성에 빗대어 생각해보면, 우리는 오늘날 세상에 사는 모든 동식물이 수백만 년 동안 변화하는 환경에 적응하는 데 성공한, 많은 경우 운 좋게 유전자 돌연변이를 통해 적응한 조상에서 진화했다는 사실을 인식해야 한다. 오늘날의 세계에서는 돌연변이가 일어나기를 기다릴 시간이 없다. 살아남기 위해서는 주변 환경에 적응하기 위해 할 수 있는 모든 것을 해야 한다.

이 책에서 다루는 7가지 장애를 치료하기 위해 사용되는 많은 전통적 접근법은 본질적으로 이러한 적응적 형태라고 볼 수 있다. 이런 방법들은 정신장애 꼬리표를 단 사람들이 '신경전형적인' 사람들과 가능한 한 잘 어울릴 수 있도록 도움을 준다. 이러한 적응적 접근법의 가장 좋은 예는 정신활성 약물을 사용하는 것이다. 리탈린, 프로작, 자이프렉사 같은 약물들은 ADHD, 우울증, 조현병이 있는 사람들이 일상생활을 하는 데 대단히 큰 도움이 되어 왔다. 행동수정과 같은 특정한 비약물 요법 또한 신경다양성을 가진 개인이 일반적인 환경에 적응하는 데 도움을 주는 것으로 보인다. 그러나 이 그림에서 거의 항상 빠져 있는 것은, 신경다양성을 가진 사람들에게 그들의 독특한 두뇌와 어울리는 주변 환경을 찾아주려는 전략이다. 이것은 우리의 다음 원칙으로 이어진다.

원칙 6: 인생의 성공은 주변 환경을 자신의 고유한 뇌의 요구에 맞춰 수정하는 것(적소 구축)에도 달려 있다.

개개인이 주변 세계에 적응해야 하는 것은 사실이지만, 세상은 매우 넓고 우리의 이 복잡한 문화 안에는 삶의 필요조건이 다른 '하위문화' 또는 미소서식처microhabitat가 많은 것도 사실이다. 이 거대한 삶의 그물망 안에서 자신의 특별한 '적소'를 발견할 수만 있다면, 자기식의 성공을 찾을 수 있을지도 모른다. 사실 우리는 모두 자신을 위한 그런 적소를 만들기 위해 끊임없이 주변 환경을 변화시키고 있다. '적소 구축niche construction'이라는 용어는 하버드대학교 비교동물학박물관에서 알렉산더 아가시Alexander Agassiz 연구 교수를 지낸 생물학자 리처드 르원틴

Richard Lewontin에 의해 널리 사용되게 된 용어로, 유기체가 생존 가능성을 높이기 위해 자신의(또는 다른 종의) 주변 환경을 변화시키는 과정을 나타낸다.

비버가 댐을 짓거나 거미가 거미줄을 치는 것이 적소 구축의 예다. 새가 둥지를 틀거나 토끼가 구멍을 파는 것도 마찬가지다. 동물들이 이동하는 것은 번성하기에 유리한 적소를 찾기 위함이다. 이러한 각각의 활동은 유기체가 기본적인 욕구를 충족시키는 데—먹이를 구하고, 새끼를 보호하고, 포식자를 피하고, 악천후에도 견딜 수 있는 보금자리를 찾는 데—도움을 주며, 따라서 다음 세대에 자신의 유전자를 물려줄 가능성을 높인다. 과학자들은 적소 구축이 자연선택만큼이나 진화에 중요할 수 있다는 것을 이제 막 인정하기 시작했다. 『적소 구축: 진화에서 간과되었던 과정Niche Construction: The Neglected Process in Evolution』이라는 책에서 옥스퍼드대학의 강사 F. 존 오들링-스미F. John Odling-Smee와 그의 동료들은 다음과 같이 쓰고 있다. "적소 구축을 진화에서 자연선택 다음으로 중요한 요소로 보아야 한다. 예를 들어 온도, 습도, 염분 같이 물리적으로 고정된 요소들을 통해 자연 선택의 '집행자' 역할을 하기 보다, 여기서 환경은 유기체들과 더불어 변화하고 공진화하며, 유기체에 선택적으로 영향을 주는 것으로 간주될 것이다."[17]

이런 주장이 신경다양성을 가진 개인에게 시사하는 바는, **정적이거나 고정되어 있거나 '정상적인'** 환경에 언제나 적응해야 하는 것은 아니며, 그들이(그리고 그들의 보호자가) 그들의 독특한 뇌의 필요에 맞게 환경을 바꾸는 것이 가능하다는 것이다. 이렇게 함으로써 그들은 진정한 자신의 모습에 좀 더 가까워질 수 있다. 인간을 위한 적소 구축의 좋은 예는 이미 앞부분에서 언급했다. 저널리스트 하비 블룸은 '신경다양성'이라는 용어를 사용하면서 "인공두뇌학이나 컴퓨터 문화는 다소 자폐적인 기질을 선호할 수도 있다."고 지적했다. 다음 장에서도 살펴보겠지만, 케임브리지대학의 심리학자 사이먼 배런코언Simon Baron-Cohen의 연구에서 보면 자폐스펙트럼장애가 있는 사람은 **공감자**empathizer 보다는 **체계자**systematizer(체계화하는 사람-옮긴이)인 경향이 있다. 그들이 사람들과의 상호작용이나 대인관계(예: 공감하기)에 어려움을 겪는 것은 분명하지만, 기계나 컴퓨터, 일정, 지도 등 비인간 요소들과 관련해서는 대단히 뛰어난 경우가 많다는 사실은 덜 알려져 있다.

컴퓨터 산업은 프로그래밍 언어나 기타 시스템을 이용해 자신의 워크스테이션 앞에서 혼자 일하는 사람을 선호한다. 따라서 고기능 자폐스펙트럼장애가 있는 사람의 경우 실리콘밸리로 직장을 옮기는 것이 바람직한 직업 전환이자 개인적인 적소 구축의 훌륭한 예가 될 것이다. 흥미롭게도, 실제로 일반적인 인구 구성에 비해 캘리포니아주 실리콘밸리나 그 주변에 자폐스펙트럼장애를 가진 사람들이 사는 비율이 높은 것으로 나타났다. IT잡지 『와이어드Wired』의 객원편집자 스티브 실버만Steve Silberman은 이렇게 썼다. "실리콘밸리는 스마트 머신을 더 스마트하게 만드려고 전 세계에서 몰려든 열정적이고 똑똑한 사람들이 스스로 선택한 공동체다. 세밀하고 고된 작업은 현실적으로 고기능 자폐

성향을 선호할 수밖에 없다."[18]

원칙 7: 적소 구축에는 신경다양성을 가진 개인의 특수한 요구에 맞는 직업 및 생활양식 선택, 보조공학, 인적 자원, 삶의 질을 높여주는 기타 전략이 포함된다 .

동물의 적소 구축이 둥지, 구멍, 통로, 댐, 이동 패턴 등 다양한 전략들로 이뤄지듯이, 인간의 적소 구축도 마찬가지로 다양하다. 원칙 6에서 언급한 바와 같이 생활방식이나 직업 선택은 장애가 있는 개인으로서 고통을 받을지 아니면 자신의 강점을 알아주는 환경에서 만족감을 찾을지를 결정하는 데 가장 중요한 요소일 수 있다. 예를 들어 주의력결핍 과잉행동장애가 있는 사람에게 최악의 직업 선택 중 하나는 아마도 일반 대기업 사무직일 것이다. 움직일 기회가 없다면, 그 사람의 ADHD 증상은 아픈 엄지손가락처럼 튀어 보일 것이다. 이것은 잘못된 적소 구축의 예다.

반면에, 만약 그 사람이 ADHD의 강점과 관련된 요소인 속도, 새로움, 변화, 신체 활동이 수반되는 직업(예를 들어 배달업체 직원이나 순회 사진사)을 고른다면, 그 증상들은 문제라고 여겨지지 않을 것이고 오히려 일터에 유용한 긍정적인 특성들로 보일 수 있다. 마찬가지로 공간 능력이 강점인 난독증이 있는 사람들에게(4장에서 난독증과 공간 지각력의 연관성을 살펴볼 것이다) 법률회사에서 하루 종일 컴퓨터로 문서 작업을 하는 것은 건축사무소에서 컴퓨터그래픽 작업을 하며 시간을 보내는 것보다 훨씬 더 스트레스를 받는 부적절한 일일 것이다.

여기서 신경다양성이 있는 뇌를 위한 좋은 적소를 구축하는 데 중요한 또 다른 전략이 등장한다. 바로 보조공학 기기이다. 보조공학 기기란 컴퓨터 하드웨어, 소프트웨어, 주변기기 등을 포함한 광범위한 첨단 도구들을 말하며, 장애가 있는 사람들이 이전에는 해낼 수 없었던 일들을 할 수 있게 해준다. 예를 들어, 커즈와일 휴대용 리더기는 인쇄된 글을 스캔한 뒤 전자적으로 변환하여 말로 들려준다. 이 기기는 (시각 장애인뿐 아니라) 심각한 난독증이 있는 사람들에게 이전에는 접근할 수 없었던 인쇄물의 세계에 접근할 수 있게 해준다. ADHD나 불안증이 있는 사람의 경우 뉴로피드백(neurofeedback: 뇌파측정 장치가 뇌에서 발생하는 뇌파 정보를 사용자에게 알려줌으로써 사용자가 원하는 방향으로 뇌가 뇌파를 발생하도록 유도하는 것-옮긴이) 장치가 주의집중과 긴장 완화에 도움을 준다.

보조공학에는 수화(청각장애인은 물론 발달장애가 심한 사람이 다른 사람과 의사소통하는 데 사용된다), 표현 예술(심각한 정서장애가 있는 사람들이 내적 갈등을 해결하는 데 사용된다), 염주나 악력공(불안증이 있는 사람들이 마음을 진정시키는 데 도움을 준다)과 같은 낮은 수준의 기술low-tech 도구도 포함될 수 있다. 이 책 전반에 걸쳐 우리는 신경다양성을 가진 사람들에게 '둥지 속 잔가지'가 되어줄 다양한 보조공학에 대해 알아볼 것이다. 또한 책 뒷부분의 '도움 자료'에 그러한 도구들을 어디에서 구할 수 있는지에 대한 정보도 담았다.

좋은 적소 구축에 필요한 또 다른 차원에는 신경다양성을 가진 이들의 재능을 입증하고 살려주는 등 여러 방식으로 지원할 풍부한 인적자원 네트워크를 구축하는 일이 포함된다. 긍정적인 롤 모델들이 그러한 인적자원이 되어주기도 한다. 신경학적 차이에 대처해야 하는 개인들은 자신과 같은 장애를 가진 다른 사람들도 어려움을 겪었지만 결국 자기식의 성공을 일구어냈다는 사실을 아는 것이 중요하다. 난독증이 있는 사람들은 2009년 노벨 생리의학상 수상자인 캐럴 그라이더Carol W. Greider의 성공에서 영감을 얻을 수 있고, 기분장애가 있는 사람들은 우주비행사 버즈 올드린Buzz Aldrin이 치료와 함께 지지단체 및 아내와의 강한 유대 등을 통해 어떻게 우울증을 극복했는지 배울 수 있다.[19]

더 일상적인 인적자원 전략은 자신의 가장 나쁜 점이 아니라 가장 좋은 점을 봐주는 사람들을 주변에 두는 것이다. 이 사람들에는 코치, 치료사, 교사, 지원단체, 도우미, 그 외에도 신경다양성을 가진 사람들이 잠재력을 최대한 발휘하는 데 도움이 되는 전문지식을 보유한 사람들이 포함된다. 이들은 스트레스 감소, 대인관계 기술 습득, 대안적 학습전략, 자가 치유, 창의적·영적 개발 등에 대한 지원과 도움을 준다. 이를 통해 각 개인은 긍정적인 신경다양성을 가진 인간으로서 있는 그대로의 자기 모습을 지지해주는 자신만의 고유한 적소를 구축하게 될 것이다(또는 구축하는 데 도움을 받을 것이다).

원칙 8 : 긍정적인 적소 구축은 직접적으로 뇌를 수정하며, 이는 결국 환경 적응력을 높인다.

1960년대 후반 캘리포니아대학교 버클리 캠퍼스에서 생물심리학자 마크 로젠바이크Mark Rosenzweig, 생화학학자 에드 베넷Ed Bennett, 신경해부학자 마리안 다이아몬드Marian Diamond는 신경심리학 분야에 큰 획을 그은 실험을 했다. 그들은 실험용 쥐를 각기 다른 환경에 장기간 놓아두었다. 일부는 '풍요로운 환경'에 있었는데, 그곳은 미로, 사다리, 바퀴 등을 이용해 자극을 주는 여러 가지 활동을 할 수 있는 우리였다. 그보다 풍요롭지 않은 환경에 있는 쥐들은, 놀이기구가 없는 우리 안에 홀로 고립되어 있거나 다른 쥐 한두 마리와 함께 있었다. 몇 주 뒤에 쥐들의 뇌를 해부하고 연구했다. 세 사람은 자극이 적은 우리에 있었던 쥐들보다 풍요로운 우리에 있었던 쥐들의 뇌에 신경 연결과 시냅스가 더 많다는 사실을 발견했다. 쥐들의 환경 경험이 뇌 구조를 직접적으로 변화시켰음이 밝혀진 것이다.[20]

그 이후로 우리는 특히 생애 초기의 환경이 두뇌 발달에 미치는 강력한 영향에 대해 많은 것을 알게 되었다. 이제 우리는 불운한 환경(가족간 갈등과 부모의 범죄성 포함)에서 ADHD 위험도가 높아진다는 것을 알고 있다.[21] 우울증이 있는 어린아이들의 경우 두 번째 우울증을 겪을 위험이 훨씬 더 크다는 사실도 알고 있다. '점화 효과kindling effect'로 인해 첫 번째 우울증의 정서적 외상이 뇌의 화학반응에 변화를 일으켜서 두 번째 우울증의 발병 가능성을 높이기 때문이다.[22] 긍정적인 측면에서는, 자폐성 장애를 조기에 치료하면 아이의 사회적 기능이 현저하게 향상될 가능성이 크다는 것과, 어린 시절의 따뜻한 가정환경이 우울증에 대한 완충장치가 된다는 것을 알고 있다.[23]

이런 연구 결과를 통해 긍정적인 적소 구축이 필요한 또 다른 중요한 이유를 알 수 있다. 말 그대로 뇌를 변화시킬 수 있기 때문이다. 정신과 의사 노먼 도이지Norman Doidge는 그의 저서 『자신을 변화시키는 뇌Brain That Changes Itself』에서 성인이 되면 뇌가 고정된다는 생각에 반기를 든다. 그는 대안적 학습전략이나 혁신적 기술을 통해 어느 때라도 뇌를 변화시키는 것이 가능하다는 '신경가소성neuroplasticity' 개념을 주장한다. 그는 환경의 변화와 부단한 노력의 결과로 뇌의 극적인 변화를 경험한 사람들의 이야기를 들려준다. "수술이나 약물에 의존하지 않고, 그들은 지금까지 알려지지 않았던 두뇌의 변화 능력을 이용했다. 그들 중에는 치료가 불가능하다고 알려진 뇌 질환을 앓고 있는 환자도 있었다. 또 특별한 문제 없이 그저 뇌 기능을 향상시키거나 노화를 막기를 원하는 사람들도 있었다."[24] 어린아이들의 뇌는 특히 더 유연하고, 생후 몇 년간은 환경 자극에 민감하다. 따라서 신경다양성 아동의 부모나 보호자들은 최대한 이른 시기에 긍정적인 적소를 구축하는 것을 최우선에 두어야 한다.

예를 들어 우울이나 불안에 유전적으로 취약한(정서적으로 민감한) 아이들에게는 안전하고 따뜻하고 예측 가능한 가정과 학교가 필요하다. 학습장애가 있는(즉 다른 방식으로 배우는) 아이들에게는 언어능력

향상에 도움이 되는 자극을 주는 학습 환경이 필요하다. 자폐성 장애가 있는 아이들에게는 의미 있는 사회적 상호작용을 할 기회가 필요하다. 보호자들은 적소 구축을 아이 뇌의 긍정적인 면을 최대화하고 부정적인 면을 최소화해서 아이가 세상에 적응하고 잠재력을 최대한 발휘하도록 돕기 위한, 아이의 뇌에 대한 '특별 관리'의 한 형태로 여겨야 한다.

신경다양성의 힘

신경다양성 개념의 논거를 제시하는 과정에서 정신질환을 낭만적으로 그리려는 의도는 전혀 없다는 점을 분명히 밝힌다. 예를 들어 베스트셀러 『프로작에게 듣는다Listening to Prozac』의 저자인 정신과 의사 피터 D. 크레이머Peter D. Kramer는 사람들이 빈센트 반 고흐나 에드거 앨런 포(두 사람 다 우울증에 시달렸다) 같은 인물들이 경험한 영감에 대해 극찬할 때 우울증을 이상화하는 것을 비판해 왔다. 그는 사람들이 우울증을 창의성, 감수성, 직관력과 연결하는 것을 비판한다. 그는 다음과 같이 쓰고 있다.

우울증은 두뇌의 혼란이나 신경세포의 위축과 관련이 있다. 우울증은 진행성인 것으로 보인다. 증상이 오래 갈수록 해부학적 장애가 커진다. 우울증을 치료하는 일은 날마다 환자의 신경 경로를 손상시키는 질병과 싸우는 일이다. 그 손상은 단지 정신과 뇌에만 영향을 미치는 것이 아니다. 우울증은 심장과 내분비샘, 뼈에도 해로울 수 있다. 우울증 환자는 자살뿐 아니라 심장마비나 뇌졸중으로 젊은 나이에 사망할 수 있다. 우울증은 전신 질환으로, 설사 우리에게 '정신질환'의 개념이 없었다 해도 건강에 위험한 것으로 보았을 것이다.[25]

나는 우울증의 파괴적인 측면에 대해 어떤 환상도 품고 있지 않다. 나는 58년을 사는 동안 거의 내내 (불안장애와 더불어) 우울증에 시달려 왔다. 소아과 의사였던 아버지는 우울증이 발병한 이후 17년 동안 일을 하지 않고 침대에 누워 한숨만 쉬거나 텔레비전을 보거나 아니면 조용히 앉아서 잡지를 읽거나 음악을 들으며 지냈다. 아버지의 격앙된 분노는 아직도 내 인생의 거센 폭풍우로 기억 속에 남아 있고, 그 분노가 끝나면 무서울 정도로 조용한 우울증의 시간이 오랫동안 이어졌다. 내 생각에 아버지의 우울증은 우리 가족의 삶을 무참히 부순 쇳덩이나 다름없었고, (그가 사망하고 4년이 흘렀지만) 아직도 내게 깊은 상처로 남아 있다.

나는 살면서 몇 차례의 심각한 임상 우울증을 경험했다. 5일 동안 잠을 못 잔 적도 있었고, 벽에 머리를 박은 적도 있었고, 몇 시간을 하염없이 운 적도 있었고, 다리 아래로 몸을 던지고 싶은 적도 있었다. 우울과 불안은 인간관계, 자아개념, 직장생활, 결혼 등 내 삶의 모든 측면에 영향을 미쳤다. 나는 현재 세 종류의 항우울제를 복용하고 있고, 이 책을 쓰는 동안 20년 만에 다시 찾아온 우울증과 싸워야 했다. 따라서 나는 우울과 불안이 가져올 수 있는 피해에 대해 환상을 가지고 있지 않다. 마찬가지로 내가 이 책에서 다룰 다른 장애와 질환들—ADHD, 난독증, 자폐성 장애, 지적장애, 조현병—역시 미국 전역과 전 세계의 수많은 가정에, 특히 가장 심각한 형태의 장애가 있는 사람들에게 말로 할 수 없는 고통을 안겨주었다는 것을 잘 알고 있다.

정신질환의 '숨겨진 강점'에 초점을 맞춤으로써 그 장애들로 인한 피해를 회피하려고 하는 것은 아니다. 그게 사실은 장애가 아니라거나, 또는 어떻게든 그런 장애를 '차이'라고 부르면 고통이 모두 사라질 거라고 말을 하는 것도 아니다. 그렇게 해도 고통이 사라지지는 않는다. 하지만 긍정적인 면에 집중할 때 얻을 수 있는 장점이 있다. '신경다양성'이라는 용어는 정신질환이 있는 사람들과 그들의 보호자들이 장애에 대해 '좋은 느낌'을 갖게 하기 위한 감상적인 책략이 아니다. 오히려 신경다양성은 뇌과학, 진화심리학, 인류학 등 여러 분야의 실질적인 연구를 통해 뒷받침 되고 있으며, 우리가 정신질환을 바라보는 시각에 혁명적인 변화를 일으킬 수 있는 강력한 개념이다.

정신질환이 있는 사람들의 강점에 대하여 대대적인 캠페인을 벌인다면, 정신질환에 대한 편견이 일부 해소될지도 모른다. 또한 정신질환이 있는 사람들이(그리고 그들의 보호자들이) 부정적인 면만큼 혹은 부정적인 면보다 긍정적인 면에 집중하는 것은 치료에도 도움이 될 것이다. 자기 내면의 강점을 보면 자신감이 쌓이고, 꿈을 좇을 용기가 생기며, 인생에 깊은 만족을 줄 수 있는 구체적인 능력을 계발하는 데도 도움이 된다. 이렇게 되면 긍정적인 피드백 고리가 만들어지고 정신질환이 있는 많은 사람이 갇히게 되는 악순환에 대항할 수 있게 된다.

내가 이 책을 쓴 것은 부정적인 면으로 규정되는 사람들이 가진 긍정적인 면을 연구하는 진지한 캠페인을 시작하고 싶었기 때문이다. 이책은 정신질환이 있는 사람들이 겪는 어려움에 관한 방대한 데이터베이스를 보완하는 역할을 할 것이다. 나의 바람은 이 책이 훨씬 더 많은 것을 성취해서, 억압받던 소수자들이 세계 곳곳에서 자유를 쟁취한 것처럼 신경다양성 뇌를 가진 사람들이 모든 편견에서 해방되고 자신의 삶에서 존엄성과 온전한 자기 모습을 찾을 수 있도록 도움을 주는 것이다.

2장

활동적 뇌의
즐거움

The Joy of the Hyperactive Brain

이글 목사는 주입식으로 가르쳤고, 그 방법은 앨바[토머스 에디슨]
의 흥미를 끌지 못했다. 그는 멍하니 딴생각을 하다가 의자에 앉은
채 끊임없이 몸을 들썩거리기를 반복했다. 앨바의 주의가 산만하고
제멋대로 구는 것을 발견한 이글 목사는 지팡이를 휘둘렀다. 두렵고
자기가 있을 곳이 아니라고 느낀 앨바는 몇 주 버티다가 학교에서 도
망쳤다.

_로버트 코넛Robert Conot, 『토머스 에디슨: 연이은 행운Thomas A. Edison: A
Streak of Luck』

나는 20대에 교육자로서 전국의 공립학교에 예술 교과를 포함시키는 활동을 하는 단체에서 일했다. 단체의 행정 본부는 매사추세츠주 케임브리지에 있는 대형 창고에 있었다. 우리는 주변의 노동자 계층이 많이 사는 지역의 꽤 많은 아이들에게서 자원봉사 지원을 받았다. 그 가운데 에디라는 이름의 열 살짜리 아프리카계 아이가 밝은 에너지와 매사에 열성적인 태도로 내 관심을 끌었다. 그 아이는 보스턴의 공업 지역 주변을 성인 감독관과 동행해 학교에서 교사들이 예술 프로젝트를 진행하는 데 사용할 재활용 재료를 찾는 것을 도왔다. 또 그 재료들을 우리 본부에서 다시 정리하는 것을 돕고, 학습 도구로 쓸만한지 테스트까지 했다. 작지만 혁신적인 예술교육 공동체의 맥락에서 보면 에디는 엄청난 자산이었다.

그리고 몇 달 후, 나는 특수교육 석사과정을 밟고 있던 레슬리교육대학원을 통해 연구 프로젝트에 참여하게 되었다. 이 프로젝트의 목표는 '학습도움실'을 연구하는 것이었다. 학습도움실은 많은 공립학교의 특수교육 프로그램의 하나로, 일반학급에서 학습이나 행동, 또는 둘 다에서 어려움을 겪는 학생들이 하루에 한 시간 이상 특별한 도움을 받는 곳이다. 케임브리지에 있는 한 공립학교의 학습도움실을 방문했을 때, 뜻밖에 나는 에디를 만났다. 그는 이 특수교육 프로그램을 받는 학생이었는데, 알고 보니 꽤 문제가 있었다. 책상에 앉아 있는 걸 힘들어하고, 허락도 없이 교실을 돌아다니고, 수업 중에 반 친구들과 잡담을 하는 등 전반적으로 교사를 힘들게 하는 학생이었다. 이런 특수교육 교실의 맥락에서 보면 에디는 결코 자산이 아니었다.

  흥미로운 점은 에디가 학습도움실에서도 예술 단체에서 보였던 것과 같은 자질, 즉 적극적인 열정과 열심히 노력하는 에너지를 보였다는 점이다. 그러나 에디는 기대와 환경이 다른 곳, 즉 다른 맥락에 있었기 때문에 그 엄청난 활력은 자산이 아니라 결함으로 바뀌었다. 신경다양성의 맥락에서는, 마냥 즐겁고 대단히 활동적인 두뇌를 가진 에디에게 학습도움실은 적소에서 완전히 벗어난 곳이라고 주장할 수 있다. 그는 물 밖에 있는 물고기 같았다. 사실 이는 내가 5년 동안 특수교육 교실에서 아이들을 가르치면서 반복적으로 보았던 장면이다. 학생들과 활동적인 학습을 할 때—산책을 하거나, 축구를 하거나, 예술 활동을 하거나, 기타 체험활동을 할 때—에디와 같은 아이들은 자신의 적소에 있었고, 열정이 넘치고 행복하고 생산적이었다. 그러나 조용히 자리에 앉아 쓰기 과제를 하는 것으로 활동의 초점이 바뀌자 그 아이들은 마치 우리에 갇힌 사자 같았다.

　요즘에 에디와 같은 아이들은 주의력결핍 과잉행동장애로 분류되고 리탈린 등의 향정신성 약물을 복용한다. 이런 약들은 사회가 정해놓은 규칙에 적응할 수 있도록 아이들의 뇌 화학작용을 변화시킨다. 하지만 그렇다고 해서 아이들의 독특한 두뇌에 어울리는 바람직한 적소를 찾는 문제가 해결되지는 않는다. 잘 알고 있듯이, 전통적인 교실은(그리고 전형적인 특수교육 교실은) 에디와 같은 뇌를 가진 아이들에게는 최악일 가능성이 높은 장소 중 하나다. 미국의 대표적인 주의력결핍 과잉행동장애 전문가인 사우스캐롤라이나대학의 심리학자 러셀 바클리Russell Barkley는 ADHD 아동들을 언급하면서 "교실은 그 아이들이 참패를 당하는 곳"[1]이라고 직설적으로 표현했다.

ADHD의 기원

내가 에디와 함께했던 1970년대 중반에는 'ADHD'라는 용어가 널리 알려지거나 사용되지 않았다. 대신 에디와 같은 아이들은 '활동항진증hyperactivity'이나 '운동과다증hyperkinesis', 또는 '경미한 뇌기능장애minimal brain dysfunction'가 있는 것으로 간주하였다. '주의력결핍장애ADD'(처음에는

ADHD 대신 ADD로 불렸다)라는 용어가 처음 사용된 것은 아마도 맥길 대학교 심리학과 교수 버지니아 더글러스Virginia Douglas가 1970년에 캐나다 심리학회에서 한 강연에서 가만히 있지 못하는 아이들의 경우 활동항진보다 주의력 문제를 치료하는 게 더 중요해 보인다고 말했을 때일 것이다. 이때는 주의력 결핍에 기반한 새로운 장애가 탄생할 여건이 무르익은 시기였다. 1960년대의 인지혁명은 행동주의를 대신해 심리학의 선도적 패러다임이 되었고, 정신에 대한 인식, 기억, 문제 해결, 그리고 무엇보다 **주의력**을 다루는 새로운 연구 프로젝트에 막대한 연구비가 집중되었다.

심리학자들은 1970년대와 1980년대 상반기에 대학에서 ADHD를 조용히 연구했다. 그러나 실제로 ADHD가 장애로 널리 알려진 것은 1980년대 후반이 되어서였다. 이렇게 된 데는 1987년에 주의력결핍 장애 아동과 성인을 위한 단체인 CHADDChildren and Adults with Attention Decifit Disorder가 설립된 영향이 컸다. 1990년대에는 CHADD의 활동에 힘입어 ADHD가 베스트셀러 도서, 전국 토크쇼, 기타 대중매체를 통해 널리 알려졌고, 수십만 명의 ADHD 아동들이 특수교육 프로그램에 배치되었다.

현재 일치된 의견은 ADHD가 전체 아동의 3~5%에서 발생한다는 것과(일부 수치는 7~9%까지 올라가기도 한다), 이 아이들 가운데 60%는 성인이 되어서도 계속 그 장애를 겪는다는 것이다. ADHD의 핵심 증상은 세 가지로, 과잉행동(예: 가만히 있지 못하고 몸을 계속 움직임), 충동성(예: 상대의 말을 끊거나 물건을 빼앗음), 주의력 결핍(예: 잘 잊어버리고 일상 활동을 조리 있게 하지 못함)이다. 현재 미국 정신의학회의 『정신장애 진단 및 통계 편람』에서는 세 가지 형태의 ADHD를 인정한다. 주로 주의력 결핍을 수반하는 '부주의' 유형(대개 ADD로 불리나, 'ADD'와 'ADHD'는 서로 바꿔서 사용되기도 한다), 주로 '과잉행동'과 '충동성'을 보이는 유형(주의력 결핍을 덜 강조한다), 그리고 세 개의 증상을 다 포함하는 유형이다. 남성들이 여성들보다 ADHD 진단을 훨씬 더 많이 받지만, 부주의 유형은 여학생들에게서 점점 더 많이 관찰되고 있다.

ADHD는 혈액 검사나 뇌 스캔 같은 객관적인 진단 도구가 없다. 일반적으로 면담, 설문지 또는 평가 척도, 관찰, 다른 잠재적 원인을 배제하는 건강검진 등을 통해 의사가 진단을 내린다. 때때로 ADHD는 학습장애, 불안증과 우울증, 조울증, 투렛증후군(신체 일부분이 반복적으로 움직이는 운동 틱과 특정 소리를 반복해서 내는 음성 틱이 나타나는 신경장애)과 같은 다른 장애들과 함께 발생하기도 한다. ADHD의 주요 치료법은 적응적 치료법으로, 특히 리탈린이나 애더럴 같은 정신자극제를 복용하는 약물치료와 가정과 학교에서 실시하는 행동수정 프로그램이 있다.

지난 30년 동안 이 장애의 정확한 성격 및 뇌와의 연관성을 찾기위한 수백 건의 연구 결과가 발표되었다. 이러한 연구들 대다수는 신피질의 전전두엽(계획, 문제해결, 충동 억제 등을 담당하는 이마 안쪽 부위), 기저핵과 소뇌 등 감정표현과 운동 협응을 책임지는 부위의 관계를 중심으로 진행되었다. 연구 결과 ADHD는 뇌에서 조절력과 계획을 관장하는 부위(전전두엽)와 감정과 운동을 관장하는 부위(기저핵과 소뇌) 사이의 신경회로에 이상이 있는 것으로 보인다. 아주 간단히 설명하면, 조절력을 담당하는 부위가 감정과 운동을 담당하는 부위를 제어하지 못해서 과잉행동과 충동성 증상이 나타나는 것이다. 또한 전전두엽의 실행 기능executive function(한 번에 많은 인지작업을 조정하는 기능)에도 문제가 생겨 계획, 체계화, 주의력 집중이 어려워지고, 그 결과 주의력 결핍이 발생하는 것으로 보인다. 국립정신건강연구소의 과학자들이 10년에 걸쳐 연구한 결과, ADHD로 진단된 아이들의 경우 이 세 가지 뇌 부위의 실제 부피가 장애가 없는 대조군보다 3~4% 작은 것으로 나타났다.[2]

ADHD: 인류를 위한 진화적 도약?

보다 최근의 중요한 연구를 살펴보자. 미국 국립정신건강연구소가 의뢰하고 권위 있는 학술지 『국립과학원회보Proceedings of the National Academy of Sciences』에 게재된 한 연구를 보면, 그 부위들이 더 작은 이유에 대한 단서를 찾을 수 있다. 이 연구에 따르면 ADHD로 분류된 아동들은 정상적인 뇌 성장 단계를 거치지만, 보통 아이들보다 평균 3년 정도 발달이 느리다. 자기공명영상법MRI(4장에 설명이 나온다)을 이용하여 뇌 안의 4만 개의 다른 부위를 검사한 결과, ADHD가 있는 아동들은 평균 10살 반의 나이에 4만 개의 부위 중 절반이 최대 두께에 도달한 반면,

ADHD가 없는 대조군의 아이들은 3년 더 빠른 7살 반에 그 부위들이 완전히 발달한 것으로 드러났다. 발달 지연이 가장 큰 곳은 감각운동 담당 부위와 계획, 문제해결, 자제를 담당하는 부위가 연결되는 그 부위였다.[3] 또 다른 연구에 따르면 어떠한 연령 그룹에서든 5년이 지날 때마다 ADHD 비율이 50%씩 감소한다.[4]

이 연구를 통해 보면, ADHD 딱지가 붙은 아이들은 사실 뇌에 결함이 있는 아이들이 아니라 느리게 성숙하는 아이라고 하는 것이 더 적절하다. 많은 ADHD 아동들은 그저 또래보다 더 어리게 행동하는 아이들이고, 성숙할 시간이 더 필요한 것뿐이다. 내가 맡았던 특수학급에 12살짜리 학생이 있었는데, 그 아이는 학교 밖에서 산책하며 철학적 토론을 할 때 보면 어떤 면에서는 성숙해 보였지만, 다른 면에서는 아기와 다름없었다. 교실에서 책상에 앉아 있다가도 반대편에 관심을 끄는 것—벽에 붙어 있는 포스터 같은 것들—이 보이면, 마치 어린 아이처럼 그것 외에는 아무 것도 의식하지 않고 그것을 향해 걸어가곤 했다. 보통 사람들은 이러한 미성숙한 행동을 부정적인 것으로 여길지 모른다. 그러나 연구에 따르면 이렇게 실제 나이보다 더 어리게 행동하는 것이 실은 인류를 위한 진화적 진보일 수도 있다.

발생생물학 분야에 '유태보존neoteny'이라고 불리는 개념이 있는데, '어릴 때의 모습을 간직한 상태'란 뜻의 라틴어에서 유래한 말이다. 유태보존은 유아기의 특성을 어른이 되어서도 유지하는 것을 말한다. 이것의 좋은 예가 알베르트 아인슈타인이 카메라에 혀를 내밀고 있는 유

증상이 아니라 독특함입니다

명한 사진이다. 많은 일화에서 아인슈타인의 아이 같은 본성이 엿보인다. 심지어 그는 자신의 발달이 지체되었다고 말한 적도 있다. 그는 이렇게 썼다. "가끔 '상대성이론을 발견한 사람이 왜 하필 나였을까'라고 자문하기도 한다. 내가 생각하기에 그 이유는 보통의 성인들은 공간과 시간의 문제에 대해 골똘히 생각하지 않기 때문인 것 같다. 그런 것들은 어린아이였을 때 생각하는 문제다. **그러나 나는 지적 발달이 지체되었고**, 그 결과 어른이 되고 나서야 공간과 시간에 대해 궁금해 하기 시작했다."[5] 아인슈타인은 건망증이 심했던 것으로 유명한데, 요즘 같은 세상이라면 '주의력 결핍' 유형의 ADHD로 분류되기에 충분했을 것이다. 세계적인 명성을 얻은 사람 중에 알고 보면 어떤 면에서는 어른의 몸을 한 아이와 같은 이들이 많다. 피카소, 모차르트, 셰익스피어 등이 그 예이다(이들의 아이 같은 말장난과 무례한 언동은 그 시대의 진지한 비평가들의 심기를 불편하게 하기도 했다).

프린스턴대학의 인류학자 애슐리 몬터규Ashley Montagu는 유태보존이 진화의 진보한 특징이라는 견해를 내놓았다. 즉 종이 진화할수록 성년기에도 어렸을 때의 특징들이 남아 있을 가능성이 크다는 것이다. 그는 이 과정을 인간을 침팬지와 비교함으로써 설명한다. 아기 침팬지는 인간과 닮은 특징을 가지고 있다. 이마는 반듯하고, 턱은 완만하게 둥글다. 그러나 침팬지가 성장하면 이런 특징들을 잃는다. 턱은 뾰족하게 튀어나오고, 이마는 움푹 들어간다. 침팬지의 이 두 가지 특징을 기준으로 보면 유태보존, 즉 '어릴 때의 모습을 간직한 상태'가 보이지 않는다. 그러나 좀 더 진화한 **호모 사피엔스**는 어른이 되어서도 어렸을 때의 둥근 턱과 반듯한 이마를 어느 정도 유지하고 있는 것을 볼 수 있다. 다시 말해 이 두 가지 특징을 기준으로 보면 인간에게는 유태보존, 즉 성인이 되어서도 어릴 때의 모습을 간직한 상태가 보인다(고생물학자 스티븐 제이 굴드Stephen Jay Gould는 인간은 그저 아직 어린 침팬지일 뿐이라고 반은 농담조로 말했다).[6] 이것은 종에 따라 차이를 보이는 신체적 유태보존의 예지만, 사람에 따라 차이를 보이는 행동적 유태보존의 예들도 있다. 몬터규는 이러한 행동 특성에 호기심, 장난기, 경이감, 창의성, 유연성, 독창성, 유머 등이 있다고 말한다. 이런 특성들은 유년기의 자질로, 어떤 사람들(어릴 때 모습을 간직한 사람들)은 어른이 되어서도 대체로 유지하지만 어떤 사람들(세월을 거치면서 경직된 사람들)은 어른이 되고 나면 사라진다.

뇌 발달이 지체된 ADHD 아동들은 어쩌면 진화의 최첨단에 있고, 우리가 하나의 생물종으로 생존하고 번성하려면 어른이 되어서도 간직해야 하는 장난기나 자발성, 유머 등의 아이 같은 행동 양상을 보여주고 있는 것인지도 모른다. 가령 우리가 자라면서 유연해지는 능력을 잃는다면 경직된 사람들의 문명이 될 테고, 이는 핵전쟁의 위험이 있는 세계대전이 발발할 경우 재앙이 될 수도 있다. 따라서 성인이 될 때까지 정성 들여 길러온 유연성은 국제적 안정을 지키는 역할을 할 수 있다. ADHD 아동들에게서 밝게 빛나는, 소위 이런 미성숙한 특성들은 문화에도 긍정적인 영향을 미친다. 애슐리 몬터규는 이렇게 쓰고 있다.

"성인들은 '성숙한 어른'의 단계에 이르면 너무도 자주 거만한 태도로 아이의 '어린애 같은' 특성을 깔보고, 그것의 진정한 의미를 이해하지 못한다. 그런 어른들은 그 '아이 같은' 특성이 우리 인류의 가장 귀중한 자산이며, 그런 특성을 소중히 간직하고 잘 키우고 계발해야 한다는 것을 알지 못한다."[7]

ADHD 두뇌에서 '좋은 화학작용' 일으키기

ADHD의 또 다른 신경다양성 측면에는 뇌의 화학작용이 있다. 많은 뇌 화학물질들이 관련되어 있지만, 그 중에서도 특히 중요한 화학물질인 도파민이 제대로 기능하지 못하는 것으로 보인다. 도파민은 운동 활동, 동기부여, 보상 추구와 관련된 신경전달물질(신경의 정보 교신을 담당하는 화학물질)이다. ADHD가 있는 사람들은 뇌의 도파민 수치가 낮아져 일종의 만성적인 자극 갈구 상태가 되는 것으로 보인다. 그로 인해 끊임없는 운동 활동에 대한 욕구, 충동성, 자극 추구 증상이 나타나는 것이다. 이런 이유로 전통적인 교실이나 칸막이 사무실에서의 보통의 자극은 그들의 굶주린 도파민 작용성 뇌 경로를 만족시키기에 충분하지 않다. 많은 사람의 생각과는 반대로, ADHD가 있는 사람들은 실제로 자극이 부족하다. 보통 사람들에게 자극이 되는 것이 그들에게는 충분한 자극이 되지 않는다. 그들은 더 많은 자극을 요구한다.

정신자극제가 자주 효과를 내는 것은 바로 이 때문이다. 정신자극제는 뇌의 도파민 수치를 증가시킴으로써 더 높은 수준의 자극을 제공하고, 그런 다음에야 역설적이게도 진정시키는 효과를 낸다.

도파민 조절과 관련된 이런 문제들의 바탕에는 유전적 문제가 있는 것으로 보인다. 과학자들은 오래전부터 ADHD가 가장 쉽게 유전되는 정신장애 중 하나임을 알고 있다. 한 연구에 의하면 일반 인구의 경우 친족의 5%만이 ADHD가 있는 것에 비해 ADHD 진단을 받은 아이들은 친족의 25%에 ADHD가 있었다.[8] 또 다른 연구에 따르면 일란성 쌍둥이 중 한 명에게 ADHD가 있다면, 다른 한쪽도 ADHD가 있을 가능성이 75~91%에 달한다.[9] 최근 연구자들은 도파민 수용체(다른 뇌세포로부터 신경전달물질을 수용하는 뉴런의 부분)의 생성에 관여하는 유전자의 변이체(또는 대립 유전자: 한 쌍의 상동염색체에서 같은 위치에 존재하면서 서로 다른 특성형질을 나타내는 유전자-옮긴이)를 발견했다. 이 대립유전자(도파민 수용체 D4 유전자 7회 반복 대립유전자, 줄여서 'DRD4-7R'라고 한다)는 ADHD가 없는 아동보다 ADHD 진단을 받은 아동들에서 더 많이 발견된다. '새로움 추구 유전자novelty-seeking gene'로 불리며, 스카이다이빙이나 번지점프같이 고강도 스릴을 느낄 수 있는 활동을 즐기는 사람들에게도 흔히 발견된다.[10]

이 유전자와 관련해 특히 중요한 점은, 그것이 위험한 행동과 관련이 있지만, 과학자들이 이제는 인류의 진화를 촉진하는 데도 가치가 있다고 인식하기 시작했다는 것이다. 최근 연구에 따르면 DRD4-

7R은 인류의 진화에서 비교적 최근인 1~4만 년 전 사이에 생겨났다고 한다.[11] 이 보고서의 수석 연구원이자 캘리포니아대학교 어바인 캠퍼스의 생물화학과 교수 로버트 모이지스Robert Moyzis는 다음과 같이 말했다. "우리 자료에 따르면 7R 대립유전자가 생겨난 것은 특이하고 자연발생적인 돌연변이에 의한 것이었고, 이는 인간에게 이로운 일이었다."[12] 인류의 발달 과정에서 새로움을 추구하는 것은 문화와 문명의 초기 형태가 만들어지던 당시에 특히 더 중요한 자질이었다. 그 유전자 변이체를 가지고 있는 사람들은 새로운 땅을 개척하거나 새로운 식량 자원을 발견하거나 새로운 형태의 사회 조직을 만들 가능성이 더 컸을 것이고, 따라서 그 대립유전자가 없는 사람들보다 더 잘 생존하고 미래 세대에 유전자를 물려주기에 더 나은 위치에 있었을 것이다.

다른 시대, 다른 장소에서 ADHD의 재능

실제로 ADHD의 세 가지 주요 증상인 과잉행동, 주의력 결핍, 충동성을 살펴보면 선사 시대의 어려움에 대처하는 데 여러 잠재적 이점이 있었음을 확인할 수 있다. 운동 활동을 늘린 인간은(과잉행동) 식량을 구하고 피난처를 찾는 등의 중요한 생존 활동을 더 잘한다. 어느 한 가지에서 다른 것으로 빠르게 주의를 옮기는 능력은(주의력 결핍) 자신은 물론 가족과 부족의 안전에 대한 잠재적 위협을 끊임없이 경계하게 한다. 자신의 본능에 신속하게 대응할 수 있는 능력은(충동성) 바로 주변의 위험한 사람이나 동물로 인한 위험에 맞닥뜨리는 때처럼 민첩한 행동이 필요한 상황에 필수적이다.[13] ADHD에 관한 여러 책을 저술한 톰 하트만Thom Hartmann(그 자신도 ADHD 진단을 받았다)은 흥미로운 비유를 사용해 이러한 장점을 설명했다. 그는 ADHD가 있는 사람들은 "농부들의 세상에 있는 사냥꾼"이라고 말했다. 사냥꾼은 끊임없이 움직이고, 항상 경계를 늦추지 않고, 늘 본능에 의존해 음식과 은신처를 찾고 동물의 먹잇감이 되지 않으려고 애쓴다. 농부는 매우 다르다. 그는 땅에 씨앗을 심고 기다린다. 인내심이 필요하다. 농부는 현재에 살기보다 미래에 대해 생각하고 미리 계획을 세울 필요가 있다. 현대 문명의 중요한 두 선구자인 사냥꾼과 농부는 우리의 현 세계에서도 여전히 살아 있는 두 개의 뚜렷한 에너지 스타일을 대표한다.[14]

오늘날에도 ADHD 증상을 긍정적인 특성으로 보는 문화가 여전히 세계 곳곳에 많다. 예를 들어 남태평양 제도South Sea Islands 미크로네시아의 폴루와트 문화를 살펴보자. 그곳 사람들은 500개의 섬들에 흩어져 살기 때문에 한 섬에서 다른 섬으로 항해하는 능력이 높은 문화적 가치를 지닌다. 그들은 아이들에게 항해할 때 이용할 수 있도록 하늘의 별자리를 외우라고 가르친다. 대양을 항해할 때 나타났다가 멀어지는 수평선 위 작은 돌풍을 알아보는 법도 가르친다. 산호초가 가까이 있을 때 알 수 있도록 물속의 어둡고 밝은 부분을 식별하는 법도 알려준다.

그런 문화에서 살아간다면 우리 사회의 ADHD 아이들은—동시에 여러 가지 일을 하고, 항상 움직이고, 끊임없이 지각 대상을 바꾸는—재능 있는 아이들이 될 가능성이 높다. 반대로 우리 중에 침착하고 집중을 잘하지만 대형 쇼핑몰에서 자기 차를 찾지 못하는 사람들은 그 문화에서는 장애가 있다고 여겨질 수도 있다. 그런 사람들은 '항해술 교정 프로그램'에 참여하게 될지도 모른다. 어쩌면 ADD가 아니라 CDD, 즉 별자리인식 결핍장애constellation deficit disorder 진단을 받았을지도 모른다("죄송해요. 존스 부인. 어제 쟈니에게 그 별자리를 가르쳐줬는데, 한 눈으로 보고 한 눈으로 흘렸지 뭐예요!").

핵심은 문화마다 각기 다른 능력을 요구하고 각기 다른 행동을 기대한다는 것이다. 작가이자 교육자인 테리 올릭Terry Orlick은 두 문화에서 겪은 자기 가족의 경험에 대해 다음과 같이 쓰고 있다. "만약 내가 북아메리카에서 딸과 함께 외식한다면, 딸아이에게 기대하는 행동은 (어른처럼) 얌전히 앉아서 기다리는 것이다. 탐색할 온갖 흥미로운 물건과 장소, 사람들이 있다 하더라도 말이다. 그러나 내가 딸아이를 파푸아뉴기니의 마을 잔치에 데리고 간다면 그런 제약은 하나도 없다. 마을 사람들은 어른들이 주문하고 이야기를 나누는 동안 아이들이 조용히 앉아 있을 것을 기대하지 않는다. 아이들은 자연스럽게 하고 싶은 행동을 마음대로 할 수 있기 때문에 신경 쓸 일이 없다.[15] 이 이야기는 1장에 나온 원칙 4를 떠올리게 한다. 재능이 있다고 분류될지 장애가 있다고 분류될지는 개인으로서 가진 고유한 특성보다는 태어난 시기나 장소와 더 관련이 있다.

ADHD와 창의적 연결

누군가는 우리는 선사시대도 아니고 남태평양 제도나 파푸아뉴기니도 아닌, 복잡한 현대 사회에서 살고 있다는 (1장에도 나온) 주장을 되풀이 할 수도 있다. 그러나 우리의 현대 세계에서도 ADHD의 특성은 여전히 뚜렷한 이점이 있는 것으로 보인다. 조지아대학교의 창의적 학습과 재능 개발을 위한 토런스 센터의 소장인 보니 크래몬드Bonnie Cramond는 ADHD의 위험징후와 창의적인 사람의 특성을 비교하기 시작했을 때 그 사실을 분명히 알게 되었다. ADHD가 있는 사람들을 묘사하는 단어들은 부정적인 반면 창의적인 사람들을 묘사하는 단어들은 긍정적이라는 점을 제외하면 두 목록은 구분이 안 될 정도로 흡사했다.[16]

예를 들어, 우리는 ADHD인 사람은 충동성이 있다고 여기는데, 창의적인 사람의 경우에는 그런 특성을 즉흥성이라고 부르며 좋은 자질로 간주한다. 우리는 화가 잭슨 폴록Jackson Pollock이 캔버스 위로 물감을 마구 뿌리는 것을 보고 찬사를 보낸다. 그리스의 사상가 아르키메데스가 과학 문제를 풀고 나서 욕조에서 '유레카!'라고 소리친 것에는 경의를 표한다. 또한 ADHD인 사람은 주의력이 부족하다고 여긴다. 창의적인 사람에게는 이런 특성을 '발산적 사고'를 한다며 위대한 인물의 특징 중 하나로 본다. 창의적인 사람은 '기존의 틀에서 벗어나' 사고하며, 이렇게 하려면 자신의 아이디어, 상상, 본능이 이끄는 대로 따라야 한다. 예를 들어, 세계에서 가장 위대한 소설 중 하나인 제임스 조이스James Joyce의 『피네간의 경야Finnegans Wake』에는 말장난, 역사적·문학적 암시, 신화적 주제들이 대단히 발산적으로 뒤섞여 있다. 마지막으로 ADHD인 사람은 과잉행동으로 진단된다. 이런 특성은 예술가나 과학자의 활력에 해당한다. 그들은 창의적인 문제에 대한 해답을 찾아 끊임없이 헤맨다. 예를 들어 에디슨은 그가 구상한 전구에 빛을 낼 필라멘트를 만들기 위해 수천 가지의 물질을 실험했다.

'ADHD'라는 용어의 큰 문제점 중 하나는 주의력 결핍에 대해 말한다는 것이다. ADHD로 분류된 어린이들(그리고 어른들)은 사실 주의를 기울이는 일을 무척 잘한다. 그들은 주의를 기울여서는 안 되는 것에 주의를 기울이는 데 뛰어나다. 이것을 '부수적 주의incidental attention'라고 하는데, 이는 창의적인 사람의 또 다른 특성이다. ADD가 있는 13세의 매튜 쿠츠라는 학생은 이렇게 설명한다. "ADD가 있다는 것은 다른 사람들이 놓치는 것을 본다는 것을 의미해요. 사람들이 복숭아를 보면서 과일 조각을 볼 때, 나는 색깔, 질감, 그리고 그것이 자라난 들판을 떠올리지요. … ADD 덕분에 해양 생물에 관한 책을 읽을 때 내 마음은 물고기와 함께 여행하고 바다 밑의 삶을 상상할 수 있어요. 아니면 천문학에 관한 책을 읽으면서 별들 사이에서 춤을 출 수도 있어요."[17] 『ADHD 아동의 재능The Gift of ADHD』의 저자 라라 호노스웹Lara Honos-Webb은 "다른 학생들이 광합성의 구체적 내용을 배우는 동안 ADHD 아이들은 창밖을 응시하며 흐린 날에도 광합성이 가능한지 궁금해하고 있다."[18]고 말한다.

또한 ADHD로 분류된 사람들은 자기가 흥미 있어 하는 대상에는 주의를 매우 잘 기울인다. 많은 부모가 ADHD 진단을 받은 자신의 아이가 조립식 블록으로 건물 짓기, 춤추기, 비디오 게임하기 등 무언가에 몰입하면 푹 빠져서 몇 시간을 보내기도 한다고 내게 편지를 보내왔다. 안타깝게도 ADHD 공동체마저도 이 훌륭한 특성을 부정적인 것으로 만들었다. 그들은 그것을 '하이퍼포커스(Hyperfocus, 과집중)'라고 부르며 주의력결핍장애의 또 다른 '위험징후'로 간주한다. 그러나 한 가지 주제에 몇 시간 동안 정신을 집중시키는 능력은 수 세기 동안 비범한 정신능력으로 여겨져 왔다(그렇지 않으면 왜 그렇게 많은 문화와 종교에서 집중력을 키우려고 하겠는가?)

마리아 몬테소리Maria Montessori는 이러한 재능—아동이 학습 과제에 완전히 마음을 뺏긴 상태가 되는 것—을 "대단한 일"이라고 불렀고, 모든 학습 경험 중 가장 멋진 경험이라고 말했다. 최근에, 클레어몬트 대학의 심리학자 미하이 칙센트미하이Mihaly Csíkszentmihályi는 '몰입flow'이라는 단어를 사용해서 한 가지 일에 완전히 몰두하는 경험을 묘사했다. 그는 가파른 절벽을 오르는 암벽 등반가들과 수술실에서 12시간 동안 수술하는 외과의사들을 포함해 대단히 능숙한 사람들을 통해 '몰입'을 연구했다.[19] 사실을 말하면, ADHD가 있는 아동들과 성인들은 신경전형적인 사람들과 **다른 주의력 스타일**을 가지고 있다. 그들은 단시간 안에 다른 많은 것들을 알아차릴 수 있는 '돌아다니는' 주의력과, 한 가지 관심사를 장시간 붙들고 있을 수 있는 '한곳에 머무는' 주의력을 가지고 있다. ADHD로 진단된 사람들이 사실 그 두 가지 형태의 주의력이 모두 뛰어난데도 주의력이 결핍되었다고 말하는 것은 그들에게는 참으로 큰 손해이다. 그들에게 문제가 있는 주의력은 때로 '중심 과제central-task' 주의력이라고 불리는 것으로, 주로 외부로부터 주어지는 일상적이고 반복적인 (그리고 보통은 지루한) 일에 지속해서 주의를 기울이는 능력을 말한다.

ADHD 아동을 위한 적소 구축: 계속 자극해!

그렇다면 그런 독특한 정신을 가진 아동들을 위한 바람직한 적소를 만들기 위해, 아이들의 재능을 질병으로 다루는 사회에서 부모들은 무엇부터 해야 할까? 이 질문에 대한 한 가지 대답은 ADHD로 진단된 사람들이 서로 다른 '미소서식환경'에서 어떻게 반응하는지 더 세심하게 관찰한 다음에 유리한 환경에서는 더 많은 시간을, 불리한 환경에서는 더 적은 시간을 보내도록 환경을 구축하는 것이다. 예를 들어, 우리는 ADHD로 분류된 아이들의 뇌가 과소 자극되는 경우가 많다는 것을 보아왔다. 이것은 ADHD 아동들에게 가장 나쁜 환경 중 하나가 지루한 교실을 포함해 자극이 별로 없는 방이라는 것을 의미한다. 퍼듀대학교의 ADHD 연구자인 시드니 젠탈Sydney Zentall은 학교에 풍부한 자극을 제공하는 환경을 조성함으로써 아이들을 진정시키고 집중시킬 수 있다는 사실을 알아냈다. 그녀는 음악, 색깔, 움직임, 상호작용이 있는 교실을 꾸미자 아이들의 증상이 줄어든다는 것을 발견했다.[20] 어떤 의미에서 그 아이들은 '교육적 정신자극제'를 투여받았다고 할 수 있다.

전통적인 교실에서도 이런 자극을 줄 방법은 많다. 내 세미나에 참석한 한 교사는 자신이 가르치는 일반학급에 ADHD 학생이 있을 때는 그 학생에게 책상을 두 개 주어서 자기 책상에서 일어설 때마다 다른 책상으로 옮겨갈 수 있게 했다. 또 다른 교사는 학부모 자원봉사자에게 부탁해 특별한 독서대를 만들어 아이가 앉거나 선 채로 수업 과제를 할 수 있도록 했다. 독서대 아래에는 낡은 재봉틀에서 떼어낸 페달을 설치하여 아이가 계속 발을 움직일 수 있게 했고, 촉각 자극을 받을 수 있도록 펠트를 책상 안쪽에 댔다. 이렇게 해서 문제행동이 해결되었을 뿐 아니라 나중에 그 학생은 직업으로 특수교사를 선택하게 되었다. 또 다른 연구에서는 ADHD 아동들이 의자 대신 통통 튀는 커다란 짐볼에 앉았을 때 수업에 집중하는 능력이 향상되었음을 알 수 있다.[21]

학부모 중에는 교실환경을 바꿔 달라는 자신들의 요구에 학교가 아무 반응이 없고, 때로는 아이들을 일반학급보다도 더 지루한 특수학급에 넣는 것을 알고는 아예 아이들을 학교에서 데리고 나가 홈스쿨링을 하는 경우도 있다. 이 경우에는 긍정적인 적소를 더 자유롭게 구축할 수 있다. 홈스쿨링 뉴스레터에 글을 쓴 한 어머니는 자기 아들 매트가 1학년 때 ADHD 판정을 받고, 약을 먹고, 2학년 때 특수교육 프로그램에 배정된 사연을 이야기했다. "매트의 선생님들은 매주 과제를 완료하면 스티커를 주었고, 그 스티커를 교실에 게시했어요. 스티커를 많이 받지 못한 아이들은 반 친구들에게 '멍청이', '낙제생', '바보'라고 불렸어요. … 행동문제가 있는 아이들은 매년 있는 일박 캠핑을 가지 못하게 할 수도 있다는 협박을 받았어요. 이런 협박은 도움이 되기는커녕 오히려 매트를 포함해 아이들을 더욱 불안하게 만들었고, 이로 인해 행동문제가 더 많아졌어요." 3학년 때 더 많은 어려움을 겪고 나서, 매트의 가족은 매트를 홈스쿨링하기로 결정했다. "모든 면에서 즉각적인 발전이 보였어요. … 매트는 현재 해양학과 미국 역사, 특히 남북전쟁과 현대 군사용기계에 관해 공부하고 있어요. 항공기나 탱크, 배에 관해서는 웬만한 어른보다 더 많이 알고 있어요.… 다시 즐겁게 배우고 있고, 우리 가족 모두 훨씬 더 행복해졌어요."

　일박 캠핑을 가지 못하게 할 수도 있다는 협박은 특히 적소 구축에 좋지 않은 시도임이 밝혀졌다. 최근의 연구는 야외 활동이 특히 ADHD로 진단된 아동들에게 유익한 영향을 미친다는 것을 보여준다. 『미국 공공보건 학회지American Journal of Public Health』에 발표된 한 연구에서 과학자들은 5살 정도의 아이들이 자연과 접촉할 때 ADHD 증상이 현저하게 감소하는 것을 발견했다. 자연 그대로의 '황무지 같은' 환경에 있을수록 아이들의 행동은 더 많이 개선되었다. 일리노이대학의 교수이자 인간환경연구소의 책임자로 이 연구의 수석 연구원인 프랜시스 E. 쿠오Frances E. Kuo는 다음과 같이 말했다. "이 이론은, 정신을 집중하려고 애를 쓸 때—글을 쓰거나 계산하는 일에 집중할 때처럼—뇌의 전전두엽

피질에 있는 신경전달물질이 격감하게 된다는 것이다. 쉬지 않고 너무 오래 정신을 집중하는 일을 하면 '주의력 피로'라고 할 수 있는 상태를 경험하게 된다. 이럴 때는 신경계가 스스로 신경전달물질을 다시 채우게 해야 하는데, 자연환경에 있으면 저절로 그렇게 되는 것으로 보인다." 특히 만성적인 도파민 부족에 시달리는 ADHD 아동들에게는 이런 환경이 더욱 필요할 것이다. "예를 들어 아이가 교회에서 가만히 앉아 있는 걸 힘들어 한다면, 교회에 가기 전에 아이를 잔디밭에 내보내 20분 동안 공놀이를 하게 하라. 정원이 있다면, 정원을 가꿀 때 아이의 도움을 받아라. 주말에는 가족끼리 공원이나 자연보호구역을 방문해보라."[22] 그녀는 주의집중을 필요로 하는 활동을 하기 전에 ADHD 아동들에게 '녹색 시간'을 줄 것을 권고한다.

거친 신체놀이는 ADHD 아동들(특히 남자아이들)의 증상을 줄이거나 없애기 위해 해야 하는 중요한 적소 구축 활동이다. 톨레도 소재 오하이오 의과대학의 저명한 심리학과 명예교수 겸 정신의학과 부교수인 자크 판크세프Jaak Panksepp는 미국에서 ADHD 아동의 수가 증가하는 것은 "날마다 활기차게 뛰고 구르면서 같이 놀고 싶은 아이들의 자연스러운 생물학적 욕구를 표출할 공간과 기회가 더는 충분하지 않은" 아이들이 점점 더 많아지고 있기 때문일지도 모른다고 말했다.[23] 판크세프는 쥐를 대상으로 한 실험에서 놀지 않은 쥐에 비해 놀이를 한 쥐의 뇌에 도파민 수치가 증가했다는 것을 알아냈다. 그는 또한 놀이가 쥐의 전두엽 발달을 촉진한다는 사실도 발견했다. 이 실험 결과를

ADHD로 진단된 아이들을 위한 실익 측면에서 해석해 보면, 전두엽의 기능 장애로 도파민이 부족한 아이들이 무제한의 활기찬 놀이 경험을 통해 엄청난 이득을 볼 수 있다는 것을 알 수 있다. 문제는 우리의 문화적 추세가 점점 더 움직이지 않고 앉아서 지내는 아이들이 많아지는 방향으로 가고 있다는 것이다. 아이들은 그저 가만히 앉아서 텔레비전을 보거나, 비디오 게임(진정한 놀이가 아니다)을 하거나, 컴퓨터를 하거나, 어른들이 감독하는 경기(이 또한 진정한 놀이는 아니다)를 한다. 이런 사실들이 학부모와 교육자들에게 시사하는 바는, 학교에서 쉬는 시간이 더 많아져야 하고, 집에서도 모래성을 쌓고, 씨름하고, 재주넘기와 공중제비를 하고, 동네에서 야구나 축구 같은 아이 중심의 비공식적인 신체 게임에 참여하는 시간이 더 많아져야 한다는 것이다.

성인을 위한 적소 구축: 당신의 역동적인 두뇌를 사용하라

몇 해 전 747기를 타고 유럽으로 가던 중 우연히 내 옆자리에 앉은 남자가 얼마 전에 ADHD 진단을 받았다고 고백했다. 이런저런 대화를 나누던 중에 나는 그에게 무슨 일을 하느냐고 물었다. 그는 국제종교단체의 미디어 컨설턴트로 일한다고 했다. 그가 하는 일은 세계 여러 나라에 가서 그들의 다양한 프로젝트에 관한 다큐멘터리를 제작하는 것이었다. 한 번 일을 맡으면 몇 주 동안 그 일을 하다가, 끝나면 다음

임무를 진행하는 식이었다. 나는 이런 생각을 했다. '이 사람은 ADHD 딱지가 붙은 사람에게 딱 맞는 직업을 가지고 있구나. 새로운 나라에 가서 짧은 기간 동안 일하다가 (자극의 부족 때문에) 지루함을 느끼기 시작할 것 같은 바로 그 시점이면 일이 끝나고 새로운 곳으로 가게 된다. 그리고 지금도 그는 시속 880킬로미터로 가는 제트기 안에 있어!' 만약 하루에 몇 시간씩 칸막이 사무실에 앉아 일하는 보통의 사무직이었다면 이 남자의 삶은 어떻게 달라졌을까. 판에 박힌 일상의 지루함, 그리고 신체적인 활동 부족이 그의 삶을 비참하게 만들었을 것이다. 알고 보니 그는 자신도 모르는 사이에 자기에게 맞는 긍정적인 적소를 구축했다.

신체 활동, 변화, 새로움, 높은 자극, 현장 실무는 모두 ADHD가 있는 사람들을 위한 좋은 적소 구축을 위한 요소들이다. 예를 들어 이러한 요소들 대부분이 소방 분야에서 발견된다. 소방서장 해럴드 C. 코언은 소방서에 ADHD가 있는 사람이 있는지 알아보기 위해 에드워드 할로웰Edward Hallowell과 존 레이티John Ratey가 ADHD 성인을 위해 쓴 베스트셀러 『주의산만에 빠지다Driven to Distraction』에 나오는 20개 항목의 ADHD 진단 체크리스트를 직원들에게 나눠 주었다. 직원의 절반 이상이 자신에게 '빈번한 자극 찾기', '조바심', '창의적인 경향'을 포함해 8개 이상의 ADHD 특성이 있다고 응답했다. 그는 이렇게 썼다. "격렬하고 빠르게 돌아가는 소방서의 세계는 끊임없는 변화와 아드레날린이 솟는 상황을 갈망하는 사람에게 꼭 맞는 일터다. 그 결과, ADHD가 있는 사람

증상이 아니라 독특함입니다

들은 최고의 소방관과 응급구조대원에게 요구되는 창의성, 위험 감수성, 빠른 의사결정 등의 성격 특성을 자연스럽게 보여주는 경우가 많았다."[24] 그는 또한 ADHD가 있는 사람 중 오랜 시간 업무에 집중하고 시간 관리를 하는 데 어려움을 겪는 이들은 소방서에서 제공하는 도움을 받을 수 있다고 덧붙였다.

　사업이나 창업 또한 많은 ADHD 성인에게 잘 맞는 것으로 보인다. 제트블루 항공의 창업자인 데이비드 닐먼David Neeleman도 ADHD 진단을 받았는데, 그는 이렇게 말했다. "나는 나에게 다른 사람들이 갖지 못한 강점이 있다는 것을 알았다. 나는 복잡한 사실들을 걸러내서 간단한 해결책을 생각해 낼 수 있다. 나는 온갖 종류의 문제를 안고 있는 업계를 내다보며 '어떻게 하면 이 일을 더 잘할 수 있을까?'라고 말할 수 있다. 나의 ADD 두뇌는 자연스럽게 더 나은 방법을 찾는다." 킨코스 창립자 폴 오팔라Paul Orfalea 역시 ADHD 성인이었는데, 그는 자신의 지나치게 활동적인 기질이 사업을 일으키는 데 어떻게 도움이 되었는지 설명한다. "나는 돌아다니는 성향이 있어서 사무실에서 많은 시간을 보낸 적이 없다. 내가 하는 일은 점포를 돌아다니면서 사람들이 일을 맞게 하고 있는지 살펴보는 것이었다. 만약 내가 항상 사무실에 있었다면 사업을 확장하는 데 도움이 된 그 모든 멋진 아이디어를 발견하지 못했을 것이다."[25] 또 다른 ADHD 성인인 심리학자 캐슬린 네이도Kathleen Nadeau는 ABC 뉴스에서 "ADD인 사람들은 활력이 넘치고 놀라울 정도로 훌륭한 브레인스토머들입니다. 그들은 자진해서 12시간에서 15시간을 즐겁게 일하기도 합니다. 업계는 ADD를 두려워해서는 안 됩니다. 오히려 그곳에 금광이 있을 수 있다는 것을 알아야 합니다."

다음은 ADHD 성인의 재능이 돋보일 직업 목록의 일부다.

- 디스크자키 또는 라디오 아나운서
- 출장 영업 사원
- 음악 또는 댄스 치료사
- 산림 경비원
- 레크리에이션 강사
- 순회교사
- 라디오·텔레비전·신문 기자
- 경찰관 또는 소방관
- 자연 사진작가
- 건설업자
- 공예가
- 화가 또는 조각가
- 발명가 또는 디자이너
- 사설탐정
- 지역사회 옴부즈맨
- 트럭·버스·택시 운전사
- 응급실 의사

- 프리랜서 연구원

- 농부 또는 목장 근로자

- 안무가 또는 댄서

- 운동선수 또는 코치

- 강연자 또는 워크숍 진행자

- 에어로빅 또는 피트니스 강사

- 측량사 또는 지도 제작자

- 패션모델

- 홍보 컨설턴트

- 프리랜서 작가, 예술가, 편집자

- 항공기 조종사, 선장, 기관사

위의 직업들에는 ADHD 진단을 받은 사람의 능력에 적합한 요소가 적어도 한 가지는 있다. 그 요소의 예로는 업무 성격상 외근이 많음, 자주 출장을 가거나 여러 곳을 돌아다님, 수작업, 매일 새로운 상황에 적극적으로 관여하기, 응급상황에 대치히기, 신체 활동, 짧은 시간에 여러 가지 일을 하기, 예술과 같은 창의적인 일에 참여하기, 직접 사업을 경영하기 등이 있다.

직업 선택 외에도 ADHD 성인들이 분주하고 복잡한 세상에서 편안한 적소를 구축하는 데 도움이 되는 새로운 기기들이 많이 나와 있다. 특히 빡빡한 매일의 일정을 정리하고 관리하는 데 도움이 되는 기기PDA들이 있는데, 요즘은 대부분 애플의 아이폰이나 구글의 안드로이드 같은 '스마트폰'으로 통합됐다. 이런 기기들은 (다양한 앱과 더불어) 다음과 같은 작업을 수행한다.

- 약속 알림
- 업무의 우선순위 지정
- 다른 사람과 연락(전자 메일 및 휴대전화 기능)
- 인터넷 접속
- 길 찾기(위성위치확인시스템GPS)
- 회계장부 작성 및 예산 편성
- 메모하기(문서 작성 프로그램, 받아쓰기 소프트웨어)
- 행사 기록(카메라, 비디오 녹화기)
- 자극 및 오락 제공(컴퓨터 게임, 라디오, 영화)

ADHD 진단을 받은 한 여성은 이렇게 말한다. "나에게는 작고 귀여운 친구가 있다. 내 PDA인데 절대 집에 두고 나오는 법이 없다. 그것은 나와 함께 어디든 간다. 식료품점, 은행, 농산물 판매점, 병원, 공항, 회계사무실, 미용실, 그리고 가끔은 화장실도 같이 들어간다. 화장실에서는 세면대 위에 놓여, 샤워실에서 나와야 할 때를 알려준다."[26]

ADHD가 있는 사람들은 또한 우선순위를 정하고, 집중하고, 해야 할 일을 완수하는 데 인적자원이 대단히 큰 도움이 된다는 것을 안다.

전체론적 사고를 하는 제트블루 항공의 창업자 데이비드 닐먼은 사업의 세부사항에 대해 잘 아는 이들을 주변에 둔다. "내 비서는 편지를 쓰고 일정을 챙기는 것을 도와준다. 나는 하루하루 내가 무엇을 하고 있는지 전혀 모른다." 킨코스의 폴 오팔라는 "나는 편지도 못 쓰고, 기계도 못 고친다. 나의 가장 큰 장점은 ADD 때문에 세부사항에 얽매이지 않는다는 것이다. 나는 그런 일을 처리할 유능한 사람들을 고용한다."[27]

ADHD 진단을 받은 많은 사람은 트레이너나 개인 코치를 고용하여 조직, 시간 관리, 계획의 실행, 동기 부여, 사업상의 문제 해결을 위한 도움을 받는다. 많은 사람들이 ADHD 공동체에 이러한 코칭 서비스를 전화나 이메일을 통해 또는 직접 만나 제공하는 것으로 알려졌다. ADHD가 있는 40세의 한 남자는 자신의 코치와의 개인적인 경험에 대해 이렇게 쓰고 있다. "피트와 나는 나의 듣기 능력을 계발하는 데 힘을 쏟았다. 나는 내 일정표를 보고 다음에 가질 네 번의 만남을 정한다. 매번 만날 때마다 내 듣기 능력을 향상시키기 위해 구체적으로 무엇을 연습할지 계획을 세운다. 예를 들면, 상대가 문장을 완성할 때까지 말하지 않기, 상대의 말을 이해했는지 확인하기 위해 상대의 말을 되풀이하기 같은 것들이다. 나는 그것들을 잊지 않으려고 메모장 맨 위에 적어놓았다."[28]

약물치료는 어떨까?

자신에게 맞는 적소를 구축하는 일에서 약물치료를 배제하는 것은 아니다. 일부 개인들에게 약물치료는 긍정적인 적소를 만들 중요한 기반을 제공한다. 약물치료의 시작, 중단, 변경 또는 복용량을 바꾸는 결정은 의사와 상담해야 한다. 그러나 특히 아이들의 경우, 약물치료 문제는 신중하게 접근해야 한다. 리탈린 등의 정신자극제는 드물게 심각한 부작용을 일으킬 수 있고 남용의 우려가 있다(청소년들은 불법으로 쉽게 사고팔기도 한다). 정신자극제를 복용하는 아이들은 행동이 개선되면 자신의 개인적인 노력보다는 '좋은 알약' 덕으로 돌리는 경향이 있다. ADHD의 '숨겨진 강점'을 살펴보며 알게 되었듯이 자극을 주고, 자연을 접할 수 있고, 놀이를 즐길 수 있는, 창의적인 환경에 있을 때 아이들의 ADHD 증상이 극적으로 줄어드는 경우가 많다. 좋은 삶을 대신할 '대체재'로 화학적 자극을 제공하는 약물을 사용하는 것에는 위험이 따른다. 게다가 자크 판크세프나 다른 연구자들은 메틸페니데이트(리탈린)를 투여받은 쥐들이 놀이에 적게 참여하는 경향이 있다는 증거를 제시한다. 핵심을 말하면, 인생의 여정을 이제 막 시작한 아이들에게는 놀이, 풍부한 감각경험, 역동적인 상호작용 환경으로 구성된 강력한 발달의 토대를 제공하는 것이 중요하다. 이런 건강한 생활방식을 일정 기간 실천한 후에도 여전히 문제가 지속된다면, 그때는 정신활성 약물의 사용에 대해 의사와 상의해보는 것이 좋을 것이다. 지나치게 활동적이었던 에디슨이 쓴 유명한 말이 있다. "미래의 의사는 약을 주지 않을 것이다. 대신 환자가 인간적인 환경의 보살핌을 받고, 적절한 식이요법을 하고, 질병의 원인과 예방에 신경 쓸 것을 권유할 것이다."[29]라고 쓴 것으로 유명하다. 신경다양성의 새로운 세계에서 ADHD가 있는 사람들은 약물을 통해서가 아니라, 자신의 즐겁고 매우 활동적인 뇌의 활기차고 열광적인 본성에 맞도록 외부 환경의 생태를 변화시킴으로써 정신건강이 가장 크게 향상될 수 있음을 알게 될 것이다.

3장

자폐적으로 살 때의 긍정성

The Positive Side of Being Autistic

최초로 돌창을 개발한 사람은 고기능 아스퍼거증후군이 있는 어떤 남자였다. 돌창은 모닥불에 둘러앉아 수다를 늘어놓는 사교적인 사람들이 개발한 게 아니다.

_템플 그랜딘Temple Grandin, 『뉴욕매거진New York Magazine』

20대 후반의 여성 아만다 백스Amanda Baggs는 몇 해 전 '나의 언어로Jn My
Language'라는 제목의 동영상을 제작해 유튜브에 올려 큰 파장을 일으켰
다. 이 동영상에서 그녀는 자폐인으로서 살아가는 자신의 개인적인 이
야기를 들려주었다. 그 영상을 보는 것은 매혹적인 경험이다. 아만다는
9분짜리 영상의 전반부 내내, 마치 불교 승려처럼 주파수를 달리하여
콧노래를 흥얼거리며 집 안에 있는 여러 가지 물건으로 다양한 소리를
낸다. 그녀는 물체의 표면을 톡톡 두드리고, 목걸이를 빙글빙글 돌리
고, 슬링키 스프링을 떨어뜨린다. 나는 아만다가 골이 진 금속 표면을
반복해서 손톱으로 쓸어내리고, 문손잡이에 철사 고리를 걸어 달그락
거리고, 종이를 펄럭거리고, 부엌 수도꼭지에서 나오는 물을 가지고 노
는 등 다양한 방법으로 주변 세계와 상호작용하는 것을 보면서 세계적

으로 유명한 타악기 연주자인 이블린 글레니Evelyn Glennie를 보고 있다는 느낌이 들었다. 비록 말하는 방식이 일반적이지 않고, 일부 전문가들은 '저기능'이라고 여기지만, 아만다는 컴퓨터와 음성 합성기를 통해 유창하게 의사소통을 한다.

영상의 후반부에서, 보통 사람들과는 의사소통 방법이 다른 사람들을 위한 일종의 선언문을 아만다는 합성된 소리로 발표한다. 그녀는 자신이 주변의 사물 세계와 터놓고 대화한다는 사실에도 불구하고 사람들은 그녀를 '자기만의 세계'에 살고 있다고(자폐 성향의 사람에 대한 전형적인 고정관념) 생각한다고 말한다. 아이러니하게도, 만약 그녀가 관심의 범위를 좁혀서 말로 하는 의사소통에만 집중한다면 오히려 사람들은 그녀가 '세상에 문을 연 것'으로 간주할 것이라고 그녀는 지적한다. 아만다는 음성 합성기를 통해 이렇게 말한다. "우리가 당신들의 언어를 배울 때에만 나 같은 사람들의 생각이 진지하게 받아들여진다. 사람들은 이전에 우리가 어떻게 생각했고 상호작용했는지는 신경 쓰지 않는다. 당신이 보고 들은 것처럼 나는 내 주변에 있는 것들과 함께 노래를 부를 수 있다. 내가 당신들의 언어로 뭔가를 타이핑할 때만 당신들은 내가 소통하고 있다고 여긴다." 그녀는 이런 말도 한다. "흥미로운 점은, 내가 당신들의 언어를 배우지 못한 것은 결핍으로 여기면서 당신이 나의 언어를 배우지 못하는 것은 너무나 자연스러운 일로 본다는 것이다." 그녀는 '여러 유형의 개인'을 위한 인권 선언을 끝으로 동영상을 마무리한다.

아만다의 선언문이나 인터넷에 올라오는 그와 비슷한 글들은 자폐 권리 운동의 중요한 부분이 되고 있다. 청각장애인 사회의 많은 사람이 수화와 농문화의 고유한 가치를 주장해왔듯이, 자폐 공동체의 많은 사람은 자신들을 장애인이 아니라 다른 존재로 보아 달라고 요구하고 있다.² 제1장에서 살펴본 바와 같이 '신경다양성'이라는 용어는 1990년대 후반 자폐인 권리운동에서 처음 등장했다. 아이러니하게도 사회적 의사소통 매체인 인터넷은 이 운동을 촉진하는 데 도움을 주었다. 자폐인들은 일대일 개인 접촉에 상당한 어려움을 겪는다. 그들은 흔히 '마음맹mindblindness'이 있다고 여겨진다. 우리들 대부분은 그들이 다른 사람들의 생각을 인식하거나 심지어 짐작조차 할 능력이 없다고 당연하게 여기는 것이다. 친한 친구가 갑자기 전화를 걸지 않는다면, 우리는 왜 그런 일이 일어났는지 이유에 대해 생각해 볼 능력이 있다. 어쩌면 내가 한 말 때문에 화가 났을 수도 있고, 아픈 것일 수도 있고, 아니면 여행을 하고 있을 수도 있다. 우리에게는 '마음을 읽는' 능력이 있고, 그 가정에 근거해 행동한다. 자폐인들은 이런 능력이 부족하다. 그들은 얼굴과 제스처를 읽고, 의도를 추측하고, 동기를 인지하는 데, 특히 감정을 이해하는 데 어려움을 겪는다.

그러나 인터넷에서는 이런 능력들이 거의 필요하지 않다. 중요한 것은 언어 외sub-verbal의 단서를 읽는 것이 아니라 언어적 의사소통을 하는 것이다. 1장에서 우리는 자폐성 장애가 연속선 위에 존재한다는 것에 주목했다. 자폐인 중 최대 70%가 지적장애(이 범주는 제7장의 주제가 될 것이다)가 있는 것으로 진단된다. 그러나 자폐 스펙트럼의 '상부'에 있는 이들 중 상당수(흔히 '고기능' 또는 아스퍼거증후군으로 불리는 이들)는 컴퓨터를 통해 의사소통하는 데 필요한 언어 능력을 가지고 있다. 그 결과 인터넷은 많은 자폐성향의 성인들(그리고 일부 어린이와 청소년들)의 적소 구축에서 중요한 부분을 차지하게 되었다. 인터넷 프로토콜, 소프트웨어, 채팅 사이트, 블로그, 가상 커뮤니티 등을 폭넓게 활용할 줄 아는 아만다 백스(그녀는 '세컨드 라이프Second Life'라는 인터넷 사이트에 자신만의 '아바타', 즉 가상인격을 가지고 있다)는 확실히 그런 경우에 해당된다. 그녀는 자신의 영상 제작 장비들을 언급하면서 IT잡지『와이어드』에 이런 말을 남겼다. "내 담당 의사는 그 소프트웨어를 어떻게 작동시키는지조차 모를 것이다."[3]

자폐성 장애: 역사와 원인

아만다의 상황은 자폐성 장애에 관한 어떤 암묵적인 가정을 드러내는 동시에 뒤집는다. 자폐성 장애(자폐성 장애의 영문이름 'autism'은 '자기 자신'을 뜻하는 그리스어 아우토스autos에서 유래했다)는 150명당 1명꼴로 발생한다. 이 장애는 1940년대에 레오 캐너Leo Kanner와 한스 아스퍼거Hans

Asperger라는 두 명의 의사가 각각 발견했으나, 1980년이 되어서야 미국 정신의학회의 『정신장애 진단 및 통계 편람DSM』에 등재되었고, 1990년 대가 되어서야 미국에서 특수교육 서비스가 필요한 장애에 포함되었다. 자폐인들은 대인관계와 의사소통에 어려움이 있고, 특정 행동을 반복하며, 제한된 관심사에 몰두하는 것으로 알려져 있다. 엄밀히 말하면 자폐성 장애는 한쪽 끝에 있는 고전적 자폐증(말을 못함, 사회적 고립, 지적 장애, 몸을 흔들거나 손을 펄럭거리는 등의 반복적인 행동)에서 고기능 자폐와 아스퍼거증후군(좋은 언어 능력, 평균 이상의 지능, 전문분야에 대한 흥미)에 이르기까지 스펙트럼으로 존재한다. 1950년대와 1960년대에는 자폐성 장애가 환경적 요인, 대개는 자녀를 달래주지 않은 무신경한 부모(흔히 이런 부모들을 '냉장고 엄마'라고 불렀다)로 인해 발생하는 것으로 여겨졌다. 1970년대에 이르러서야 자폐성 장애는 생물학적 장애로 간주되었다. 자폐성 장애의 생물학적 원인이 명확히 밝혀지지 않았지만, 유전, 임신 또는 출산 합병증, 바이러스 감염 등이 일으킬 수 있는 여러 요인에 의한 뇌 손상에서 비롯된다고 여겨진다. 어린이 백신 성분이 자폐증을 유발한다는 생각은 자폐아들의 부모 사이에서 논란이 있지만, 과학계에서는 거의 신빙성이 없다고 판단한다.[4] 자폐 집단의 뇌를 살펴보면 전두엽(계획과 조절 담당), 변연계(정서조절 담당), 소뇌(운동제어 담당) 등 여러 부위에서 이상 증후가 관찰된다. 자폐아의 30~50%는 신경전달물질인 세로토닌의 수치가 높은 것으로 나타났다.[5]

증상이 아니라 독특함입니다

자폐성 장애의 신경학적 원인에 관한 한 가지 이론은 전두엽의 전운동피질에서 '거울 신경세포'에 기능장애가 있다는 것이다. 1990년대 초, 짧은꼬리원숭이가 어떤 행동을 할 때 발화되는 거울 신경세포가, 같은 행동을 다른 생명체가 하는 것을 볼 때도 발화되는 것이 관찰되었다. 신경세포들은 마치 원숭이 자신이 그 행동을 하는 것처럼 다른 동물의 행동에 '거울'처럼 반응했다. 거울 신경세포 시스템은 사람들이 어떻게 다른 사람이 무언가 하는 것을 보는 것만으로 그 일을 배울 수 있는지를 설명해준다. 그러나 자폐인들의 경우에는 이 체계에 일종의 고장이 생겨서 다른 사람의 행동을 '읽고' 해석하지 못하는 것으로 보인다. 최근의 또 다른 이론은 아버지의 정자 속 유전자와 어머니의 난자 속 유전자 사이에 진화적 다툼이 있고, 이 다툼의 결과에 따라 두뇌발달이 두 방향 중 어느 한 방향으로 진행한다고 제시한다. 아버지의 유전자가 선택되면 뇌 성장이 자폐스펙트럼 방향으로 진행되고, 어머니의 유전자가 선택되면 우울증이나 조울증, 조현병을 포함하는 스펙트럼 방향으로 뇌가 발달한다는 것이다.[6]

체계 내에서 활동하기

적어도 자폐스펙트럼에 관하여 후자의 이론을 뒷받침하는 것으로는 영국 케임브리지대학교 자폐연구센터에서 사이먼 배런코언Simon Baron-

Cohen 박사가 실시한 연구를 들 수 있다.[7] 배런코언은 자신의 자폐성 장애 이론의 배경으로, 남녀 간에 기본적인 인지적 차이가 있다고 설명한다. 그는 여성들은 **공감자**empathizer라고 주장한다. 남성보다 친밀한 관계를 맺고, 협력하고, 다른 사람의 기분을 읽고, 자기 자신과 타인의 감정을 이해하는 데 더 능하다. 반면에 남성은 **체계자**systematizer다. 체계란 투입과 산출이 있는 모든 것을 말한다. 컴퓨터처럼 기술적인 것일 수도 있고, 날씨처럼 자연적인 것일 수도 있고, 수학처럼 추상적인 것일 수도 있고, DVD 소장품처럼 정리할 수 있는 것일 수도 있고, 테니스 치는 것처럼 몸을 움직이는 것일 수도 있다. 체계에서 중요한 것은 예측할 수 있고 제어할 수 있다는 점이다. 무엇이 들어갔는지 안다면 무엇이 나올지 예측할 수 있다. 반면에 공감은 예측 가능한 것이 아니다. 우리는 결코 다른 사람의 마음속에 무엇이 있는지 확실히 말할 수 없다. 여성은 남성에 비해 이러한 불확실성을 더 쉽게 다룰 수 있다. 반면 남성은 예측 가능하고 제어 가능한 체계의 세계를 선호한다. 남자들은 테이블에 둘러앉아 커피를 마시며 친구의 문제에 관해 이야기하는 것보다 자동차 주위에 모여서 유압시스템에 대해 토론하는 일이 더 많을 것이다. 그들은 개인적인 감정보다는 컴퓨터에 대한 대화를 더 많이 나눈다. 작가이자 언어학자인 데보라 태넌Deborah Tannen이 지적했듯이, 남성은 특정 주제(정치나 선거, 축구경기, 기계 작동원리)에 대해 이야기하는 반면, 여성은 친해지기(친구 사귀기, 비밀 공유, 위로하기) 위해 대화한다.[8]

배런코언은 공감과 체계화가 연속선 위에 존재한다는 것을 분명히 한다. 남성은 체계화 쪽에, 여성은 공감 쪽에 있을 가능성이 높지만 예외도 많다. 대단히 체계 지향적인 여성들도 있고, 공감능력이 꽤 좋은 남자들도 있으며, 이 두 가지 삶의 차원을 어느 정도 균형 있게 가진 사람들도 있다. 그러나 배런코언은 스펙트럼의 체계화 부분의 끝쪽으로 가면 자폐스펙트럼 위에 있는 개인이 보이기 시작한다고 지적한다. 앞에서도 언급했지만 사회성 및 의사소통 문제와 더불어 자폐인들의 또 다른 중요한 특징은 특정 대상에 대한 유별나게 강한 관심이다. 자폐스펙트럼의 한쪽 끝에는 심한 자폐아가 선풍기 날개의 움직임에 매료되는 것에서부터, 다른 쪽 끝에는 자폐 성향의 서번트savant가 큰 숫자를 빠르게 계산하는 능력까지 범위가 넓게 나타난다. 두 경우 모두 기계적인 물체의 작동과 빠른 수학적 계산법이라는 체계를 다루고 있다. 배런코언이 말하고자 하는 것은 체계에 과도하게 집중되어 있다는 점에서 자폐성 장애가 극단적인 남성 행동을 나타낸다는 것이다. 아스퍼거증후군 아동에 대한 한 연구에서는 그 아이들의 90%가 **타이타닉호**의 승객 명단, 허리 치수, 그레이트 웨스턴 열차의 상징색, 롬멜 장군의 사막 전투, 종이가방, 빛과 어둠, 변기술, 지구본과 지도, 노란색 연필, 기차를 그린 유화, 복사기, 제2차 세계대전에 사용된 프로펠러 비행기, 산업용 송풍기, 엘리베이터, 신발 등 다양한 체계에 특별한 흥미가 있는 것으로 나타났다.[9]

　안타깝게도, 자폐성 장애가 있는 사람들의 이런 능력은 간과되거나 최소화되거나 부정적인 특징으로 여겨지는 경우가 너무도 많다. 자폐인들은 **할 수 있는 일**(체계화)보다는 **할 수 없는 일**(공감)의 관점에서 평가된다. 그들의 개인적 관심을 보이는 그대로, 즉 특정 체계에 완전히 매료된 상태로 받아들이기보다는 '강박적'이고 '상상력이 부족한' 것으로, 또는 '단편적인 특수 능력'으로 간주한다. 세상에는 컴퓨터 프로그래머, 수학자, 엔지니어, 정비사, 과학자 등 체계자가 필요하다. 케임브리지대학교 학생 378명을 대상으로 한 어떤 연구에서는 다른 학과 학생들에 비해 수학과 학생들 사이에서 자폐성 장애가 발견될 가능성이 7배 더 높은 것으로 드러났다. 다른 연구들에 의하면 자폐아동의 아버지와 할아버지가 공학 분야에서 일할 가능성이 두 배나 높았고, 자연 계열 학생들이 인문 계열 학생들보다 자폐성 장애가 있는 친척이 더 많았다.[10] 과학교육에서 미국 최고인 대학의 대학원생과 이야기를 나눈 적이 있는데, 그는 교수들 대부분이 아스퍼거증후군이 있거나 아스퍼거 같은 행동을 보이는 것 같다고 말했다. 사실 그는 '삶을 찾고 싶어서' 그 대학과 분자유전학계를 떠날 생각이라고 말했다.

그가 말한 삶의 진짜 의미는 사교적인 삶이었다. 자폐증 꼬리표가 붙은 사람들은 충분히 사교적이지 않아서 우리 문화의 핵심 가치에 반하는 것처럼 보이기도 한다. 그렇지만 인간관계와는 무관한 체계에 깊이 몰입하는 것이 어째서 좋은 삶이 되어서는 안 되는 것일까? 정신과 의사인 앤서니 스토Anthony Storr는 그의 책 『고독의 위로Selfitude: A return to the Self』에서 행복은 다른 사람들과의 관계를 통해서만 얻을 수 있다는 생각이 우리 문화에 뿌리 내리는 데 정신건강 전문가들의 역할이 컸다고 지적한다. 그는 오히려 많은 사람이 혼자 하는 일에서 만족감을 느낀다고 말한다. 그는 이렇게 쓰고 있다. "천재들만이 인간관계 이외의 일에서 삶의 중요한 가치를 찾는 것은 아니다. 역사책 쓰기든, 메시지 전달용 비둘기 기르기든, 주식 투자든, 항공기 설계든, 피아노 연주든, 정원 가꾸기든 무언가에 관심을 쏟는 것은 현대의 정신분석가들과 그들의 추종자들이 생각하는 것 이상으로 행복을 만드는 데 큰 역할을 한다. … 인간관계가 만족스러웠든 아니었든, 그러한 관심사 덕분에 가치 있는 삶을 산 사람들을 주변에서 얼마든지 찾아볼 수 있다."[11] 물론, 여기서 나는 온종일 머리를 찧고 손가락을 가지고 노는, 말을 못 하는 아이가 앤서니 스토가 말하는 종류의 긍정적인 고독에 빠져 있다고 주장하는 것은 아니다. 분명히 자폐아들은 주변 사회 세계에 적응할 필요가 있고, 이 장의 후반부에서는 자폐 스펙트럼에 있는 아이들이 마음을 열고 주변의 아이들과 접촉하는 데 도움을 주기 위해 사용되어 온 조기 개입 방법들을 검토할 것이다. 하지만 우리는 자폐스펙트럼에 있는 사람들의 강점과 능력을 더 잘 살펴보고, 그들이 이러한 강점을 활용하여 세상을 잘 살아갈 수 있다는 것을 깨달을 필요가 있다.

'월리를 찾아라' 세계에 오신 걸 환영합니다

자폐스펙트럼장애 진단을 받은 개인의 또 다른 강점은 세부적인 것들을 볼 수 있는 능력이다. 자폐인들은 '월리를 찾아라'같은 찾기 유형의 퍼즐 전문가들이다. 그들은 아동용 웩슬러 지능검사의 토막 짜기 검사 block design에서 소위 정상적이라는 사람들보다 높은 점수를 받는데, 이 검사는 제시된 평면 도형과 같은 모양이 되도록 블록을 배치해야 하는 검사다.[12] 그들은 또한 크고 복잡한 디자인 안의 특정한 형태나 모양을 찾는 같은 모양 찾기에서도 더 좋은 점수를 받는다.[13] 그들은 대조군보다 '절대음감'을 가지고 있거나, 복잡한 화음에서 개별 음을 집어낼 가능성도 더 높다.[14] 사실 자폐 성향의 서번트들이 놀라운 성취를 이룰 수 있었던 것도 비상한 기억력과 더불어 이러한 지각 능력 덕분일 수 있다. 예를 들어 자폐 성향의 서번트 음악가인 미국의 레슬리 렘키 Leslie Lemke는 차이콥스키의 피아노 협주곡 제1번 전곡을 단 한 번만 듣고 연주할 수 있었다. 영국의 자폐 성향 서번트 스티븐 월트샤이어 Steven Wiltshire는 15분 동안 헬리콥터를 타고 로마 주변 지역을 둘러본 후 로마의 스카이라인을 꼼꼼하고 세세하게 그려냈다. 자폐 성향 서번트 대니얼 태밋 Daniel Tammet은 원주율(원의 둘레와 지름의 비율)의 수학적 구조를 5시간 만에 22,514자리 숫자까지 계산해내는 등 영화 「레인맨」의 주인공처럼 어려운 과제를 해냈다. 그는 또한 아이슬란드어를 일주일 만에 배워서 유창하게 말할 수 있었다.

하지만 아이러니하게도 자폐인들이 가진 세부사항을 파악하는 재능을 심리학자들은 일반적으로 **강점**보다는 **결핍**으로 정의한다. 현재 많은 심리학자는 앞에서 설명한 능력을 소위 '약한 중앙응집 이론Weak

Central Cohrence Theory'의 증거로 보고 있다. 이 이론에 따르면 자폐인들은 구조의 전체적 형태(중앙 응집)를 볼 수 없기 때문에 구조 안에 있는 세부사항을 보다 분명하게 볼 수 있다. 예를 들어 소위 정상적인 사람들은 '월리를 찾아라' 유형의 작업을 접했을 때 보통은 개인들로 구성된 전체 집단을 보게 되므로 한 개인을 식별하는 것이 어렵다. 반면에 자폐인들은 집단 전체를 잘 보지 못하고, 따라서 아주 작은 세부사항에 더 집중하게 된다. 다시 말해 자폐인들은 나무만 볼 뿐 숲은 보지 못한다는 것이다. 그러나 이는 긍정적인 인지유형을 부정적으로 설명하는 것이다. 그와 달리 '부분에 대한 집중 분석Strong Local Analysis'이라는 표현은 동일한 현상을 긍정적인 언어로 표현한 것이다. 자신도 자폐성 장애가 있는 미셸 도슨Michelle Dawson을 포함한 연구자들은 '강화된 지각기능enhanced perceptual functioning'이라는 용어를 제안했다.[15] 이 용어는 무엇이 고장 났고 수리가 필요한지보다, 무엇이 작동하고 있는지에 초점을 맞춘다.

이렇게 용어를 바꾸는 것은 단순히 학문적인 활동을 위한 것이 아니다. 그렇게 하는 것은 자폐성 장애의 특질들이 여전히 유전자 풀에 남아 있는 이유를 이해하는 데 도움이 된다. 아마도 아주 옛날에는 아주 작고 사소해 보이는 것들을 볼 수 있는 사람을 주변에 두는 것이 진화적인 이점이 있었을 것이다. 예를 들어, 덤불에 있는 한 쌍의 작은 원들은 식용 열매일 수도 있고 맹수의 눈일 수도 있다. 그 둘을 구별하는 데 뛰어난 사람이 자기 부족에 있기를 바랐을 것이다. 자폐인들은 사람 중심이라기보다는 체계를 지향한다. 사물과 체계에 관심이 많아서 창 만드는 법, 불 피우는 법, 피난처를 짓는 법 등을 잘 아는 사람들이 주변에 많으면 좋았을 것이다. 지리(체계), 날씨(체계), 그리고 근방에서 자라는 식물 중 독이 있는 것과 아닌 것의 모든 목록(마찬가지로 체계)을 잘 아는 사람들을 원했을 것이다. 어쨌거나 어느 식물에 관한 작은 정보가 생과 사를 가를 수도 있는 것이다. 동물들의 흔적과 섭식 패턴, 동물들의 기분 등에도 주의를 기울일 줄 아는 사람을 원했을 것이다. 그들이 다른 사람들과 사이가 안 좋다거나 혼자 있는 것을 더 좋아한다 해도 개의치 않았을 것이다. 그들이 가장 잘하는 일을 전담해서 하도록 내버려 두었을 것이다. 자폐성 장애가 있는 한 연구원이 들려준 이야기가 생각난다. 콩고에 있는 어떤 사람에 대한 이야기였는데, 그는 자폐증의 모든 전형적인 징후를 가지고 있었지만 그의 부족은 그를 재능 있는 사람으로 여겼다고 한다. 그는 베짜기의 명수였다. 그의 꼼꼼한 솜씨와 섬세한 무늬에 대한 사랑 덕분에 그는 지역사회에서 중요한 적소를 찾을 수 있었고, 그곳에서 결점은 문화에 기여한 그의 재능에 가려 눈에 띄지 않았다.[16]

오늘날의 복잡한 사회에서 우리는 여전히 세부사항에 집중하는 체계 지향적인 사람들이 필요하다. 그들은 우리가 사는 공간의 배관, 자동차, 그 외에도 우리의 일상생활을 이루는 수천 가지 것들과 관련된 일을 한다. 여기에 딱 들어맞는 사례로 아마도 오늘날 세계에서 가장 유명한 자폐인인 템플 그랜딘Temple Grandin의 경력을 들 수 있다. 그녀는 도축공장에서 쓰는 가축용 기계를 설계한다. 미국에서 사용되는 가축 시설의 3분의 1은 그랜딘 박사가 설계한 것이다. 그녀는 다른 사람들과 관계 맺는 것을 배우는 데는 일생 동안 상당한 어려움을 겪었지만, 동물들의 필요를 이해하는 신비로운 능력을 가지고 있다. 그녀는 자신의 저서 『동물과의 대화Animals in translation』에서 농장의 동물들을 겁먹게 하는 18가지의 세부사항들을 열거하고 있는데, 매끄러운 금속에 비친 상, 금속이 부딪치거나 쾅 하는 소리, 높은음의 소음, 공기가 쉭 하는 소리, 갑작스러운 장비의 색깔 변화 등이 그것이다. 그녀는 이런 종류의 세부사항에 주의를 기울이는 능력을 활용해서 운반장치, 출입구, 축사, 문 등을 만들거나 주변 환경을 바꾸기도 했다. 다음은 그중 한 가지 사례이다. 어느 돼지 가공공장에서 돼지들이 운반장치에 들어가지 않으려고 뒷걸음치고 있었는데, 직원들은 전기봉을 이용해 돼지들을 들여보내려고 애를 쓰고 있었다. 그 공장은 동물들의 25% 이하에 전기봉을 사용해야 한다는 동물복지 심사 기준을 어기기 일보 직전이었다. 그 문제를 해결하기 위해 그랜딘 박사는 손과 무릎을 바닥에 대고 엎드려 직접 운반장치를 살펴보았다. "젖은 바닥에 밝게 반짝이는 아주 작은 반사광들이 많다는 것을 알 수 있었다. 공장 바닥은 항상 젖어 있었다. 깨끗한 상태를 유지하기 위해 호스로 물을 뿌리기 때문이다. 인간의 눈은 돼지와 눈높이가 다르기 때문에 무엇을 찾아야 하는지 알고 있었어도 아마 그 반사광을 보지 못했을 것이다."[17] 머리 위의 조명을 막대기로 조정해서 작은 반사광들을 없애자 문제가 해결되었다.

그녀가 그런 일들을 할 수 있었던 데는 부분적으로는 세부적인 것들에 대한 주의력 덕분이었지만 뛰어난 시공간 능력도 도움이 되었다. 이 능력은 많은 자폐인의 또 다른 강점이다. 그랜딘은 다음과 같이 말한다. "나는 그림으로 생각한다. 언어는 나에게 외국어와 같다. 나는 모든 말과 글을 사운드까지 들어간 총천연색 영화로 번역한다. … 누군가 나에게 말을 하면 그 사람의 말은 즉시 그림으로 번역된다. 언어를 기반으로 생각하는 사람들은 대개 이런 현상을 이해하기 어렵다고 여기지만, 축산업 설비 설계자라는 내 일에서는 시각적 사고가 엄청난 장점이다." 그녀는 심지어 자신이 설계한 것을 실제로 제작하기 전에 머릿속에서 테스트해보기도 한다. 그녀는 이렇게 설명한다. "나는 소의 크기와 품종, 날씨 등을 달리해서 가능한 모든 상황에서 내가 설계한 기계가 사용되는 상황을 머릿속으로 그려본다. 이렇게 하면 시공 전에 결함을 수정할 수 있다."[18] 앞에서도 살펴보았지만, 자폐인들은 토막 짜기나 같은 모양 찾기와 같은 시공간적 작업을 포함하는 검사에서 훨씬 더 좋은 기량을 발휘한다. 심지어 어떤 연구에서는 지능검사에서 대인관계와 언어 능력에 대한 검사를 빼고, 그림에 기초한 추론 능력이 중심이 되었을 때(예를 들어 표준누진행렬지능검사RSPM처럼), 자폐 아동의 IQ 점수가 아동용 웩슬러 지능검사의 결과와 비교해 백분위점수 30점에서 70점으로 올랐다. 이것은 자폐성 장애 진단을 받은 많은 사람을 지적장애인 대열에서 제외시킬 수도 있는 연구결과이다.[19] 사실 최근의 한 연구에서는 RSPM 검사를 한 결과 실제로 자폐인들이 비

자폐인들보다 문제해결 속도가 40% 더 빠른 것으로 나타났다. 이 연구의 수석 연구원인 이사벨 소울리에르Isabelle Souliere는 이렇게 말한다. "일부 비평가들은 자폐인들이 검사의 복잡성 때문에 RSPM 검사를 완료할 수 없을 것이라고 주장했지만, 우리가 연구한 바에 따르면 자폐인들은 RSPM 검사를 능숙하게 완수할 수 있고, 비자폐인들보다 지각 능력이 발달해 있다."[20]

지금까지 이 장에서 자폐인들의 많은 강점과 능력을 묘사하려는 나의 노력을 그들의 사회적 책임을 면제하기 위한 시도로 여기는 사람들도 있을 것이다. 이는 전혀 사실이 아니다. 1장에 나온 다섯 번째 원칙은 "인생의 성공은 주변 환경의 요구에 자신의 뇌를 적응시키는 것에 기초한다."이다. 자폐인들은 사회화된 세계에 들어가는 것을 힘들어하지만, 우리는 사회화가 중요한 가치인 문화 속에서 살고 있다. 따라서 자폐아동들이—가능한 한 일찍—다른 사람들과 관계를 맺을 수 있도록 돕는 것은 특히 중요하다. 이 목적을 달성하기 위해 사용된 적응형 조기 개입 모델들이 많이 있지만, 가장 유명하고 널리 사용되는 방법은 응용행동분석ABA이다. ABA에서 학부모와 교사들은 수정해야 할 구체적인 행동을 확인하고, 그런 다음 명시적인 보상(사탕, 장난감, 칭찬 등)을 사용해 언어적 의사소통이나 적절한 사회적 상호작용과 같은 긍정적인 사회적 행동은 강화하고, 몸 흔들기, 손 퍼덕이기, 손가락 튕기기 같은 부정적인 행동은 무시하거나 '소멸'시킨다. 이 방법의 장점은 특정 행동을 일정 기간 관찰하고 경과를 기록으로 남길 수 있다는 점이다. 반면 단점은 인위성(아이들은 주로 보상을 받기 위해 적절한 행동을 한다)과 외부에서 통제하는 측면(어른이 전능한 강화기계 역할을 한다)이다.

특별한 관심사를 발견하고 키워라

다른 자폐증 치료법도 많이 있다(리서치 오티즘Research Autism이라는 웹사이트에는 700개가 넘는 치료법이 올라와 있다).[21] 그러나 이 책의 목적에 맞게 나는 원칙 6, 즉 '인생의 성공은 주변 환경을 자신의 고유한 뇌의 요구에 맞춰 수정하는 것(적소 구축)에도 달려 있다'에 기초한 전략에 집중하고자 한다. 다시 말해, 자폐인들(그리고 그들의 보호자들)에게 있는 그대로 **그들의 참모습**을 인정해주고, 그들의 강점과 능력을 발휘할 수 있는 적소를 구축할 수 있도록 어떻게 도와줄 수 있을까?

나는 ABA보다 발달상으로 더 적합하면서 좋은 적소 구축의 예가 되는 치료법으로 소아 정신과 의사 스탠리 그린스펀Stanley Greenspan과 심리학자 세레나 위더Serena Wieder가 개발한 플로어타임Floortime 모델을 들고 싶다. 이 모델의 기본 철학은, 부모는 자폐 아동이 주는 신호에 주의를 기울이고, 자연스러운 참여의 기회를 마련해 아이가 정서적으로 상호작용하고, 문제를 해결하고, 욕구를 표현하는 등 바깥세상과 의미 있는 관계를 맺을 수 있게 격려하는 것이다. 이 접근법은 외부적 강화를 통해 상호작용을 일으키려는 어른들의 시도가 아니라 아이로부터 시작되기 때문에 더 자연스럽다. 플로어타임은 웃고, 놀고, 즐겁게 지내는 것에 보다 중점을 둔다. 이런 활동은 근본적으로 아이에게 긍정적인 사회적·정서적 적소를 만들어준다. 그린스펀은 이렇게 쓰고 있다. "참여와 관계 맺기를 촉진하기 위해서는 우스꽝스러운 소리, 뽀뽀, 간지럼, 좋아하는 게임 등 어떤 종류의 상호작용이 유아나 아동에게 즐거움을 가져다주는지 관찰하라. 까꿍놀이와 상자 아래에 장난감 숨기기는 대부분의 아기를 즐겁게 하는 시각 게임이고, 손바닥 치기 놀이와 같은 율동이 있는 손뼉치기 게임은 청각적인 장점이 있어 아기들의 각별한 호기심을 불러일으킬 것이다. 움직이는 트럭은 유아들을 즐겁게 하고, 공상적 이야기는 대부분의 미취학 아동들에게 즐거움을 준다.…유아나 아동의 리듬과 감정을, 또한 감각과 동작을 어떻게 사용하는지를 유심히 관찰하라."[22] 그린스펀과 위더에 따르면 이러한 장난스러운 상호작용은 아이가 가장 정신이 맑고 여유가 있을 때 한번에 적어도 15분에서 20분 동안 하루에 여러 번 할 때 가장 도움이 된다. 미국국립연구회의National Research Council의 자폐성 장애에 대한 보고서에 의하면 플로어타임 모델은 사고, 의사소통, 관계 맺기에 필요한 기본적인 역량을 계발하는 데 효과적이며, 아동들이 이러한 능력들을 여러 자연스러운 상황에서 사용할 수 있게 해준다.[23]

플로어타임 모델이 성공한 것은 아이의 긍정적인 행동에 초점을 맞추고 있기 때문이다. 실제로 자폐스펙트럼에 있는 아이들이 특별히 관심을 두는 대상에 주의를 기울이는 것은 적소 구축을 촉진하는 훌륭한 방법이다. 자폐증의 발견자인 한스 아스퍼거는 자신의 환자들을 떠올리면서 "특별한 관심사는 특정 분야에서 놀라운 성과를 낼 수 있게 해준다."[24]고 했다. 예를 들어 교육자 스티븐 쇼어Stephen Shore는 어린아이였을 때 자폐성 장애 진단을 받았다. 그는 말을 하지 못했고 주변 사람들과 어울리려고 하지 않았다. 그의 부모는 (그 당시 흔히 그랬던 것처럼) 그를 보호 시설에 보내는 대신, 그의 구체적인 강점과 관심사에 초점을 맞추려고 노력을 기울였다. 그의 부모는 곡을 연주했고, 아들이 조개껍데기를 모으는 것을 도왔고, 천문학에 대한 아들의 흥미를 북돋우고, 아들에게 많은 독서 자료를 제공했다.[25] 오늘날 그는 박사 학위 소지자로 교육 컨설팅 사업을 하고 있고, 두 권의 책을 저술했다. 이는 아이가 '저기능'(그 자체로 아이의 미래에 대한 전망에 부정적인 영향을 미치는 꼬리표)으로 보일지라도, 관심을 가지는 것이 있다면 그게 무엇이든 출발점으로 삼을 수 있음을 보여주는 하나의 예일 뿐이다. 어느 자폐아의 어머니는 이렇게 말했다. "당신의 세 살짜리 아이가 세상에서 가장 멋진 깃발을 발견하는 게 문제가 될까요? 아니요. 당신의 두 살짜리 아이가 수프 깡통을 유난히 좋아하는 게 문제가 될까요? 전혀요. 그게 뭐든 문제될 게 없어요. 이런 관심사가 발전해서 다른 주제나 아이디어로 이어질 수 있고, 그게 아이에게 어떤 변화를 일으킬지 지켜보면 돼요." [26] 저스틴 캔하의 부모 역시 그런 사실을 발견했다. 그들은 반응이 없고 말을 못하는 자신들의 아이가 TV 화면에 눈이 내리는 모습밖에 보이지 않는데도 계속해서 쳐다보는 것을 관찰했다. 그들은 축구하는 법,

기본적인 안전수칙을 지키는 법, 밤에 잠자리에 드는 법 등에 관한 간단한 그림을 그렸고, 그 그림들을 녹화하고 화면에 해설을 넣어서 텔레비전에서 재생시켰다. 그러자 갑자기 아이가 반응하기 시작했다. 현재 저스틴 캔하는 화가로 활동하면서 뉴욕의 한 미술관에서 자신의 그림을 전시하고 판매도 하고 있다.[27]

아이들의 특별한 관심사는 그들이 자라면서 어려운 인간관계를 풀어가는 데도 도움이 될 수 있다. 예를 들어 아스퍼거증후군이 있는 7세에서 21세 사이 학생들의 관심사에 대한 한 연구에 따르면, 다른 사람들과 자신의 특별한 관심사를 공유할 때 자존감, 몸짓 언어, 의사소통 능력이 향상되었고, 자기자극과 산만함은 감소했다. 때로는 다른 사람들이 자신의 관심사에 보이는 관심 정도에 맞춰 흥분 수준을 조절하기도 했다. 예를 들어 한 학생은 모든 사람이 자기만큼 비행기에 열렬한 관심이 있는 것은 아니라는 것을 깨달았다. "음, 그들이 정말 관심이 있는 게 아니라면, 비행기에 대해 전혀 얘기하지 않아요." 그러나 이런 설명을 덧붙였다. "우선, 나는 보통은 그 얘기를 하지 않아요.··· 그런데 정말 좋은 친구가 생겼다면, 우리 집에 놀러 와서 집안 여기저기의 비행기들을 보게 될 테고, '비행기는 정말 멋진 거야'라고 제게 말하겠죠. 그러면 저는 그가 관심이 있다는 걸 알겠죠." 이 연구의 저자들은 다음과 같이 결론 내렸다.

AS[아스퍼거증후군] 아동이나 청소년을 진정으로 알기 위해서는

SIA[특별한 관심분야]를 알아야 한다. 단지 그 특별한 관심사가 AS 가 있는 아동과 청소년에게 중요하다는 것을 인정하는 것만으로는 충분하지 않다. 이 아이들의 관심사는 그들이 누구인지를 정의한 다. 관심사가 안전이자 경계이고 통제 수단이다. 아이가 소중히 여 기는 관심사를 없앰으로써 아이를 벌하는 것은 본질적으로 아이에 게서 자기 자신을, 위로와 위안을, 힘의 원천을 빼앗는 것과 같다. 관심사는 취미나 오락 이상의 것이다. 관심사는 그들이 세상을 이 해하는 통로다.[28]

궁극적으로, 특별한 관심사는 성인이 되어 직업을 얻는 길이 될 수 도 있다. 한스 아스퍼거는 1944년에 벌써 이런 말을 했다. "자폐아의 경우 이른 시기에, 보통 아이들보다 더 분명하게, 아이의 천직이 무엇 인지 알아차릴 수 있다. 아이의 특별한 능력을 보면 특정 직업군이 자 연스럽게 떠오른다."[29] 직업은 강점과 어려움 둘 다 고려해야 한다. 작 가 리사 조 루디Lisa Jo Rudy는 이렇게 지적한다. "전체보다는 부분을 보는 것이 자폐인들의 공통된 특성이다. 그 특성은 일부 환경에서는 문제 가 되겠지만, 만일 심오한 우주의 신비(천문학자로서)나 독특한 세포(실 험실 기술자로서), 생물종 간 차이(생물학 연구원으로서), 물건의 품질(보석 감정인, 골동품 감정인, 미술사가로서) 등을 연구하는 직업에서라면 훌륭한 자질이 된다."[30] 템플 그랜딘은 자폐스펙트럼에 있는 사람들에 **맞지 않 는** 직업의 예로 다중작업multitracking, 잦은 고객 응대, 감각 과부하를 수

반하는 직업을 드는데, 예를 들면 출납원, 항공권 판매원, 웨이트리스, 접수 담당자, 전화 교환원 등이 있다. 파악해야 할 것이 너무 많은 택시 운행 관리원도 안 맞는 직업일 것이다. 하지만 택시 운전사로 일하는 것은 잘 맞을 수 있다. 특히 세밀한 것을 쫓는 성향으로 시내의 모든 거리 지도가 머릿속에 들어 있다면 말이다. 그 외에도 자폐스펙트럼에 있는 개인의 강점, 재능, 능력에 잘 맞는 직업으로 다음을 들 수 있다.

- 회계사
- 공예가
- 자동차 정비사
- 산업 디자이너
- 컴퓨터 프로그래머
- 수의사 보조
- 실험실 기술자
- 은행 직원
- 사무원
- 통계 전문가
- 정원사 또는 원예가
- 산림 경비원
- 목수

그랜딘은 프리랜서로 일하는 것이 자폐인들을 과도한 사회적 복잡성에서 해방해주고 그들의 재능을 펼칠 수 있게 해준다고 제안한다. 그녀 자신도 프리랜서로 가축 시설 설계 일을 하는 것이 많은 도움이 되었다. "나는 작업실에 들어가서 설계 작업을 하고 나면, 곤란해질 수도 있는 사회적 상황에 휘말리기 전에 그곳을 빠져나갈 수 있다.… 자폐인들에게 잘 맞을 프리랜서 직업에는 피아노 조율사, 자동차 정비사, 그래픽 아티스트 등이 있다. 이런 직업들은 절대음감이나 기계적인 능력, 예술적 재능 같이 많은 자폐인들이 가지고 있는 능력을 활용한다."[31]

자폐 스펙트럼에 있는 사람들을 위한 적소 구축에서 중요한 또 다른 요소는 감각입력의 조절이다. 뛰어난 지각처리 능력 때문에 많은 자폐인들은 소음, 조명, 촉각, 냄새, 맛 등과 같은 감각자극에 극도로 예민하다. 적소를 구축하는 일에는 고통이나 불편함을 유발하는 자극을 없애고 기분 좋은 감각입력을 추가하는 것이 포함된다. 아만다 백스가 지적하듯이 자폐인들은 자신이 경험하는 것을 통제하고 있는 한 감각적 자극을 즐길 수 있다. 아이가 손을 펄럭이거나 손가락을 튕기거나 몸을 흔들거나 돌아가는 선풍기를 몇 시간 동안 넋을 잃고 바라보는 것은 '자기자극 행동'으로 여겨진다. 대개는 자신의 감각입력을 조절하려는(그리고 스트레스를 줄이려는) 이런 시도를 없애야 할 부정적인 행동으로 간주한다. 그러나 이런 행동들을 창의적 감각 경험과 스트레스 감소 기술을 늘리기 위한 출발점으로 여겨야 하는 경우가 많다. 템플 그랜딘은 자신이 청각입력에 민감하고("나의 청력은 최대 음량

으로 맞춰 놓은 음향 증폭기를 장착한 것과 같다") 사람의 손길에도 움찔한
다고 말한다. 하지만 그녀는 안기는 느낌을 무척 좋아했고, 최적 수준
의 근육의 압박감을 느끼는 법을 발견했는데, 이는 동물의 행동에 대
한 관심에서 비롯된 것이었다. 그녀는 18살 때 여름 방학 동안 한 무
리의 소들이 보정틀(수의사가 주사를 놓는 동안 소를 얌전하게 있게 하기 위
한 기구)에 넣어졌다 내보내지는 것을 보았다. 그녀는 그 장치가 어떻게
소들을 진정시키는지 관찰했다. "그 소들이 진정되는 것을 보면서, 나
에게도 보정틀이 필요하다는 것을 알았다. 그해 가을 학교로 돌아왔을
때 고등학교 선생님의 도움을 받아 나를 위한 보정틀을 만들었다.…
나는 공기 압축기를 샀고, 합판을 V자 모양으로 만들었다. 훌륭하게 작
동했다. 압박기계 안에 몸을 넣을 때마다 차분해지는 느낌이었다. 요
즘에도 사용한다."[32] 사실 이 '허그 머신'은 현재 전국의 자폐인들이 사
용하고 있는 도구이다(주문 정보는 '도움 자료'를 참고하라). 블로거인 조
엘 스미스도 그랜딘처럼 가볍고 부드러운 스킨십을 포함한 대부분의
스킨십을 싫어한다. 누군가 살짝 닿기만 해도 한동안 엄청난 불쾌감을
느낀다. 그는 이렇게 쓰고 있다. "하지만, 나는 강한 압박을 무척 좋아
한다. 잠자리에 들기 전에 여러 장의 담요 밑으로 기어들어 갈 생각을
하면 너무 좋다. 마음을 편안하게 하는 무게감이 온몸으로 느껴지면
무척 기쁘고 행복해진다. 무게감을 느끼며 누워 있으면 마냥 좋아서
웃고 소리를 지른다. 또 그렇게 하면 긴장이 풀리면서 편안해진다."[33]
아스퍼거증후군이 있는 또 다른 블로거 레이첼 코언로텐버그도 불안

감을 주는 소음을 차단하기 위해 소음 감소 헤드폰을 착용한다. 그녀는 이렇게 말한다. "귀마개 없이는 1분도 버티기 힘들다.··· 사이렌 소리, 시끄러운 음악소리, 혹은 사람들이 외치는 소리가 들릴지도 모르는데, 그럴 때 내 신경계는 몇 시간 동안 진동이 멈추지 않는 전선 같다."[34]

자폐성 장애에 관해 우리가 아직 이해하지 못하는 부분이 여전히 많다. 자폐인들은 시공간 활동에 강한 관심을 보이기 때문에 그들을 우뇌 학습자로 간주할 수도 있을 것이다. 또 한편으로 자폐인들의 재능과 능력은 후뇌 기능과 많은 관련이 있는 것 같기도 하다. 저명한 신경외과 의사인 칼 프리브램Karl Pribram은 뇌의 후면 부위는 객관적인 세계(예: 사물)와 관련이 있지만, 뇌의 전면 부위는 설화적 세계(예: 자아와 타인)와 관련이 있다고 지적했다.[35] 자폐인들이 사물과 관련해서 가장 큰 강점을 보이고, 자아나 타인과 관련해서는 가장 큰 약점을 보인다는 점에서 그들은 '후뇌後腦형'과 '우뇌형' 둘 다에 해당한다고 볼 수 있을 것이다. 그들이 겪는 어려움의 상당 부분은 '전뇌前腦'와 '좌뇌'의 세계에서 활동해야 한다는 데서 발생한다. 만약 세상이 달라져서 사회적 상호작용이 '단편적인 특수 능력'으로 간주되고, 사물과 관련된 재능이 지능의 기준으로 여겨진다면, 아마도 자폐증은 장애 범주에 들어가지도 않게 될 것이다. 그러나 우리가 그런 세상에 살고 있지 않다고 하더라도, 자폐인들의 강점, 재능, 능력을 아는 것은 사회성의 연속선 거의 끝쪽에서 작동하는 기능을 가진 이들에 대한 새로운 차원의 존중과 이해를 위한 강력한 논거가 된다.

4장

유형이 다른 학습자

A Different Kind of Learner

난독증이 있는 아동의 부모들이 자기 아이가 난독증일 것이라는 것을 알고 있었다고 말하는 것은 흔한 일이다. 난독증이 있는 다른 형제들처럼 세 살밖에 안 됐는데도 그림 그리기, 기계적 퍼즐 맞추기, 모형 만들기에서 비상한 능력을 보여주었기 때문이다.

_노먼 게슈윈드Norman Geschwind, '왜 오턴이 옳았나Why Orton was Right'
『난독증 연보Annals of Dyslexia』

내가 강연할 때 즐겨 하는 중동지역의 오래된 이야기가 있다. 어떤 교사가 먼 곳에 있는 학교로 발령받아 가는 길이었다. 그는 하루 종일 걷느라 무척 지쳐 있었는데, 갑자기 넓은 강이 나타났다. 목적지로 가려면 강을 건너야 했는데 주위를 둘러보아도 다리는 없었다. 근처에 사는 어떤 사람이 약간의 비용만 내면 자기 배로 강을 건너게 해주겠다고 해서 그리 하기로 했다. 그 교사는 꽤 학구적인 사람으로 보따리 짐이 2개 있었다. 하나는 칫솔, 잠옷 같은 일상용품이 들어 있는 작은 보따리였고 다른 보따리에는 커다란 책 묶음이 들어 있었다. 교사는 배에 오른 뒤 큰 보따리에서 가장 두꺼운 책을 꺼내 읽기 시작했다. 강의 3분의 1 가량을 지나고 있었는데, 교사는 책을 읽다 불쑥 고개를 들어 강을 건너려면 꽤 많이 남은 것을 보고는, 뱃사공을 향해 이렇게 말했다. "저기요, 언제쯤 반대편에 닿을 수 있나요?"

뱃사공은 그때까지 아무 말도 하지 않고 있었다. 뱃사공은 우락부락한 얼굴에 눈매가 날카로웠는데 말이 서툰 것이 분명했다. 그는 교사에게 몸을 돌리며 "몰르겠소."라고 했다. 그 말에 충격을 받은 교사는 뱃사람을 바라보며, "문법을 공부한 적이 없습니까?"라고 물었다. 뱃사공은 "없소!"라고 대답했다. 교사는 "그렇다면, 당신은 인생의 **절반**을 버린 것입니다!"라고 했다. 그 말에도 뱃사공은 별다른 감정의 변화를 보이지 않았고, 다시 하던 대로 노를 저어 강을 건너는 일에 집중했다. 강을 반쯤 건넜을 때 갑자기 폭풍이 몰아치기 시작했다. 배 안으로 비가 들이쳤고, 바람에 배가 앞뒤로 크게 흔들리고, 바닥에 물이 차기 시작했다. 최악의 상황이 찾아왔을 때, 뱃사공은 교사를 향해 "수영할 줄 아시오?"라고 물었다. 뱃머리를 꽉 붙잡고 있던 교사는 공포에 질려 "아니요, 수영할 줄 몰라요!"라고 소리쳤다. 뱃사공이 말했다. "그렇다면 당신 인생 **전체**가 버려지겠군. 배가 곧 가라앉을 거라우!"

내가 이 이야기를 좋아하는 이유는 언어와 읽고 쓰는 능력에 관한 관점을 넓혀주기 때문이다. 물론, 읽기는 중요하다. 우리 문화는 읽기에 높은 사회적 가치를 부여한다. 칵테일파티에 참석해서 사람들에게 "세금 계산을 잘 못 하겠어요."라고 말하면 모두가 이해하며 웃어줄 것이다. 하지만 "저는 글을 못 읽어요."라고 하면 다들 충격을 받아 말문이 막힐 것이다. 우리 문화는 **모든 사람**이 글을 읽기를 기대한다. 그러나 이 이야기는 앎의 방식이 다양하다는 것을 말해준다. 결국, 인류는 수만 년 동안 말을 해오고 있다(그리고 강을 건너고 있다). 그러나 읽기는 시작한 지 오천 년밖에 되지 않았다. 인류가 읽기에 숙달되는 데 짧은 시간밖에 가지지 못했다는 사실을 고려하면, 누구나 읽는 법을 배웠다는 것은 놀라운 일이다. 그리고, 이 이야기에서 알 수 있듯이 읽기나 문법보다 더 중요한 것이 있다. 위 이야기의 경우, 교사를 강 건너까지 안전하게 데려다주는 뱃사공의 기술이 필요했다(이 내용은 이 장에서 더 자세히 설명할 것이다). 이런 배경에서 본다면, 그 교사의 책에 대한 애정과 문법에 대한 집착은 우스꽝스러워 보이기까지 한다.

난독증이 있는 사람들의 뇌 들여다보기

그 뱃사람처럼 문법뿐 아니라 읽기와 쓰기, 맞춤법에 상당한 어려움을 겪는 사람들이 많은 것은 사실이다. 이들 중 상당수가 난독증(영문 이름 'dyslexia'는 라틴어로 '말과 관련한 어려움'이라는 뜻이다) 진단을 받는다. 일부 추산에 따르면 난독증은 전체 학생의 5~20%에게서 발생하며, 전문가들은 이 증상이 크면서 저절로 사라지지는 않는다고 단언한다. 난독증은 학업에 심각한 지장을 줄 수 있는 '학습장애'로 여겨진다. 난독증이 있는 사람들은 읽기, 쓰기, 철자법, 필기, 말하기, 듣기, 기억 중 몇 가지 조합에 문제가 있다. 동기나 정서적인 문제로 유발된다고 여겨지지는 않는다. 다시 말해 1학년 때 모음을 더 잘 발음하라고 소리를 지른 교사나 부모에게 받은 스트레스가 난독증의 원인은 아니라는 것이다. 또한 난독증이 있는 사람들 대부분이 표준지능검사에서 평균 이상의 점수를 받는 것도 사실이다. 또한, 사람들이 흔히 생각하는 것과는 달리, 그리고 난독증에 대한 많은 농담과는 달리, 적은 비율의 난독증이 있는 사람들이 단어를 시각적으로 분석하는 데 상당한 문제가 있기는 하지만, 보통은 글자나 단어를 거꾸로 읽는 것은 난독증 증상에 포함되지 않는다.

최근 연구에 따르면 난독증 진단을 받은 사람들은 대개 글을 잘 읽는 사람과 비교했을 때 단어의 소리를 처리하는 데 어려움을 겪는 것으로 나타났다. 예일대 의대에서 실시한 실험에서 난독증이 있는 사람들이 읽기 과제를 하는 동안 뇌를 촬영했다.[2] '기능적 자기공명영상 fMRI'이라는 기술을 이용했는데, 거대한 원형의 영상 촬영 기계에 머리를 넣은 상태로 피험자는 '레테lete'와 '제테jete', '버그bug'와 '태그tag' 같은 두 단어(의미 없는 단어 또는 진짜 단어)가 운이 맞는지 말하는 등의 읽기 과제를 하게 한다. 과제를 하는 동안 자석을 이용해서 뇌의 혈액 흐름이 비침습적 방법으로 촬영된다. 산소와 결합한 혈중 헤모글로빈은 자성을 띤다(헤모글로빈은 몸 전체로 산소를 운반하는 역할을 한다). 헤모글로빈 분자의 자성은 산소가 얼마나 결합되어 있는지에 따라 달라진다. 산소 농도가 높은 혈액은 산소 농도가 낮은 혈액보다 강한 자기 신호를 생성한다. 산소가 공급된 혈액은 정신 활동이 일어나는 뇌의 부위로 흘러간다. 따라서 신경과학자들은 뇌 속 혈류의 위치를 나타내는 자기 패턴을 추적함으로써 읽기 같은 특정한 인지 작업을 할 때 뇌의 어느 부위에 '불이 켜지는지' 알 수 있다.

fMRI를 이용해 읽기 작업 중인 난독증 피험자의 뇌를 촬영했을 때 뇌의 좌반구 후면(뒤쪽)에 있는 특정 두 부위가 비난독인들에 비해 **덜 활성화되는**(혈류량이 적은) 것으로 나타났다. 유사한 여러 연구의 연구 팀장이며 예일대 신경과학자이자 소아과 의사인 샐리 셰이위츠 박사는 그 두 부위를 '단어분석 부위'와 '단어형태 부위'로 설명한다.[3] 단어분석 부위는 좌반구의 두정-측두 부위, 즉 귀 바로 위 살짝 뒤쪽에 위치한다. 이 부위는 난독이 없는 초보 독자에게서 대단히 활성화되는 부위로 단어를 분석하고, 분리하고, 시각 문자(예: 'b')와 소리(예: '브buh')를 연결한다. 또한 말소리를 문자로 조합하는 데에도 관여하는데, 예를 들면 '프puh' '을llll' '에이ay'를 합쳐서 '플레이play'를 만드는 것이다. 난독증이 있는 사람들은 '음소'라고 불리는 이러한 언어의 최소 단위를 구별하는 데 어려움을 겪는다. '프puh,' '브buh' '드duh'가 모두 비슷하게 들릴 수도 있고, 서로 혼동되기도 한다. 이런 음소(영어에는 44개가 있다)를 결합하여 단어를 만드는 것을 힘들어하기 때문에 난독증 진단을 받은 사람들 대부분이 읽는 속도가 느리고 정확도가 부족하다. 이는 이러한 뇌 부위의 활동이 부족한 것과 관련이 있다.

또 다른 후면 부위인 단어형태 부위는 좌반구의 후두-측두부에 위치하는데, 이 부위 역시 귀 뒤쪽에 있지만 단어분석 부위보다 아래쪽에 위치한다. 이 부위는 단어 전체를 빨리 처리한다. 숙련된 독자들에게서 매우 활성화되는데, 이들은 단어 형태를 신속하게, 150밀리초 이내에 지각한다. 초보 독자가 어떤 단어를 단어분석 부위에서 성공적으로 몇 번 해독하고 나서 그 단어를 대단히 빠르게 인식할 수 있게 되면 그 단어는 뇌의 단어형태 부위에 저장된다. 그러나 단어를 빨리 인식하는 데 어려움을 겪는 난독증이 있는 사람들은 이 부위가 덜 활성화되는 것으로 나타난다. 그러나 좌반구의 또 다른 영역인 뇌의 전면(앞쪽) 부위는 사실 유창한 독자들보다 난독증이 있는 사람들에게서 **더 많이** 활성화 된다. 이 부위는 브로카 영역 주변으로, 구어spoken language와 관련이 있다. 난독증이 있는 사람들은 단어들을 분석할 때 뇌의 이 부위를 많이 사용하는 것으로 나타났지만, 이는 한 번에 한 단어씩, 전체 단어를 소리 내거나 또는 마음속으로 말해야 하는 매우 번거로운 과정이다.

난독증이 있는 사람들은 읽을 때 **우반구**에 있는 부위도 사용하는데, 이것 또한 느린 과정일 수 있다. 우반구는 단어의 전체적 형태, 시각적 배열, 감정적 뉘앙스 등을 인식하는데 이 특징들은 신속하고 정확한 읽기에 필요한 기본적인 소리-기호 관계를 기반으로 하지 않기 때문이다(이러한 영역을 사용하는 것이 일부 읽기 작업을 보완하고 도움이 되기는 하지만). 따라서 난독증이 있는 사람들의 뇌와 비난독인들의 뇌가 단어를 처리하는 방식에는 분명한 차이가 있다. 심지어 해부학적 차이도 있는 것으로 보인다. 유창한 독자들의 경우 일반적으로 뇌의 좌반구가 우반구보다 크다. 그러나 난독증이 있는 사람들의 뇌는 (사체 해부를 근거로 했을 때) 두 개의 반구가 대칭을 이루며, 비난독인들에 비해 우반구가 두드러져 보인다. 이것은 중요한 사실이다. 왜냐하면 우반구는 유창하게 읽는 데는 그다지 능숙하지 않지만, 통합적 인식, 시공간적 능력, 기존의 틀을 깨는 사고 등 관습에 얽매이지 않는 능력과 관련된 다양한 강점이 있기 때문이다.

난독증이 있는 사람들의 재능

나는 이런 차이점을 특수학급에서 읽기가 부족한 학생들을 가르치면서 알아차렸다. 그들은 읽기는 힘겨워했지만 다른 여러 영역에서 분명한 능력을 보여주었다. 난독증이 있는 한 학생은 평영에서 같은 연령대 국내 최고 기록을 보유하고 있었다. 또 다른 난독증이 있는 여학생은 유명 백화점 모델이었다. 예술에 재능이 있거나 기계를 잘 다루는 아이들도 많았다. 이런 능력들은 모두 뇌의 우반구의 기능과 관련돼 있다. 아마도 이 장 앞에 나온 이야기의 뱃사공은 그런 우뇌형 학습자였을 것이다. 그는 교실에서는 열등생이었을지 모르지만, 폭풍우가 몰아치는 강 한가운데에서는 상황의 지배자였다. 반대로, 그 교사는 전통적인 학교 환경에서는 재능을 펼쳤겠지만 폭풍우 속에서는 '수영 장애인'이었다.

하버드대 신경학자 노먼 게슈윈드Norman Geschwind는 난독증이 있는 학생에 대해 이렇게 말했다.

우리는 읽기를 배우는 데 곤란을 겪는 아이가 어려움에 부닥치는 사회에 살고 있다. 하지만 우리는 모두 대조군보다 훨씬 더 그림을 잘 그리는 난독증이 있는 아이들,… 뛰어난 시지각력이나 시각 운동 능력을 보유한 난독증이 있는 아동들을 보아왔다. 내 생각으로는, 문맹 사회에 살았다면 그런 아이들은 어려움에 부닥치는 일이 거의 없고, 오히려 우수한 시지각력 덕분에 더 잘 했을 것이고, 반면에 읽는 기능이 충분한 우리 중 많은 사람은 성공하기 위해 전혀 다른 재능이 필요한 사회에 살았다면 잘 못했을 것이다.

게슈윈드(그리고 그의 동료 앨버트 갈라부르다)는 난독인들의 언어적 어려움과 시공간 능력 둘 다를 설명하는 매우 흥미로운 가설을 내놓았다. 그들 가운데 일부는 태아기 발달 중에 너무 많은 테스토스테론이 분비되었고, 이 때문에 좌반구의 속도가 느려졌지만, 그 손실을 보충하기 위해 보상작용으로 우반구가 정상보다 더 크게 성장한다고 설명했다. 그런 상황에서 태어난 사람은 언어 장애(덜 발달한 좌반구 때문에)와 동시에 뛰어난 시공간적 능력 및 기계적 능력(더 발달된 우반구 때문에)을 가질 가능성이 높다.

예술은 난독증으로 진단된 사람들이 종종 뛰어난 능력을 보여주는 분야 중 하나이다. 내가 가르친 난독증이 있는 학생 중에도 이 분야에서 재능과 소질을 보이는 학생들이 많았는데, 나는 그런 학생들에게 2차원과 3차원으로 그림을 그리고 작업할 기회를 많이 제공했다. 여러 가지 점에서 그들은 잘 알려진 난독증이 있는 예술가들과 마찬가지로 기존의 틀을 깨는 사고를 보여주었다. 내가 가장 좋아하는 현대 미술가 중 한 명이며 난독증이 있는 로버트 라우센버그Robert Rauschenberg는 학교에서 겪은 경험에 대해 이렇게 말했다. "나는 느린 학생으로 여겨졌다. 반 친구들이 교과서를 읽는 동안 나는 여백에 그림을 그렸다." 레오나르도 다빈치, 파블로 피카소, 안셀 애덤스, 오귀스트 로댕, 앤디 워홀을 포함한 많은 유명 예술가들도 난독증이 있는 것으로 알려졌다. 난독증은 미술학교에서도 흔히 발견되며, 여러 연구에 따르면 미술학교의 학생 중 난독증이 있는 학생의 비율이 평균 비율보다 높다고 한다. 런던의 센트럴세인트마틴 예술디자인 대학에서 실시한 한 연구에서 360명의 1년 과정 학생 가운데 무려 75%가 어떤 형태로든 난독증이 있다는 평가를 받았다. 심리학자인 베벌리 스테파트Beverly Steffart는 다음과 같이 썼다. "지금까지 나의 연구에 의하면 이토록 놀랍도록 생생하고 3차원의 입체적인 방식으로 세상을 볼 수 있는 것과 읽기와 쓰기를 통해 글을 다룰 수 없는 것 사이에 '교환Trade-off'이 있는 것으로 보인다."[5]

실험 연구들도 난독증이 있는 사람들이 평균 이상의 시공간 능력을 가지고 있다는 관점을 뒷받침한다. 한 연구에서 학습장애 아동으로 분류된 아이들이 토랜스 창의력 검사Torrance Test of Creative Thinking, TTCT의 언어 검사에서는 학습장애가 없는 학생 그룹보다 낮은 점수를 받았지만, 도형(시공간) 검사에서는 높은 점수를 받았다.[6] 유사한 다른 연구에서는 피험자들에게 다섯 개의 기본적인 기하학적 도형으로 새로운 이미지를 만들어내고, 벽돌이나 음료수 캔의 대체 용도를 제시하게 했는데, 연구자들은 다음과 같은 결론을 내렸다. "비난독증 성인과 비교했을 때, 난독증이 있는 성인들은 참신함이나 통찰력이 필요한 일에서 더 많은 창의성을 발휘하고 더 혁신적인 사고를 한다는 일관된 증거를 제시했다."[7] 최근에는 위스콘신대학교의 카티야 폰 카롤리Catya von Károlyi와 보스턴대학교의 엘런 위너Ellen Winner, 그리고 그들의 동료들은 난독증이 있는 사람들과 비난독인을 대상으로 다양한 시공간 능력을 평가하는 수많은 검사를 했다. 난독증 집단은 전반적으로 대부분의 검사에서 더 낮거나 비슷한 점수를 받았지만(기억력 같은 비시공간적 능력을 요하는 검사에서 난독증이 있는 사람들은 대개 어려움을 겪기 때문으로 보인다), 난독증 집단이 일관되게 더 좋은 점수를 받은 시공간적 능력이 한 가지 있었다. 바로 불가능한 3차원 형상에 대한 인식이었다. 피험자들에게 3차원 형상의 사진을 보여주었는데, 그중 일부는 분명히 현실에서는 불가능한 것이었다. 그 그림들은 건축가가 만들 수 없는 계단이나 기둥을 착시를 이용해 그린 네덜란드의 그래픽 아티스트 모리츠 코르넬리스 에셔M. C. Escher의 그림과 매우 흡사했다. 비난독증 피험자에 비해 난독증 피험자들은 동일한 정확도로 이런 불가능한 물체를 더 빨리 인식할 수 있었다. 연구진은 다음과 같이 썼다. "이번 연구 결과를 통해 분명히 알게 된 사실은, 난독증이 있는 사람들의 특징을 결핍으로만 볼 것이 아니라 재능으로도 보아야 한다는 것이다. 포괄적인 시공간 처리('전체론적 조사'라고 불리는 것)는 기계 조작 기술, 목공, 발명, 시각 예술,

수술, 엑스레이나 자기공명영상MRI 판독과 같은 중요한 실세계 활동의 밑바탕이 될 수 있다."[8]

난독증이 있는 사람들: 새로운 시대의 개척자들

작가이자 난독증이 있는 토머스 웨스트Thomas G. West는 난독증이 있는 사람들이 가지고 있는 능력들이 소프트웨어 디자인, 영상 기술, 하이퍼텍스트 등 최근에 등장한 새로운 시공간 세계에 적합하다고 한다. 이는 미래학자 마샬 맥루한Marshall McLuhan의 주장과 맥을 같이 한다. 그는 16세기 구텐베르크로부터 시작된 인쇄 기술의 부상으로 글을 읽고 쓰는 데 뛰어난, '한 번에 한 단계씩' 생각하는 사람들이 선호되었다고 말한다. 그러나 지난 수십 년 사이에 우리는 새로운 시대로 접어들었고, 현재는 '지구촌'에 살고 있으며, 모든 사람이 동시에 시공간적 정보를 접할 수 있다.[9] 웨스트는 컴퓨터 프로그래머 스콧 김Scott Kim의 말을 인용한다. "구텐베르크 이전에 그림과 글자는 하나였고, 서로 불가분의 관계였다. 그러나 구텐베르크 이후 두 분야는 분리되고 갈라졌다. 이제 우리에게 [그래픽 컴퓨터]가 생겼기 때문에 그 둘이 다시 합쳐진 매체를 볼 수 있게 되었다. [그래픽 소프트웨어]에서는 단어와 그림 사이에 구별이 없다."[10] 이 새로운 정보처리 세계에서 시공간 능력은 다른 많은 분야와 결합해 3차원으로 사고하는 사람을 선호하는 새로운 기술 분야를 만든다.

　시공간적 사고가 어떻게 과학기술의 영역으로 들어가는지를 보여주는 좋은 예는 캘리포니아공과대학의 생물학자이자 발명가, 그리고 난독증이 있는 빌 드레이어Bill Dreyer에게서 볼 수 있다. 그는 단백질 구조, 유전자 접합, 단클론성항체 등을 위한 유전 코딩 연구에 참여했다. 그는 "나는 말 대신 3차원 총천연색 그림으로 생각한다"고 썼다. 드레이어는 자신이 항체가 만들어지는 원리에 관한 획기적인 이론을 개발하고, 인간 게놈 혁명을 일으키는 데 기여한 최초의 단백질 서열 분석 기계를 발명하는 데 이미지 사고가 가장 중요한 역할을 했다고 믿었다. 그는 "나는 머릿속으로 기계를 그려보고 밸브를 돌려 실제로 사용되는 것을 볼 수 있었다"고 말했다. "나는 난독증을 결핍으로 생각하지 않는다. 그것은 뇌 속에 CAD[컴퓨터 이용 설계 프로그램]가 장착된 것과 같다."[11] 또 다른 과학자인 천체물리학자 래리 스마르Larry Smarr는 다음과 같이 말했다. "나는 종종 내 공개 강연에서 물리학자를 배출하는 대학원 교육 과정은 분석 능력을 갖춘 사람들을 선발하고 시각적 능력이나 전체론적 기술을 가진 사람들을 거부하는 방향으로 편향되어 있다고 주장해왔다. 과학 발견의 새로운 방식으로 과학적 시각화가 부상하고 있으며, 이에 발맞춰 새로운 정신 부류의 과학자들이 부상할 것이다. 나의 경험을 보더라도 계산과학에서 나의 스승은 난독증이 있었는데, 그는 확실히 그의 동료들과 다르게 그리고 훨씬 더 효과적인 방식으로 세상을 바라보았다."[12]

예술가와 과학자들만 최근의 기술 변화에서 이득을 얻을 수 있는 것은 아니다. 큰 그림을 볼 수 있고 온갖 세부사항의 늪에 빠져 헤매지 않는, 다른 분야의 창의적인 개인들도 기술 발전의 이득을 누린다. 여기에는 새로운 경제의 흐름과 발전을 이용할 수 있는 위치에 있는 기업가를 비롯한 경제계 인사들이 포함된다. 알고 보면 난독증이 있는 사람들이 사업계에서 왕성하게 활동하고 있다. 런던 카스경영대학원의 창업학과 교수인 줄리 로건Julie Logan의 보고서에 따르면, 그녀가 미국 전역에서 조사한 139명의 기업가 중 35%가 자신에게 난독증이 있다고 밝혔다고 했다. 이 수치는 기업 임원진 가운데 난독증이 있는 비율이 1%인 것과 비교된다. 로건은 다음과 같이 쓰고 있다. "난독증이 있는 사람들은 자신의 사업이 어떻게 성장할 것인가에 대한 분명한 비전을 가지고 있었고, 이 비전을 전달하는 탁월한 능력이 있어서 주변 사람들에게 동기를 부여할 수 있었던 것으로 보인다. 그들은 위임을 잘했고, 이것은 자신의 회사를 빨리 성장시키는 능력과 관련이 있는 것으로 보인다. 그들은 또한 사업을 운영하면서 마주치는 다양한 문제들을 성공적으로 극복하기 위해 창의적인 해결책을 적용하는 데도 우수한 능력을 보여주었다."[13] 그녀는 그들의 능력이 발달 초기 과정과 학교에서 부딪힌 장애물을 극복해야 했던 것에 대한 보상작용으로 생겼을 것으로 추측하지만, 선천적인 능력도 역할을 했던 것이 분명해 보인다고 했다.

난독증이 있는 기업가들의 가장 유명한 예들을 살펴보면 사업을 성공시키기 위해 어떤 자질이 필요한지를 알 수 있다. 세계 최대 디스카운트 증권회사 중 한 곳의 창립자이자 CEO인 찰스 슈왑Charles Schwab은 자신의 개인적 자산에 대해 이렇게 회상했다. "나는 개념화에 뛰어났다. 나는 본래 과학과 수학을 잘했다.… 빨리 읽지는 못해도 순차적인 사고에 매여 있는 다른 사람들보다 훨씬 더 빨리 상황을 머릿속으로 그릴 수 있었다. 이것은 복잡한 사업 문제를 푸는 데 도움이 되었다. 나는 터널 끝이 어떤 모습일지 그려볼 수 있었다."[14] 억만장자 사업가인 리처드 브랜슨Richard Branson은 이렇게 말했다. "아마도 난독증으로 인해 내가 어릴때 겪은 문제들이 나를 더 직관적으로 만든 것 같다. 누군가가 글로 쓴 제안서를 보내오면 나는 세부적인 사실과 수치들에 연연해하기보다는 읽은 내용을 나의 상상력으로 이해하고 생각을 확장한다."[15]

난독증이 있으며 휴대전화 업계의 선구자인 크레이그 맥카우Craig McCaw는 "휴대전화를 만드는 일이 비현실적인 생각이라고 다른 사람들이 말했을 때 나는 그 말을 믿지 않았다. 내 생각에는 사무실의 1.8미터 코드의 속박에서 벗어날 방법을 찾을 수 있다면, 사람들이 그 방법을 택하리라는 것이 너무도 분명해 보였다. 아마 정신이 너무 많은 정보로 어수선하지 않다면, 분명해 보이는 것이 있을 것이다." 거대 컴퓨터 네트워킹 전문업체인 시스코시스템즈의 CEO이자 난독증이 있는 존 챔버스John Chambers는 이렇게 말한다. "나는 A에서 Z로 아주 수월하게 바로 점프할 수 있다. 게임이 진행되는 여러 층위 차원의 순환 과정을 머릿속으로 그려보면서 체스 게임을 한다. 하지만 이것은 체스 게임이 아니라 사업이다. 한 번에 하나씩 움직이지 않는다. 나는 보통은 어떤 결과가 나올 것이고, 어느 지점에서 특정 사건이 발생할 것인지 예측할 수 있다." 전 전국비즈니스경제학회의 회장인 다이앤 스원크Diane Swonk는 자신의 난독증이 있는 전체론적 뇌를 이용해 경기예측을 한다. "최악의 세계 경제 전망은 어떤 궤도, 흐름을 선택해서 그렇게 쭉 갈 거라고 말하는 것이다. … 때로 최근의 과거는 우리가 어디로 향하는지 보여주는 궤적이 아니라 그저 하나의 단계일 뿐이다. 나는 다르게 배우기 때문에 '이봐, X가 일어났다고, 다음 단계가 꼭 Y와 Z가 되는 건 아니야'라고 말할 수 있다. 다음 단계는 도로 A로 돌아가는 것일 수도 있다."[16]

문자를 위한 두뇌의 배선 바꾸기

이쯤에서 '그런 능력들이 다 훌륭해 보이기는 하지만, 사회에서 성공하기 위해서는 여전히 읽을 줄 알아야지.'라는 생각이 들지도 모른다. 이것은 분명 사실이다. 이 장 앞부분에도 말했지만 우리는 우리 문화 안의 모든 사람이 글을 읽을 수 있기를 기대한다. 따라서 이 문제에 대한 한 가지 해답은 그저 더 잘 읽는 법을 배우는 것이다. 1장에서 언급한 바와 같이 생태계에서 살아남기 위해서는 우선 주변 환경에 적응할 필요가 있다. 이 사회는 읽기와 쓰기의 가치가 매우 높은 사회이므로, 문자를 숙달하는 것이 분명히 유리할 것이다. 이 문제와 관련해서 신경과학에서 날아온 고무적인 소식이 있다. 지난 5년 사이에 진행된 일련의 연구에서 연구원들은 음운론적 기술에 기초한 풍부한 환경적 개입을 이용하면 난독인들의 뇌에서도 훌륭한 독자들이 사용하는 뇌의 영역이 활성화될 수 있다는 것을 보여주었다. 한 연구에서는 난독증 아동들과 대조군이 글을 읽는 동안 fMRI를 사용하여 뇌를 촬영했다. 그런 다음 난독증이 있는 아동들은 패스트 포 워드Fast For Word라고 불리는 집중 프로그램에 참여하게 했다. 이 소프트웨어 프로그램에서 아이들은 게임 같은 활동을 하게 되는데, 빠르게 변하는 소리, 비슷한 소리의 음소, '캣cat'과 '팬fan' 같은 서로 다른 자음-모음-자음 패턴을 구별해야 한다. 아이들은 하루에 100분씩 주 5일간, 8주 동안 이 프로그램에 참여했다. 8주의 기간이 끝날 때 그들은 읽기 과제에서 현저한 향상을 보였고, 뇌를 다시 촬영한 결과 활성화 패턴이 정상적으로 글을 읽는 어린이들과 훨씬 더 비슷해진 것을 관찰할 수 있었다. 더 최근의 연구를 보면, 읽기 프로그램에 참여하고 1년이 지난 시점에도 개별 단어뿐 아니라 문장을 읽는 데도 이러한 결과가 유지되고 있다는 것을 알 수 있다.[17]

난독증이 있는 성인들에게도 희망이 있다. 조지타운대학 의료센터의 연구원들은 웨이크포레스트 의과대학과 공동으로 두 그룹의 난독증이 있는 성인들을 비교하는 연구를 했는데, 한 그룹은 린다무드벨 학습 회사Lindamood-Bell Learning Corporation가 진행하는 다감각 음운론 기반 교정 프로그램을 이용해 8주간의 교육을 받았고, 다른 그룹은 아무런 교육을 받지 않았다. 그 결과, 교육을 받은 집단이 더 능숙하게 글을 읽었고, 뇌 영상에서도 활성화 패턴이 정상적으로 글을 읽는 성인과 더 비슷해 진 것으로 나타났다. 1980년대부터 이 난독인 그룹을 추적 관찰해온 수석 연구자인 웨이크포레스트대학의 린 플라워즈Lynn Flowers 박사는 "이 연구는 성인들도 읽기 능력을 향상하고자 한다면 절대 늦지 않았음을 보여주었다."고 말했다.[18] 난독증 전문가 샐리 셰이위츠가 추천하는 성인 대상의 좋은 읽기 개선프로그램으로는 윌슨읽기프로그램Wilson Reading Program, 언어!Language!, 렉시아 읽기 SOSLexia Reading SOS 등이 있다.

난독증 뇌를 최대한 활용하기

앞에서 언급한 난독증이 있는 유명인들의 성공담에서 도출할 수 있는 한 가지 사실은 시공간 능력이나 기업가적 능력이 요구되는 직종에 들어가는 것이 바람직하다는 것이다. 1장에서도 말했듯이, 난독증이 있는 사람이라면 인쇄된 글을 주로 다뤄야 하는 직종에 들어가는 것은 좋은 선택이 아닐 것이다. 특히 자기가 잘하거나 관심이 있는 분야도 아니라면 더욱더 그렇다. 그렇지만 말이나 글 모두를 많이 사용하는 분야에서 왕성히 활동한 난독증이 있는 사람들이 있다는 사실도 짚고 넘어가야 할 것 같다. 유명 작가 중에는 소설가 존 어빙, 시나리오 작가 스티븐 커넬, 추리 작가 아가사 크리스티, 시인 W. B. 예이츠 등 난독증을 겪은 사람들이 있다. 성공한 변호사인 데이비드 보이스David Boies도 난독증이 있다. 프린스턴대학교 총장을 거쳐 미국 대통령이 된 우드로 윌슨도 마찬가지였다. 어린이책 작가 샐리 가드너Sally Gardner는 이렇게 말한다. "내 머리는 체와 같아서 어떤 정보든 넣기만 하면 빠져나갔다. 그래서 나는 글을 읽거나 쓸 필요가 없는 직업만 가질 수 있을 거라는 얘기를 듣고 자랐다. 그림 그리는 것을 좋아했기 때문에 삽화를 그릴 수 있을 것 같아서 출판계에 들어갔지만, 모두 내게 '넌 이야기꾼이야!'라고 말했다. 그들에게 내 난독증에 대해 말해줬더니, '그게 문제가 될 것 같지는 않다'고 했다. 그것은 나에게 혁명과 같았다. 그렇게 해서 나는 10년 전에 어린이책을 쓰기 시작했다. 그리고 마침내 내가 진정으로 사랑하는 일을 찾았다."[19] 난독증이 있더라도 강한 의지가 있고 진정으로 전념한다면 어떤 직업에서도 성공할 수 있다. 그렇지만 전체론적-난독증적 마음의 틀frame of mind을 가진 사람들을 특히 선호할 직업들이 있다. 다음은 그 예이다.

- 그래픽 아티스트
- 기업가
- 조각가
- 영화 제작자

- 인테리어 디자이너
- 만화 영화 제작자
- 엔지니어
- 물리학자
- 예술가
- 컴퓨터 소프트웨어 설계자
- 측량사
- 건축가
- 도시 설계사
- 사진작가
- 외과의사
- 발명가
- 지도 제작자
- 항공기 조종사
- 텔레비전 카메라 기사
- 패션 디자이너
- 시각적 광고제작자
- 제품 디자이너

　적소 구축을 위해서는 잘 맞는 직업을 찾는 일뿐 아니라 길을 가는 동안 옆에서 도와줄 적합한 멘토를 찾는 일도 필요하다. 한편으로는 자신의 재능을 발견하고 계발해 성공한 난독증이 있는 사람들의 고무적인 사례들이 이런 역할 모델을 대신할 수 있다. 앞에서 열거한 작가, 예술가, 과학자 외에도 다른 여러 분야에서 유명한 난독증이 있는 사람들을 찾을 수 있다. 대중 예술 분야에서는 해리 벨라폰테, 톰 크루즈, 셰어, 우피 골드버그, 스포츠 분야에서는 모하메드 알리, 브루스 제너, 그렉 루가니스, 놀란 라이언, 정치와 군사 분야에서는 넬슨 록펠러, 조지 S. 패튼 등을 들 수 있다. 멘토는 난독증이 있는 사람들에게 인생에서 자신의 신경다양성을 받아들이고 발전시켜 나가는 데 큰 영향을 주는 사람이 될 수 있다. 연구원인 샐리 셰이위츠는 이렇게 말한다. "(그녀의 책 『난독증 극복하기Overcoming Dyslexia』에서 다루고 있는 성공적인 난독인들) 각각의 사례에는 부모, 교사, 코치 등 자신을 진정으로 믿어주고, 성공할 수 있는 분야에 대해 열정적인 관심을 키우는 데 도움을 준 누군가가 있었다. 작가 존 어빙John Irving에게 그 누군가는 그의 레슬링 코치였고, 극작가 웬디 웨서스타인Wendy Wasserstein과 소설가 스티븐 J 커넬Stephen J. Cannell에게는 맞춤법 오류와 느린 읽기에도 불구하고 자신의 진정한 재능을 알아봐주고 격려해준 대학 은사였다."[20] 난독인 생화학자 로널드 데이비스Ronald Davis는 다음과 같이 말한다.

내 고등학교 생물 선생님은 나에게 더 많은 과학 책을 읽고 더 많은 과학 수업을 들으라고 격려해주셨다. 그는 내가 식물에 대해 실험을 하는 것을 도왔고, 나를 이스턴 일리노이 대학교의 생물학과 교수와 연결해 주었다. 나중에, 내가 캘리포니아 공과대학에서 박사과정을 밟고 있었을 때, 모두들 내가 외국어 시험에서 계속 떨어졌기 때문에 퇴학당할 것이라고 말했다. 하지만 내 논문 지도교수였던 데이비드슨은 나를 적극적으로 도와주었다. 그는 내가 특이한 상황에 있기 때문에 외국어 시험 대신 번역 프로젝트를 하게 해야 한다고 대학원 위원회를 설득했다. 그는 나에게 다음과 같은 메모를 썼다. "론에게, 위원회에서 자네에게는 번역 프로젝트로 외국어 요건 충족을 대신하는 것으로 받아들이기로 했네." 그것은 내가 받은 가장 행복한 메모였다.[21]

적합한 직업을 찾았다면, 적소 구축의 또 다른 부분은 특히 자신에게 부족한 부분의 일을 하는 데 도움을 줄 수 있는 인적자원 네트워크를 구축하는 일이다. IT 대기업 주피터미디어의 CEO 앨런 메클러Alan Meckler는 미로처럼 복잡한 자신의 수익 관련 정보를 파악하기 위해 동료들에게 의존한다. 그는 이렇게 말한다. "나는 아주 간단한 막대그래프 정도는 이해할 수 있지만 일단 차트에 선이 여러 개 있으면 따라갈 수가 없다.… 나는 우리 회사 최고재무책임자에게 가서 '이걸 설명해 달라'고 말한다."[22] 그는 자신의 수표책을 결산하는 일도 다른 사람에게 맡긴다. 시스코의 CEO인 존 체임버스John Chambers는 직원을 시켜 자기가 읽을 자료를 3페이지 분량으로 요약하고 주요 내용은 노란색으로 강조하게 한다. 전화번호부를 찾을 때는 아내의 도움을 받는다.

난독증이 있는 많은 사람들이 자신의 적소 구축에 보조공학 기기의 도움을 받는다. (시각 장애인뿐 아니라)난독인에게 대단히 유용한 기술로 문자-음성 변환 프로그램을 들 수 있다. 인쇄된 글을 스캔한 다음 그 자료를 디지털 '음성'으로 변환해서 '말'로 들려주는 장치이다. 미래학자이자 발명가인 레이 커즈와일Ray Kurzweil이 처음 개발한 기기로 처음에는 크기가 컸지만 이제는 휴대전화에서도 사용할 수 있게 되어서, 사람들은 어디서나 책이나 잡지, 식당 메뉴, 표지판 등 인쇄된 글을 스캔해서 명확한 합성 음성으로 들을 수 있게 되었다. 또한 이 주머니 크기의 판독기가 있으면 전화기의 크고 간편한 디스플레이를 사용하여 인쇄된 자료를 확대, 읽기, 추적, 강조도 할 수 있다. 또한 문자-음성 변환 프로그램 기술을 활용한 리딧ReadIt이라는 읽기 소프트웨어 프로그램도 있다. 사용자는 화면으로 글을 읽으면서 강조된 내용을 클릭하면 컴퓨터가 해당 내용을 읽어 줌으로써 어려운 단어나 구절을 읽을 때 도움을 받을 수 있다. 이 소프트웨어는 또한 사용자의 읽기 속도를 기록하고, 단어의 정의를 제공하며, 특히 어려운 단어를 기록에 남긴다. 마지막으로, 드래곤 내츄럴리스피킹Dragon Naturally Speaking과 같은 컴퓨터 소프트웨어가 있다. 이 소프트웨어는 사용자가 하는 말을 화면에 텍스트로 띄운다. 이 기술은 말하기 능력은 뛰어나지만 자기 생각을 종이에 적는 데 어려움을 겪는 난독증이 있는 사람들에게 도움이 된다.

마지막으로, 난독증 환자들이 적소를 구축할 때 사용할 수 있는 수많은 도구와 요령, 전략들이 있다. 읽기 자료를 선택할 때 가장 좋은 전략은 자기가 가장 관심 있는 분야의 책으로 시작하는 것이다. 60명의 성공한 난독증이 있는 사람들을 조사한 결과, 흥미를 바탕으로 한 독서가 높은 수준의 읽고 쓰는 능력의 열쇠임이 밝혀졌다. 이 연구는 이렇게 보고했다. "이들에게 독서는 대단히 어렵고 고된 일이었다. 그런데 왜 그들은 열심히 책을 읽었을까? 그리고 어떻게 그렇게 했을까? 거의 예외 없이, 읽고 쓰는 능력의 발달은 개인이 열렬한 관심을 가진 분야에 대해 더 알고 싶은 강한 욕구에 의해 촉발되었다. 그 결과, 그들은 특정 주제에 대한 호기심을 충족시키기 위해 찾을 수 있는 모든 책과 잡지를 읽는다." 난독증이 있는 인테리어 디자이너 H. 지라드 에버트H. Girard Ebert는 이렇게 말한다. "나는 항상 역사, 장식 예술, 건축과 관련된 책이나 모든 것에 매력을 느껴왔다.… 그래서 나는 읽기에 어려움이 있었지만 읽기를 시작했고, 결국 해냈다. 그것이 내가 관심 있는 것을 탐구할 수 있는 유일한 방법이었기 때문이다." 또한 난독증이 있는 사람들은 어려운 읽기 자료를 이해하기 위해 종종 문맥을 이용한다. 난독증이 있는 변호사인 실비아 로Sylvia Law는 "어떤 분야에 몰두하면 숲이 어떻게 생겼는지는 어느 정도 알게 되고, 그 안에 특정 나무가 있는지만 찾아보면 된다. 그래서 대충 훑어보고 법률적으로 중요한 사항에 관심을 집중시키기가 쉽다. 그러니까, 100쪽짜리 서류에서 가장 중요한 문장은 '법원의 결정은…'이라고 쓰여 있는 부분이다. 그래서 나는 장황한 법률문서를 이해하기 위해 많은 기술과 필터링 장치를 사용한다."[23]

난독증이 있는 사람들은 '정상인'보다 시공간 능력이 좋기 때문에 단어보다는 그림과 시각화를 이용하는 것이 정보를 받아들이고 표현하는 더 좋은 방법이 될 수 있다. '난독증의 선물Gift of Dyslexia'이라는 웹사이트에 글을 올린 한 난독증이 있는 여성은 대학에서 낙제한 지 30년 만에 다시 학교로 돌아가 박사과정을 성공적으로 마쳤다고 밝혔다. "나는 모든 것을 그림으로 배우는 법을 배웠고 그러자 내 뇌는 스펀지처럼 다 빨아들였다. 나는 그림으로 분자생물학에서 우등상을 받았고, 그림으로 나노생물역학 박사학위를 땄다. 화학 관련 부서는 컴퓨터 그래픽으로 분자의 이미지를 제작하기 위해 많은 사람을 고용하지만 나는 언제나 머릿속에 있는 눈으로 그런 이미지를 마음대로 돌려 볼 수 있었다."[24] 런던의 센트럴세인트마틴 예술디자인 대학에서는 도표의 형태로 강의 자료가 제공되고 강의 노트와 에세이 개요는 시각적 패턴으로 제시된다. 다른 전략으로는 읽기 자료의 중요한 주제를 강조하기 위해 색깔 형광펜을 사용하는 것과 자료를 암기하기 위해 간단한 노래나 시각적인 이야기를 만드는 것 등이 있다. 또한 대학에서 공부할 때는 시험 시간을 더 많이 확보하고, 노트 필기에 도움을 받고, 강의를 녹음하거나 녹화하는 등의 편의를 제공해 달라고 반드시 요청하도록 하라.

결국, 난독증이 있는 사람이 된다는 것은 자신의 모습대로 사는 것이지만—어쩌면 네모난 구멍 속의 둥근 못처럼 적합하지 않겠지만—사회에 기여할 자산이 많다는 의미이기도 하다. 앞에서 말한 대로 정말로 난독증이 있는 사람들이 미래의 물결이라면, 그 길을 준비하는 것은 신경다양성의 옹호자인 우리에게 달려 있다. 보다 이미지 지향적인 3차원 세계가 되어 가고 있는 상황에서 우리는 난독증이 있는 아이들이 시공간적 전략을 통해 배울 더 많은 기회를 제공하기 위해 교육 시스템을 바꿀 필요가 있다. 앞에서 소개된 흥미진진한 기술들을 이용해 난독증이 있는 사람들이 자신의 필요와 스타일에 맞춰 일을 할 수 있도록 일터에 더 많은 편의를 제공할 필요가 있다. 빠르게 돌아가는 오늘날의 세상에서 어쩌면 문자 메시지와 대체 철자법이 점점 더 강조되는 문해 시스템literacy system이 난독증이 있는 사람들의 의사소통을 점점 쉽게 만든다는 것을 인정해야 할지도 모른다. 따라서 이 장에 소개한, 효과적으로 읽는 법을 배우도록 돕는 적응적 방법들을 제공하는 것도 중요하지만, 세상과 난독증이 있는 사람들 사이의 거리가 점점 가까워지고 있는 것도 사실인 것 같다. 난독증이 있는 사람들이 장애가 있는 사람이 아니라 틀을 깨는 창조적 뇌로 세계의 핵심적인 자산이자 다른 종류의 정보처리자로 간주되는 날이 올지도 모르겠다.

5장

기분의
선물

The Gift of Mood

내 책 『한낮의 우울The Noonday Demon』에서 나는 우울증과 씨름한 것이 얼마나 나에게 힘을 주었고 인격의 깊이를 더해 주었는지에 관해 썼다. 주요우울증은 인간의 경험에서 없어져야 할 무서운 질병이지만, 극도의 슬픔을 포함한 기분 스펙트럼은 사랑의 포용력을 위해 꼭 필요하다고 말했다. 그러한 다양성이 없었다면 나는 내 본연의 모습대로 살지 못했을 것이다.

_앤드류 솔로몬Andrew Solomon, 『뉴욕매거진New York Magazine』

1913년 가을, 스위스의 정신과 의사 칼 융Carl Jung은 지옥으로 가는 무모한 여정을 시작했다. 지그문트 프로이트가 시작한 정신분석 운동을 이어받을 준비를 하던 융은 몇 가지 중요한 이론적 문제들과 관련해 프로이트와 반목하게 되었다. 그때 융은 자신이 정신분석학계와 단절되었다는 것을 깨달았다. 전기 작가에 따르면, 그는 당시 그의 경력에서 어느 방향으로 가야 할지 알지 못한 채 "거대한 구덩이에 빠진 것 같은 기분이었다."[1]라고 했다. 일에서도 모든 즐거움을 잃고 학문을 위한 독서에도 집중할 수 없었던 그는 다른 사람들에게 자신의 상태를 알리고 싶지 않아서 취리히대학의 교수직을 사임했다. 1913년 가을, 열차로 여행하던 때 그는 북유럽이 피바다에 잠기는 환상을 보았다. 이 환상 외에도 여러 강렬한 환상과 꿈에 시달리면서 그는 자신이 정신병에 걸린 게 아닌지 두려워했다. 그러던 중 꿈에 자신이 열 살 무렵 블록 쌓기를 하며 놀던 기억을 떠올렸다. 이 이미지에서 힌트를 얻어 38세의 융은 취리히 호숫가에서 다시 아이처럼 놀기 시작했고, 둑에서 찾은 돌과 나무로 미니어처 마을을 만들었다. 그는 혼자 생각했다. '이 것들에는 아직 생명이 있어. 그 어린 소년은 아직 내 안에 있고, 내가 갖지 못한 창의적인 삶을 살고 있어.' 융은 그 창의적인 놀이를 통해 얻은 꿈과 환상에 대하여 글을 쓰고 이미지를 그리기 시작했다. 그렇게 탄생한 정신에 관한 자료는 이후 40년 동안 그의 집단무의식 이론을 비롯한 연구의 중심 개념을 형성하는 토대가 되었다. 80대에 그는 이 시기를 회상하며 다음과 같이 말했다. "나의 내면의 이미지를 추적하던 그 시절이 내 인생에서 가장 중요한 시기였다. 가장 중요한 모든 것은 그 시절에 결정되었다. 모든 것은 그때 시작되었다. 나중에 덧붙여진 세세한 것들은, 무의식에서 튀어나와 처음에는 나를 집어삼켰던 그 자료들을 자세히 설명하고 보충한 것에 지나지 않았다. 그것은 평생의 업을 위한 **원물질**(prima materia: 고대 연금술에서 생각한 사물의 모든 보편적 특성을 가진 형상이 없는 기초 물질-옮긴이)이었다."[2]

만일 융이 요즘 세상에서 정신적 혼란을 겪었더라면 아마도 정신병적 증상 때문에 우울증이라는 진단을 받고 프로작, 졸로프트, 팍실 등의 우울증 치료제를 처방받았을 것이다. 어쩌면 몇 차례의 인지행동 치료를 받으며 자신의 부정적인 사고패턴을 인식하고 교정하는 법을 배웠을지도 모른다. 이런 도구가 없었기 때문에 융은 다른 길을 택해야 했고 자신의 우울 속으로 들어가 무엇이 나타나는지 보기로 했다. 융이 결국 그 과정에서 자기 자신을 발견했다는 사실은, 기분장애에 대한 우리의 현재 임상적 관점이 근시안적이고, 또한 가라앉거나 들뜨는 기분이 어떤 사람들에게는 창의력의 방출, 의식의 변화, 인생관의 중대한 변화의 신호가 되는 정신의 선물일 수도 있다는 사실을 고려하지 못한다는 것을 시사한다. 주요 우울장애나 심한 조울증은 결코 좋을 것이 없고, 이 장 첫머리에서 앤드류 솔로몬이 지적했듯이 인간의 경험에서 완전히 없어져야 마땅하다. 또한 프로작, 졸로프트, 리튬과 같은 약품들도 여전히 주요 우울증이나 조울증과 싸움에서 꼭 필요한 도구들이다. 그럼에도, 일부 기분장애에는 온전함을 향한 여정에 있는 인격을 돕고 강화시키는 '숨겨진 힘'이 있을지도 모른다.

기분장애의 해부

사회성, 읽고 쓰는 능력, 주의력을 포함한 자아의 다른 특징들과 마찬가지로, 기분mood은 역량의 연속선을 따라 존재한다. 스펙트럼의 한쪽 끝에는 정신병적 주요 우울증이 있고 다른 끝에는 극심한 정신병적 조증이 있다. 이 두 극단 사이에는 가벼운 장애, 격한 감정, 인간이 느낄 수 있는 갖가지 감정 상태 등 단계적인 차이가 존재한다. 스펙트럼 상에서 보면 만성 우울장애, 즉 지속성 우울장애의 반대편에는 대응되는 짝으로 가벼운 형태의 조증(경조증)이 있다. 우울증 쪽에서 스펙트럼의 중심에 더 가까이 가면 몹시 우울한 기질과 정상적인 형태의 슬픔이 조증 쪽의 격한 흥분 기질 및 건강한 활력과 대응된다. 심한 조울증이 있는 사람은 양극 사이를 격하게 오가고, 순환성장애가 있는 사람은 그보다는 감정 기복이 크지 않다. 존 밀턴John Milton이 쌍둥이 시 〈쾌활한 사람L'Allegro〉과 〈사색하는 사람Il Penseroso〉에서 묘사한 표현을 빌리자면, 그들은 '장난과 기운찬 쾌활함, 재담과 기발한 생각, 터무니없는 속임수'와 '슬프고 무기력하게 축 처진 모습' 사이를 오간다. 우울증과 조증의 순환은 외부 사건(외상, 동절기, 임신 등)에 의해 일어나기도 하지만, (소위 내인성 우울증처럼) 뚜렷한 원인 없이 생기기도 한다.

우울증과 조울증의 생물학은 복잡하고 아직도 연구해야 할 부분이 많이 남아 있다. 그러나 기분장애의 주요 원인은 변연계, 즉 '감정의 뇌'(편도체, 시상, 해마, 시상하부로 구성된다)와 신피질의 전두엽, 즉 '이성의 뇌'의 조절장애로 보인다. 평상시에 전두엽은 변연계에서 일어나는 감정을 조절하는 역할을 한다. 그러나 이 두 주요 시스템 (그리고 뇌의 뒤쪽 부위에) 사이에 신경전달물질의 흐름이 원활하지 못하면 신피질은 변연계의 기복을 조절할 수 없고, 자체적으로도 역기능적 사고 과정(비난, 죄책감, 부정적 반추를 포함)을 거치게 된다. 과학자들은 특정 향정신성 약물이 기분에 긍정적인 영향을 미친다는 사실을 통해 특히, 세 가지 신경전달물질인 세로토닌, 도파민, 노르에피네프린이 우울증 등의 기분장애에 관여한다는 결론을 내렸다. 졸로프트, 팍실, 루복스 같은 약물과 함께 항우울제 프로작은 기분을 안정시키는 신경전달물질인 세로토닌의 재흡수를 억제하여 뇌세포나 신경세포 사이에 세로토닌의 전달을 용이하게 한다. 이 약들은 '선택적 세로토닌 재흡수 억제제SSRI'라고 불린다. '두뇌 숲' 비유를 사용하자면, 두 개의 땅(시냅스 전 뉴런과 시냅스 후 뉴런)이 있고, 그 사이에 물이 찬 좁은 틈새(시냅스 틈)가 있다고 상상해보라. 세로토닌이 시냅스 전presynapse 뉴런에서 그 틈으로 순간적으로 밀려 왔다가 다시 원래 지점으로 되돌아간다(재흡수). 세로토닌이 이 틈새에 머무는 동안 시냅스 후postsynapse 뉴런으로 세로토닌이 전달된다. 프로작은 (재흡수를 억제함으로써) 틈새에 세로토닌을 더 오래 머물게 해 더 많은 세로토닌이 시냅스 후 뉴런에 전달되게 하고, 그렇게 전달된 세로토닌은 뇌의 여러 부위로 이동한다. 마찬가지로 조울증 치료에 사용되는 리튬도 신경전달물질이 한 뉴런에서 다른 뉴런으로 전달되는 방식에 영향을 미친다.

기분장애의 또 다른 원인은 내분비계가 스트레스를 처리하는 방식에 이상이 생긴 것에서 찾을 수 있다. 정상적인 스트레스 조건에서 시상하부는 부신피질자극호르몬 방출호르몬CRH을 분비하고, 이 호르몬은 뇌하수체를 자극하여 부신피질자극호르몬ACTH를 분비하게 한다. 그 다음에는 ACTH이 부신을 자극하여 스트레스 호르몬인 코르티솔이 생성된다. 코르티솔은 호랑이에게서 도망치거나 침입자와 싸우는 등 진짜 위협에 대처하는 데 필요한 에너지를 제공하기 위해 '투쟁-도피' 반응(긴박한 위협 앞에서 자동으로 나타나는 생리적 각성 상태-옮긴이)을 일으킨다. 그런 다음 시상하부와 뇌하수체에 신호를 보내 CRH와 ACTH의 분비를 멈추게 한다. 그러나 우울장애가 발생하면 호랑이나 침입자가 없는데도 어떤 이유에선지 이 피드백 고리가 교란되어 혈중 코르티솔의 농도가 높아지고 우울장애의 특징인 만성 스트레스 증상이 나타난다.

보는 사람의 관점에 달려 있다

미국인의 13%가 평생 한 번 이상은 주요 우울증(저조한 기분, 부정적 생각, 불면증 등의 지표가 최소 2주 동안 지속되는 상태)을 경험하지만, 조울증의 평생 유병률은 그보다 훨씬 낮은 2~3%에 불과하다. 우울증을 겪고 있는 미국인 가운데 상당수는 진단의 타당성에 의문을 제기한다. 밝혀진 바에 의하면, 문화마다 우울증의 증상을 바라보는 방식에 근본적인 차이가 있다. 인류학자 루스 베네딕트Ruth Benedict는 소위 이상행동abnormal behavior의 문화적 상대성을 처음으로 지적한 학자 중 한 명이다. 그녀는 "우리가 보기에는 명백하게 너무도 이상해 보이는 인간의 그런 특징 대부분이 다른 문명에서는 집단적 삶의 토대를 이루는 데 사용되었다."라고 했다. 그녀는 어떤 문화에서 우울증이나 편집증이라고 여겨질 상태가 다른 문화에서는 지극히 정상일 수 있다고 주장한다. 인류학자 테리 오닐Terry O'Nell에 따르면 브리티시컬럼비아주, 워싱턴주, 오리건주에 사는 아메리카 원주민 부족인 코스트 살리쉬Coast Salish족 가운데 75%가 자신을 우울한 상태라고 밝혔다고 한다. 그러나 그들의 우울 경험은 종족 전체의 정체성에 녹아 들어가 있는 것이었다. 인류학자 로이 리처드 그린커Roy Richard Grinker는 "살리쉬족은 자신의 슬픔을 다른 사람에 대한 연민으로 바꿈으로써 우울감에 대처할 수 있다고 생각한다. 그렇게 한다고 우울감이 없어지는 것은 아니지만, 우울한 사람들이 그들의 가족과 지역사회에서 더 쓸모 있는 구성원이 될 수는 있다. 살리쉬족은 우울한 사람들, 즉 '진정한 인디언'들이 그들의 공동체를 위한 최고의 안내자이자 스승이라고 생각한다."[3] 이와 유사하게, 인류학자 가나네스 오베이스케르Gananeth Obeyesekere는 스리랑카의 불교 신자들은 절망, 의미상실, 슬픔의 증상을 장애가 아니라 삶의 철학의 일부로 본다고 한다.[4] 또한 아일랜드의 장례식장에 고용되는 전문 곡哭꾼의 쉽게 잘 변하는 감정이 죽음을 애도하는 자리에서는 강점이 되고, 스칸디나비아에서는 거칠고 과격한 행동이 진정으로 용맹한 전사라는 긍정적인 신호로 여겨진다는 사실에 대해서도 생각해볼 만하다.

우리 문화에서도 기분장애 증상의 의미에 대한 해석의 여지가 있다. 예를 들어, 사회학자 앨런 호위츠Allan V. Horwitz와 제롬 웨이크필드Jerome C. Wakefield는 우울증이 있는 많은 사람은 삶에서 겪은 특정한 상실이나 외상(예: 배우자의 죽음, 실직)의 결과로 정상적인 슬픔을 경험하는 것이라고 했다. 그들은 미국정신의학회의 〈정신장애 진단 및 통계 편람DSM〉은 특정 원인에 의해 우울해진 사람과 '원인 없이' 우울해진 사람을 구별하지 못한다고 주장한다. 호위츠와 웨이크필드는 지난 2천 5백 년 동안 우울증, 즉 울병은 다양한 역사적·문화적 전통에 의해 '원인이 있는 것'과 '원인이 없는 것' 두 종류인 것으로 인식되어 왔는데, 1980년 **DSM 제3판**DSM-III의 발행으로 근본원인이 아니라 증상만을 보고 진단을 내리게 되면서 이러한 구별이 사라졌다고 지적한다. 그들은 이렇게 쓰고 있다. "슬픔은 인간다운 조건의 본질적인 부분이지 정신질환이 아니다. 따라서 우울장애에 대한 정신의학계의 잘못된 정의에 반기를 드는 것은 인간의 문제를 의료화함으로써 외면해왔던 우리 인간성의 고통스럽지만 중요한 부분을 고려하는 것이기도 하다."[5]

생산적인 우울증과 비생산적인 우울증

지금의 우울장애에 대한 정신의학적 진단에서는 드러나지 않는 중요한 차이점으로 정신분석가 에미 거트Emmy Gut가 말하는 '생산적' 우울증과 '비생산적' 우울증이 있다. 그녀는 다음과 같이 지적한다.

우리의 정신건강 개념 저장고에는 (정신이) 적절하게 기능하는 모든 연령대의 인간을 우울하게 만드는 원인이 되는 상황을 보여주는 정상적인 우울증 모델이 없고,… 이 정서적 반응과 우울증 증상이 복무하는 기능이 무엇인지를 보여주는 모델도 없다. 그러나 우울증이 통찰력이나 성장, 방향 전환을 가져오는 건강한 과정에 있을 때 어떤 일이 일어나는지 보여주는 모델이 없다면, 우울증으로 몹시 힘들어하며 도움을 요청하는 사람이 보이는 반응에서 무엇이 잠재적으로 생산적인 면이고 무엇이 비생산적인 면인지 구분하기 힘들 것이다.

거트는 '생산적인 우울증'을 '어떤 유용한 학습이나 성숙이 일어났거나, 행동이 개선되었거나, 계획이 수정되어서 우울증을 겪고 난 뒤 더 효율적으로 목표 설정을 하게 되었다는 증거가 있는 경우'로 간주한다. '비생산적인 우울증'은 '어떤 성숙도 일어나지 않고, 발전이 막히고, 성격이나 건강이 나빠지고, 어쩌면 최종적으로 죽음으로 끝나는 경우'라고 말한다.[6]

우리는 이미 칼 융이 중년에 겪은 위기를 통해 생산적인 우울증이 어떤 작용을 할 수 있는지를 보았다. 또 다른 예는 루트비히 판 베토벤의 생애에서 볼 수 있다. 1796년 베토벤은 청력 손실을 경험하기 시작했고, 그 후 6년 동안 치료법을 찾아 여러 의사를 찾아다녔다. 그러나 1802년에도 청력은 더욱 나빠질 뿐 회복될 가망이 없어 보였다. 게다가 이 무렵 그는 그에게 피아노를 배우던 제자 줄리에타 귀차르디와 사랑에 빠졌으나, 평민 출신이라는 이유로 그녀의 아버지가 결혼에 반대해서 헤어지게 되었다. 베토벤은 고립되어 우울한 시기로 접어들었고, 이때의 감정을 사후에 발견된 '하일리겐슈타트 유서'에 기록했다.

유서에서 베토벤은 청력 상실 때문에 자살할 생각까지 했다고 썼다. 그러나 그는 "도덕적 선 때문에, 그리고 나의 예술 덕분에 나는 자살로 내 삶을 마감하지는 않았다."고 덧붙였다. '하일리겐슈타트 유서'를 쓴 후 베토벤은 생애에서 가장 창조적인 시기로 들어섰고 걸작인 교향곡 제3번 '영웅' 등을 작곡했다. 베토벤이 그 시기에 겪었던 고통은 누구나 기꺼이 감수할 만한 것이 아니었다. 그러나 그의 우울증과 회복의 전 과정을 돌아보면, 보이지 않는 변화가 일어났다는 것과 우울증이 자기 안으로의 침잠이 내면의 갈등을 해결하는 데 쓸 수단을 주었고, 이는 결국 자신의 창의적인 자아를 계속해서 키워가겠다는 결심으로 이어졌음을 알 수 있다. 그는 "내 안에 있다고 느낀 모든 것을 끄집어내기 전까지는 결코 세상을 떠날 수 없을 것 같았다."고 썼다.[7]

노인 토성

토머스 무어Thomas Moore의 베스트셀러 『영혼의 돌봄Care of the Soul』에는 '우울증의 선물The Gift of Depression'이라는 제목의 장이 들어 있다. 그 장에서 토머스 무어는 다음과 같이 말한다. "영혼은 회색, 파란색, 검은색 등 다양한 색상으로 드러난다. 영혼을 돌보기 위해서는 그 모든 색채를 관찰해야 하고, 흰색, 빨간색, 오렌지색 등 밝은 색깔만을 인정하고 싶은 유혹을 이겨내야 한다. 우울감은 다른 어떤 면 못지않게 영혼의 중요한 한쪽 면을 드러내지만, 어두움과 쓰라림에 대한 거부감 때문에 숨겨져 있다."[8] 무어는 우울해지는 것을 중세에는 '토성土星 안에 있는 것'으로 여겼고 우울한 기질을 가진 사람을 '토성의 아이'라고 했다고 한다. 중세의 연금술과 점성술은 과학연구의 초기 시도였을 뿐 아니라 성격이나 영적 변화를 많이 시도하고 묘사하기도 했다. 점성술에서는 토성을 시간과 경험의 행성인 '노인'으로 여겼다.

토성의 영향을 느낀다는 것은 어떤 중압감이나 엄숙함-우울증의 주된 증상 중 하나-을 느끼고 이를 통해 인격이 성숙해지고 노년의 지혜를 얻게 된다는 것이다. 무어는 "우울증이라는 임상적 용어 대신에 토성의 전통적인 이미지를 사용할 때 얻을 수 있는 한 가지 이점은 우울감을 근절해야 할 문제로 보지 않고 존재의 정당한 방식으로 볼 수 있다는 것이다"라고 말한다. 그는 르네상스 시대의 어떤 정원들에는 토성에 바치는 나무 그늘-어둡고 그늘지고 비바람이 들이치지 않는 곳-이 있어서 그곳에서는 토성의 선물 같은 어둠 속으로 들어가 방해받지 않고 있을 수 있었다고 설명한다. 예술가 캐롤라인 베르토렐리 Caroline Bertorelli가 쓴 다음 글에도 우울증의 이러한 사색적인 측면이 드러나 있다.

나는 꽤 자주 우울해진다. 그런 성향 때문에 괴롭고 답답하기도 하다. 그러나 나이를 먹은 지금은 우울증을 삶에 대한 깊은 사색과 성찰을 위한 귀중한 시간으로 본다. 우울하지 않을 때 나는 꽤 적극적으로 작업도 하고 일처리도 하며, 집안 청소든 뭐든 활기차게 한다. 그러나 우울한 상태가 되면 주변과 나에게 일어나고 있는 일들을 관찰하는 시간을 갖는다. 나는 이제 우울증을 그저 내 인격의 일부로 받아들인다. 기분이 좋을 때도 있고 우울할 때도 있다. 기분이 좋을 때는 일을 처리하고, 문제를 해결하고, 무언가를 생산해야 할 때이다. 우울할 때는 찬찬히 상황을 살펴보고 생각할 때다. 어떤 면에서는 그런 시간이 감사하다.[9]

토성이 가진 노인이라는 캐릭터에는 여러 일을 겪었고 그래서 이제는 사회적 관습과 습관에 의해 만들어진 환상에 속지 않는 사람이 가진 강력한 **현실주의**realism적 요소가 있다. 실제로 우울한 사람들이 우울하지 않은 사람들보다 세상을 더 현실적으로 본다는 것을 뒷받침하는 연구도 있다. 심리학자들은 약간 우울한 사람들과 우울하지 않은 사람들을 모집해 그룹을 만들어 전구와 버튼 앞에 앉게 했다. 피험자가 버튼을 누르면 전구가 켜질 때도 있고 켜지지 않을 때도 있었다. 사실 그 버튼으로 전구를 켜거나 끌 수 있는 것이 아니었지만, 우울하지 않은 사람들은 자신이 상황을 책임지고 있고 전구를 켜고 끌 수 있다고 생각하는 경향이 강했고, 그에 반해 우울한 사람들은 상황을 더 현실적으로 판단했다.[10]

우울한 사람들은 우울하지 않은 사람들보다 더 슬프기는 하지만 더 현명한 것으로 보인다. 아마도 우리 문화에 우울증이 유행하는 것은 비정상적인 우울 성향보다는 세상의 일을 현실적으로 평가하고 인생을 포장하지 않으려는 태도와 더 관련이 있을 것이다. 융학파 심리학자인 제임스 힐먼James Hillman은 다음과 같이 지적한다. "때로 나는 우리 문화에 근원적인 우울증이 존재한다고 생각한다. … 우리의 영혼은 파괴되는 숲, 파괴되는 건물, 퍼지고 있는 추악함, 여러 면에서의 문화적 혼돈에 대해 알고 있기 때문에 **나는 우울하지 않은 사람은 정상이 아니라고 생각하게 되었다.** … 또한 세상에서 일어나고 있는 일들에 대해 슬퍼하지 않는다면 세상의 영혼과 단절된 것이다. 그런 의미에서 나는 근원적 우울증은 세상의 현실에 대한 일종의 적응이라고 생각한다."[11] 이 말을 현시대의 문제에 대처하기 위한 바람직한 방법으로서 임상적 우울장애를 지지하는 것으로 해석해서는 안 된다. 어쨌든, 선사시대나 역사 시대 할 것 없이 세상은 언제나 힘들었고, 임상적 우울장애가 심각한 질병인 것은 맞다. 하지만 여기서 힐먼이 말하고자 하는 것은, 오늘날 세계의 상황들이 아마도 슬픈 공감을 불러일으키는 것이고, 우울증을 우리 시대에 문명의 이름으로 벌어지는 끔찍한 일들과 떼어놓을 수 없다는 것이다.

행복의 단점

그런 면에서 우울증은 '행복'을 모든 감정 중에 최고의 감정으로 받드는 우리 문화의 핵심적인 사회적 가치를 훼손하는지도 모른다. 행복한 얼굴, 행복한 식사, 행복해지는 법에 관한 자기계발서 등 우리 문화는 행복에 집착한다. 퓨리서치센터에서 실시한 여론 조사에 따르면 미국인의 85%가 자신이 행복하거나 매우 행복하다고 생각한다. 웨이크포레스트대학교의 영문학과 교수 에릭 G. 윌슨Eric G. Wilson은 그의 책『멜랑콜리 즐기기Against Happiness』에서 이렇게 쓰고 있다. "우리는 언젠가 다양한 항우울제가 달콤한 슬픔을 다 지난 일로 만들어 주지 않을까 기대한다. 이제 곧 모든 미국인이 행복해지지 않을까 기대한다. … 미국인들의 행복에 대한 이런 집착을 어떻게 이해해야 할까? 그 집착으로 인해 창조적 충동이 어느날 갑자기 사라질 수도 있다. … 행복을 지나치게 강조하는 우리 문화 때문에 우리가 고통 받는 건 아닐까? 이 광적인 집착이 반쪽짜리 삶, 단조로운 생활, 기계적으로 행동하는 황무지로 인도할까 두렵지 않은가?" 에미 거트도 이런 말을 한다. "우리 사회처럼 경쟁적이고 기술 관료적이고 투쟁적인 산업사회에서는, 속도를 늦추고 내면을 성찰하게 하는 우울한 감정이 우리의 개인적 발전과 변화에 대한 적응에 도움이 되고 꼭 필요한 것일 수 있다는 생각은 받아들여지지 않는다. 정해진 시간표에 따라 사람의 활동이 이루어지는 기업과 산업, 군대, 공교육에서는 신체적 장애가 있어야만 일하는 시간에 자신의 책상과 기계, 소대를 벗어날 수 있다."[12]

그렇다면 우울증을 경험하는 것은 미국의 핵심 가치에 대한 일종의 **반항**, 즉 바쁘게 돌아가는 사회에 대한 항의로 볼 수도 있다. 그 경험을 통해 얼마간 휴식을 취하면서 삶과 복잡한 문제들을 살펴보고 그 모든 것에 대처할 방법을 찾는 것이다. 애초에 우울증이 생긴 것이 그런 이유 때문임을 시사하는 진화심리학 분야의 연구도 있다. 진화심리학자들은 우울증은 애초에 사냥 실패, 원하는 짝을 찾지 못함, 육아에 대한 도움 부족 등 선사시대의 과제 수행 중 발생하는 엄청난 수준의 목표 좌절에 대처하는 방법으로 생겨났을 수 있다고 한다. 우선, 우울증은 바쁜 일상에 제동을 걸어서 가능한 해결책을 찾는 일에 어느 정도 시간을 할애할 수 있게 했다(이는 우울증에서 나타나는 반추의 기능에 해당할 것이다). 비현실적인 목표를 포기하게도 했다. 분야의 변화가 필요한 경우도 있었다(사냥에서 채집으로 바꾸거나 그 반대로 바꾸기도 했다). 둘째, 우울증은 주변 사람들의 도움을 얻어내는 방법이기도 했다.[13] 우울증에 빠진 사람은 근본적으로 "내가 사냥이나 아이 돌보는 일을 거부하거나 노동력을 제공하지 않는다면—파업에 들어간다면—부족에서 내가 얼마나 소중한 자원인지 알게 될 것이고, 그러면 나에게 약간의 지원을 해줄 거야."라는 말을 하고 있었다.

이와 반대로 기분장애 중 조증은 자신의 에너지를 최고 수준으로 끌어올리는 방향으로 진화했을지 모른다. 궁극적으로는 자신의 유전자를 후세에 물려주기 위해 성적 활동이나 공격적 활동에 관여할 수 있다. 정신과 의사 짐 펠프스Jim Phelps는 다음과 같이 지적했다. "여러 기분 전문가들은 조증은 '좋은 것이 너무 과도해진 상태'일 것이라고 말하는데, 여기서 말하는 좋은 것이란 자신감, 추진력, 스스로 동기를 부여하고 일을 해낼 수 있는 능력, 수면의 필요성 감소, 사회적 서열에서 최상층에 있는 동물의 성활동 증가 등이다."[14]

우울장애와 양극성 장애(조울증)에 숨겨진 이러한 진화의 이유는 기분장애와 창의력의 연관성을 설명하는 데 도움이 될 수도 있을 것이다. 한쪽에서는 내향적이고 우울한 이들의 문제 해결이, 다른 한쪽에서는 강렬한 최대 에너지가 긴 세월에 걸쳐 이어져 오면서 현대의 창의적 경로들의 토대를 마련했을지 모른다. 고대 그리스로 거슬러 올라가면 아리스토텔레스는 이 연결 고리에 대해 다음과 같이 평했다. "철학, 정치, 시, 예술에서 두각을 나타낸 모든 사람은 왜 우울한 기질을 보이고, 일부는 흑담즙이 과도해서 생기는 질병에까지 걸리는 것일까? … 이미 말한 바와 같이 그들은 모두 자연적으로 이런 성격을 가지게 된 것이다."[15] 심리학자 아놀드 루드비히Arnold Ludwig는 20세기의 저명한 사람들 1,000명을 조사한 결과 시인의 77%, 소설가의 54%, 시각 예술가의 50%, 작곡가의 46%가 살면서 적어도 한 번은 심한 우울증을 겪었다는 사실을 발견했다. 이는 스포츠계 인사 16%, 군 지휘관 5%, 탐험가 0%인 것과 비교된다.[16] 정신과 의사 낸시 안드리아센Nancy Andreasen은 아이오와 작가 워크숍 출신의 작가 30명을 인터뷰한 결과 80%가 적어도 한 번은 기분장애(예: 주요 우울증 또는 조울증)를 경험한 사실을 발견했는데, 이는 대조군의 30%와 확연하게 차이난다. 그 작가들의 3분의 2는 정신과 치료를 받은 경험이 있었다.[17]

스탠퍼드대학교에서 실시한 연구들에서는 창의성과 조울증의 중요한 연관성이 밝혀졌다. 한 연구에서, 조울증이 있는 건강한 예술가들과 사람들이 일반인들보다 창의력 테스트에서 더 높은 점수를 받은 것으로 드러났다.[18] 또 다른 연구에서는 조울증이 있는 아동들과 조울증이 있는 부모를 둔 아동들이 대조군의 건강한 아동들보다 창의력 테스트에서 더 높은 점수를 받았다.[19] 중요한 책『천재들의 광기: 예술적 영감과 조울증Touched with Fire: Manic-Depressive Illness and the Artistic Temperament』의 저자인 (또한 조울증이 있는) 정신과 의사 케이 레드필드 제이미슨Kay Redfield Jamison은 수세기에 걸쳐 작가와 예술가들에게서 관찰한 조울증 증상과 창조적 표현 사이의 연관성을 상세히 기록하면서 다음과 같이 말한다. "대범하고 고양된 기분, 높아진 자존감, 넘치는 에너지, 수면의 필요성 감소, 향상된 성생활,… 거기다 '대단히 창의적이고 예리한 사고'와 '생산성 향상'을 증상으로 하는 질병을 어느 누가 원치 않겠는가?"[20]

기분장애와 적소 구축

하지만 우울장애와 양극성 장애가 전국적으로 수백만 명의 아동과 성인에게 큰 피해를 주는 것은 여전한 사실이다. 엄밀히 말하면, 항우울제와 인지행동치료를 포함한, 기분장애를 완화하기 위한 적응적 접근법은 기분장애가 있는 사람들이 정상적인 또는 정상에 가까운 삶을 살도록 돕는 데 대단히 중요하다. 항우울제가 없었다면 내가 어떤 상태에 있었을지 나도 모른다. 밤에 잠을 잘 수 있을지 걱정하거나, 내가 완전히 정신 이상이 된 것은 아니라는 안도감을 얻으려고 사람들에게 전화하며 나날을 보내고 있었을 것이다. 우리 문화에 만연해 있는 프로작에 대한 모든 농담 속에는, 프로작이나 그와 관련된 약물 덕분에 더 나은 삶을 사는 사람들에 대한 연민이나 이해가 거의 들어 있지 않다. 프로작이 (그리고 다른 SSRIs) 해마와 같은 변연계 구조물에서 신경아교세포(뇌 속 뉴런을 지지하는 세포)의 증식을 촉진한다는 최근의 임상 관찰이 있는데, 이는 우울증 환자에게 나타나는 신경아교세포 손실을 되돌리는 효과를 낸다.[21] 그렇지만 약물이나 인지행동치료가 전부는 아니다. 우울증이 있는 사람들은 외부 환경을 자신의 고유한 뇌에 맞게 조정하는 적소 구축 전략을 이용할 필요가 있다.

소아과 의사였던 아버지가 우울증 때문에 직장을 그만두고 17년 동안 실업자로 지내는 것이 나는 청소년기와 성인 초기였던 당시에는 늘 부끄러웠다. 하지만 지금은 아버지가 자신을 위한 적소를 마련하려고 애쓰고 있었다는 것을 알 것 같다. 당시는 스트레스라는 말이 유행하지 않은 때였지만 아버지는 자신의 실업 상태를 다른 사람들에게 '스트레스' 때문이라고 설명하곤 했다. 아버지는 1940년대에 맥길대학교에서 의학 수련을 거쳤는데, 이 대학의 한스 셀리에Hans Selye는 처음으로 스트레스라는 개념을 발전시켰고, 후에 그의 저서 『삶의 스트레스The Stress of Life』에서 스트레스에 관해 썼다. 주요 우울증에 대한 아버지의 대응은 스트레스 요인을 제거하는 것, 특히 결속력이 강하고 '배타적인' 의료 공동체의 소아과 의사라는 스트레스가 많은 직업에서 벗어나는 것이었다. 집에서 잡지를 읽거나 텔레비전을 보거나 클래식 음악을 듣는 것은 분명 이상적이지는 않지만, 적소이기는 했다. 덕분에 아버지는 이후 또 다른 주요 우울증을 겪지 않았고 마침내 50대에 의료계에 복귀하여 스트레스를 덜 받는 일자리를 얻어 70대 말에 은퇴했다. 나 자신의 성인기를 돌아보면, 스트레스를 최대한 줄이는 환경을 만드는 방향으로 일상생활을 구조화했다. 나는 어른이 되고 난 이후 대부분의 시간을 집에서 일하면서 일정을 직접 짰고(늦은 아침에 일어나 초저녁까지 일했다), 기본적으로 혼자 일했다. 그렇게 함으로써 나는 사내 정치, 상사와의 갈등, 그리고 다른 사람의 시간표에 맞추어야 하는 스트레스에서 오는 긴장상태를 피할 수 있었다. 요즘에도 원고 마감과 강연 약속이 있긴 하지만 아주 드물고, 그것들을 일정에 맞춰 소화할 만큼의 자기 훈련은 충분히 되어 있다. 낮에는 요가나 명상, 운동같이 스트레스를 줄여주는 다른 활동도 한다.

이 외에도 우울증을 이겨내기 위해 긍정적인 적소 구축을 하는 다양한 전략들이 있다. 건강한 식단(곡물, 과일, 야채, 연어나 정어리와 같이 오메가3 지방산이 풍부한 음식)을 섭취하거나, 자연 속에서 산책하기, 애완동물과 시간을 보내기 등 자신이 즐기는 가벼운 활동을 하거나, 어려운 처지에 놓인 사람들을 돕는 자원봉사에 참여하거나, 생각을 일기에 쓰거나, 잠을 충분히 자거나, 우울증 지원단체에 가입하는 방법 등이 있다.[22] 기분장애를 겪은 유명인들의 삶을 연구해서 그들의 적소 구축에 어떤 요소들이 있었는지 찾아보는 것도 좋다. 예를 들어 만성 우울증에 시달린 에이브러햄 링컨은 슬픈 노래와 시를 통해 자신의 슬픔을 쏟아냈다. 한 번에 몇 시간씩 노래의 후렴구나 시를 읊었다고 한다. 존 스튜어트 밀은 20대 초에 자신을 우울증에서 끌어내 준 것은 윌리엄 워즈워스의 낭만적인 시였다고 말했다. 평생 자신을 따라다닌 우울증을 '검은 개black dog'라고 말한 윈스턴 처칠은 벽돌로 담을 쌓고 그림을 그렸다. 테네시 윌리엄스는 우울증을 떨치기 위해 매일 수영을 했다. 우울증이나 조울증이 있는 사람들의 가장 심한 기분장애 증상을 진정으로 없애준 것은 많은 경우 그들의 **창작활동**creative work이었다. 조울증이 있던 로버트 로웰은 슬픔과 비애를 자신의 시에 쏟아부었다. 화가인 에드바르트 뭉크는 그의 걸작 〈절규The Scream〉에 자신의 비애를 담았다. 오늘날과 좀 더 가까운 예에는 코미디언 밥 사겟이 있다. 그는 "진정으로 훌륭한 코미디언이 우울해하지 않는다면, 뭔가 잘못된 것이다."라는 말을 남겼다. 예를 들어, 배우 짐 캐리는 「60분60 Minutes」이라는 TV 프로그램의 인터뷰에서 자신의 익살스러운 연기 뒤에 숨겨진 영감은 '자포자기'라고 밝혔다. 실제로 기분장애 성향이 있는 사람들은 진로를 계획할 때 생계수단으로 창의적인 일(그리고 자신의 감정을 이용해 다른 사람들을 돕는 직업)을 고려해 보아야 할 것이다. 그 목록에는 다음과 같은 직업이 포함될 수 있다.

- 작가

- 연예인

- 임상심리학자

- 상담심리학자

- 결혼, 자녀 및 가족 상담사

- 신학자

- 철학자

- 사제

- 저널리스트

- 음악가

- 댄서

- 조각가

- 화가

- 라이프코치

물론, 이런 직업에 종사하는 데는 재능과 적성도 필요하다. 그렇지만 소방관이나 CEO, 항공교통관제사 같은 스트레스를 많이 받는 직업은 우울이나 조증 성향이 있는 사람들에게 잘 맞는 직업이 아닐 수 있다는 점은 분명히 언급할 가치가 있다. 또 자연계열보다는 인문계열이 민감한 정신과 마음에 더 적합한 생태계인 것으로 보인다. 루드비히의 연구에 따르면 작가들과 예술가들의 50% 이상이 우울증을 경험했지만 과학자들은 훨씬 낮은 28%였다.

기분장애를 위한 적소 구축의 다른 중요한 요소는 가족, 친구, 전문가들과 긍정적인 관계를 맺고 강화하는 것이다. 발달심리학 연구에 따르면 아이가 생후 2년 동안 엄마와 긍정적인 정서적 애착관계를 형성하지 못하면 이후 삶에서 우울증에 걸릴 위험이 커진다.[23] 아동의 2.5%가 우울증을 겪고 있는 것으로 추산된다. 안정적인 관계는 아이들에게 이후의 삶에서 스트레스를 주는 사건에 대한 일종의 완충제나 정서적 예방효과를 제공한다. 어린 나이에 트라우마를 경험한 아이들도 좀 더 커서 가족이나 가족의 친구 중에 지지적인 관계를 맺는 사람이 단 한 명이라도 있다면, 그런 어려움을 더 잘 극복할 수 있다. 즉, 회복력을 갖게 된다.[24] 어른이 된 이후에 우울증이 나타났다면, 심리치료사 같은 정신건강 전문가들과의 관계가 가장 도움이 되는 경우가 많다. 치료사는 좌절된 목표들을 정확히 짚어주고, 문제를 해결하도록 도와주며, 더 잘 맞는 적소를 제안해주기도 한다. 예를 들어, 정신과 의사 앤더슨 톰슨 주니어는 그의 표현에 의하면 '엄청나게 우울하고, 자살충동을 느끼고, 자해를 하는' 18세 소녀를 상담하고 있었다. 그는 그 환자가 부모의 압력으로 대학에서 과학을 전공하고 있지만, 그녀 자신은 예술에 흥미가 있다는 사실을 발견했다. 치료 과정에서 앤더슨은 그 여학생이 자신의 목표에 더 확신을 갖도록 도왔고, 그녀는 학교도 옮기고 전공도 바꾸었다. 그 결과, 그녀의 우울증은 사라졌다.

구체적인 목표가 무엇이든, 기분장애를 위한 긍정적인 적소 구축에는 내용에 관계없이 **의미**의 맥락을 만들어내는 것이 가장 중요해 보인다. 우리는 너무나 단편적인 시대에 살고 있기 때문에 우울증과 조증은 여러 면에서 우리 문화가 일관성을 잃은 것에 대한 대응으로 생각된다. 『한낮의 우울』의 저자 앤드류 솔로몬은 다음과 같이 말한다. "우울증 발병률이 높아지고 있는 것은 의심할 여지 없이 현대성의 결과다. 삶의 속도, 기술적 혼돈, 인간 소외, 전통적 가족구조의 붕괴, 고질적인 고독, (종교적·도덕적·정치적·사회적…) 신념체계의 파괴는 재앙을 불러왔다." 삶에 방향과 목적을 줄 수 있다면 어떤 것이라도 행복을 향해 나아가는 데 궁극적으로 도움이 된다. 그리고 아이러니하게도 우울증의 경험 그 자체, 고통을 견뎌내고 통과의례를 거친 경험이 때로는 더 깊은 의미를 제공해줄 수 있다. 솔로몬의 연구에 참여한 한 사람은 이렇게 말했다. "상당히 저조한 기분이 들면 패기가 생긴다. 나는 내가 다른 사람들보다 힘든 상실에 더 잘 대처한다고 생각하는데, 그런 상실로 인한 감정들을 많이 경험했기 때문이다. 우울증은 내가 가는 길에 놓인 장애물이 아니다. 길을 갈 때 나와 동행하는 내 일부이고, 나는 우울증이 다양한 시점에서 내게 도움이 될 거라고 믿는다. 어떻게? 그건 나도 모른다. 하지만 나는 내 우울증을, 그리고 그 우울증의 회복력을 믿는다. 나는 매우 강한 여성이고, 그것은 부분적으로 우울장애 덕분이다."[25] 자신의 조울증에 대해 작가인 마리아 혼바커는 말한다. "내 뇌는 때때로 합의된 현실에서 벗어나고, 내가 있는 개인적인 현실은 무척 외로운 곳이다. 하지만 지나고 돌아보면 그곳에 가지 않았어야 했는지 확신할 수 없다. 그곳에 있었던 것이 가치 있었다고 느낀다. 아주 잠시라도 약간의 평화를 얻을 수 있을 만큼만, 내 뇌를 다른 사람과 바꿔 달라고 기도하던 날들도 있었다. 그러나 나는 내 정신의 삶을 다른 사람의 삶과 바꾸지 않을 것이다. … 그것이 무엇이든, 무슨 일이 있든 간에, 그것은 나의 것이다."[26]

6장

불안의 이점

The Advantages of Anxiety

불안은 창의성의 시녀다.

_T.S.엘리엇T.S.Eliot

좋은 적소 구축에 관한 한, 신경다양성이 있는 사람들은 꽤 창의적일 수 있다. 우리는 이미 이 책에서 터치를 싫어하는 템플 그랜딘이 신체 접촉의 느낌을 받기 위해 '압박 기계'를 만들고, 또한 말을 하지 않는 아만다 백스가 커뮤니케이션 수단으로 자기 집에 최신 영상녹화 스튜디오를 갖춘 것을 보았다. 신경다양성을 위한 적소 구축의 또 다른 좋은 예는 전 오클랜드 레이더스 코치이자 미식축구 중계방송 해설자인 존 매든John Madden에게서 찾을 수 있다. 직업상 9월부터 1월까지 매주 전국 각지로 이동해야 하는데도 매든은 비행기 대신 버스를 탔다. 1979년 그는 비행기에 타고 있을 때 '완전한 공황 발작'을 겪었다. "비행기에 문제가 있거나 난기류가 심하거나 그런 것은 아니었다. 승무원이 문을 닫고, 비행기가 움직이기 전에 나는 거기서 내려야 한다는 것을 알았지만, 끝까지 참았다. 정말 죽을 것 같았다. 땀이 나고, 몸이 떨렸다. 상자에 갇혀서 빠져나갈 수 없는 느낌이었다."[1]

매든은 그 이후로 비행기를 타지 않았다. 텔레비전 스포츠 해설가로 일하는 30년간 그는 '매든 크루저'라는 이름의 고급 버스를 이용했는데, 일 년에 약 12만 킬로미터를 운행했다. 버스에는 평면 스크린 TV 5대, 퀸사이즈 에어매트리스를 갖춘 침실, 전화기, 팩스, 녹화 장비, 노트북 컴퓨터가 구비된 최첨단 사무실, 특대 스팀 샤워기가 장착된 욕실 2개, 오븐, 전기레인지, 풀사이즈 냉장고가 있는 주방과 식당, 가죽 안락의자와 소파가 있는 거실까지 있었다. 5천 평방피트의 집을 가동할 수 있는 발전기가 있어서 이 모든 시설에 전기를 공급했다. 매든은 이 버스가 어린 시절의 환상을 충족시켜 주었다고 한다. 그 환상은 1950년대에 존 스타인벡John Steinbeck이 개와 함께 캠핑카를 타고 전국을 여행하는 모험을 쓴 책 『찰리와 함께한 여행Travels with Charley』을 읽고 품은 것이었다. 그는 한 인터뷰에서 이렇게 말했다. "이런 멋진 풍경은 돈을 주고도 보기 힘들죠.… 미국을 제대로 보려면 네브래스카주 같은 곳은 차를 타고 8시간은 누벼야죠."

존 매든은 불안장애가 있는 4천만 명이 넘는 미국인 중 한 사람이다. 수년간 그는 공황과 불안의 경험을 널리 알리기 위해 많은 일을 했다. 여객기에서 그가 경험한 것으로 미루어 보아 아마도 그는 공황장애나 특정 공포증(예: 비행 공포증이나 밀실 공포증)이 있는 것으로 보인다. 범불안 장애, 외상 후 스트레스 장애PTSD, 사회 불안 장애, 강박 장애

OCD 등 불안장애에는 몇 가지 다른 범주가 있다(이 장의 뒷부분에서 다룰 것이다). 미국인들은 불안장애에 대한 직간접적인 의료비용으로 연간 450억 달러(전체 의료비의 3분의 1에 해당한다)를 지출한다. 여성 대 남성의 비율이 3:2로 남성보다 여성에게 더 많이 영향을 미치는 것으로 보인다. 대부분 불안장애는 아동기, 청소년기, 성인 초기에 시작되지만 더 나이가 있는 사람들, 특히 다른 의학적 문제를 겪고 있는 사람들에게서 늦게 시작될 수도 있다. '불안'과 '공포'는 때로 서로 혼용해 쓰기도 하지만, 불안은 알 수 없는 대상을 향한 막연한 걱정을, 공포는 알려진 구체적인 실체를 향한 강렬한 두려움을 나타내는 것으로 구별할 수 있다. 또한, 특정 공포증(예: 뱀에 대한 공포)과 외상 후 스트레스 장애가 있는 사람이 느끼는 두려운 감정을 보면 공포와 불안이 서로 밀접하게 연관되어 있음을 알 수 있다.

불안의 생물학

불안과 관련된 신경학적 연결고리의 대부분은 뇌의 측두엽 깊숙한 곳에 있는 작은 아몬드 모양의 구조인 편도체(편도체의 영문이름 'amygdala'는 '아몬드'를 뜻하는 그리스어에서 유래했다)를 가리키고 있다. 편도체는 위험을 알리는 환경의 변화를 끊임없이 경계한다. 그리고 많은 다른 소스로부터 정보를 받는다. 예를 들어 후두엽과는 직접 연결되고 시상을 통해 다른 감각기관과도 연결된다. 이 말은 즉, 우리가 외부 환경으로부터 어떤 냄새를 맡거나 소리를 듣거나 무언가를 보거나 만지거나 맛보면, 그런 자극을 경험하는 것을 뇌중추가 깨닫기도 전에 편도체가 위험의 존재를 알릴 수 있다는 뜻이다. 편도체가 위험 경보를 울리면, 시상하부-뇌하수체-부신HPA 축이 활성화되어 '투쟁-도피' 반응이 시작된다. 심장은 더 빨리 뛰기 시작하고, 더 세차게 숨을 쉬며, 위협에 맞서 몸이 긴장한다. 이러한 신경 회로는 야생에서 실제 위험을 만났을 때 살아남기 위해 진화된 것이 분명하다. 만약 호랑이가 위협한다면, 전전두엽 피질로 그게 무엇인지 생각하느라 너무 많은 시간을 허비할 수는 없었을 것이다. 그사이에 귀중한 시간이 가고, 점심을 먹을 것이냐 점심으로 먹힐 것이냐가 결정될 수도 있다. 또한 편도체는 전전두엽 피질 및 기타 상위의 뇌 구조물들로부터 이차적인 정보를 입력받는다. 즉 초기 위협이 처리된 후에, 위협이 실제로 존재하는지 이성적으로 생각해보고, 그게 아니라면 편도체에 경보를 중단하라고 신호를 보낼 수 있다.

불안장애가 있는 사람들의 경우 이 시스템이 제대로 작동하지 않는다. 그들에게는 공포에 대한 역치(자극에 대해 반응을 일으키는 데 필요한 최소한의 자극 세기-옮긴이)가 편도체에 너무 낮게 설정되어 있거나, 상위의 뇌중추가 사실 아무 것도 없는데도 위험이 있다고 잘못된 정보를 제공하는 것이다. 컬럼비아대학교 의과대학의 과학자들은 불안을 잘 느끼는 피험자들에게 (의식적인 이해가 힘들 정도로 빨리 지나가는) 무서운 얼굴의 이미지를 아주 짧은 순간 보여주었을 때, 불안을 덜 느끼는 기질을 가진 사람들보다 fMRI 뇌 영상에서 편도체가 더 밝게 나타났다는 것을 증명했다. 이 연구를 한 콜럼비아대학교 의료센터의 fMRI 연구센터 소장이자 신경방사선학과 및 심리학과 교수인 조이 허시Joy Hirsch 박사는 이렇게 말한다. "심리학자들은 불안장애가 있는 사람들이 잠재의식 속 위협에 매우 민감하고, 다른 사람들이 인지하지 못하는 자극을 알아차린다고 말해왔다. … 이번에 우리가 발견한 사실은 그러한 무의식적인 정서의 경계 상태에 대한 생물학적 근거를 보여준다."[2]

이러한 경계심을 갖게 되는 원인의 일부는 유전적일 수 있다. 미국 국립정신건강연구소에서 실시한 연구에서는 무서운 이미지를 보여주었을 때 세로토닌 전달체 유전자의 짧은 변이체 한 개 또는 두 개를 물려받은 피험자들은 그 유전자의 긴 변이체 두 개가 있는 피험자들보다 편도체가 더 활성화되었다.[3] 앞 장에서도 소개했지만, 세로토닌은 편도체 같이 뇌 깊이 자리한 구조물과 신피질 사이의 교신을 촉진하는 신경전달물질이다. 불안 회로가 과다반응을 보이는 또 다른 이유에는 환경적 요인도 있다. 예를 들어 어린 시절 받은 신체적 또는 성적 학대나 전쟁으로 인한 트라우마가 편도체-HPA 경로를 보다 민감한 수준으로 재설정해서 이후의 자극에 대해 불안감을 촉발할 가능성이 더 높아진 것일 수 있다. 또는 만성 스트레스로 인해 뇌 기능을 균형 있게 유지하는 신경전달물질이 고갈된 것일 수도 있다.[4] 프로작, 졸로프트, 팍실, 루복스 등 우울증에 도움이 되는 선택적 세로토닌 재흡수 억제제는 불안장애에도 도움이 되고, 다른 많은 신경안정제처럼 중독성도 없다. 1990년대에 항우울제가 등장하기 전에는 신경안정제가 불안증 치료의 1차 수단이었다(세계 최초의 현대적 신경안정제 밀타운은 1956년에 시판되었다). 사실, 기분장애와 불안장애는 '동반질환'(두 가지 이상의 장애가 동시에 나타난 상태)일 확률이 높다. 둘 중 하나가 있는 사람에게 나머지 하나가 생길 확률이 25~50%에 이른다.[5]

불안의 가치

불안의 연속선 어딘가에는 긍정적이고 심지어 인간의 생활에 도움이 되는 형태의 불안이 있다. 많은 사람이 일부러 자신을 불안 상태에 빠뜨린다. 놀이기구를 탈 때나 긴장감 넘치는 영화를 보고, 격렬한 액션의 비디오 게임을 할 때가 바로 그런 예다. 『공포의 미The Beauty of Fear』의 저자인 교육자 사무엘 네이선 길리언Samuel Nathan Gillian은 다음과 같이 지적한다. "우리는 무서운 이야기나 공포 영화를 좋아한다. 사람들이 긍정적으로 두려움을 즐길 수 있게 하는 공포물 제작은 시장이 큰 사업이다. … 우리는 최고의 스릴, 최대한의 흥분을 경험하고 싶어 한다. … 영화 관람권 가격이 아무리 올라도 우리는 두려움을 즐기기 위해 기꺼이 많은 돈을 지불한다."[6] 이런 경우에는 편도체와 상위 뇌중추가 효과적으로 의사소통을 하는 것으로 보인다(가령, 상위 뇌중추가 편도체에 "무서운 것이라는 정보를 보낼건데, **실제로는 무섭지** 않아. 무슨 말인지 알았으면 눈짓을 해"라고 '말한다').

어느 정도의 불안감은 학교에서 시험을 치거나 사업을 할 때도 도움이 된다. 때때로 나는 내가 왜 많은 사람 앞에서 말하는 것을 꺼리지 않는지 이상하다고 느낀다. 몇몇 여론조사에 의하면 많은 사람 앞에서 말하는 것이 미국인들이 가장 두려워하는 일이라는데 말이다. 특히 더 이상한 이유는, 나는 고소공포증, 비행공포증, 심각한 병에 걸린 것 같다는 근거 없는 두려움을 포함해 온갖 것들에 대해 지독한 불안을 느끼기 때문이다. 하지만 나는 오래전에 누군가가 내게 한 "배 속에서 나비 떼가 날아다니는 것은 괜찮아. 다만 모두 같은 방향으로만 난다면"이라는 말을 기억한다. 비즈니스 세계에서도 어느 정도의 집중적인 불안은 동기를 부여해 경쟁력을 높여주는 것 같다. 포드자동차의 CEO였던 앨런 멀러리는 다음과 같이 설명한다.

목요일 사업 계획 검토에 들어갔다. 이 일은 항상 불안을 불러온다. 계획보다 너무 앞서가거나 아니면 진척이 느리다. 그러면 있고 싶었던 곳과 현재 있는 곳 사이에 틈이 생겨버린다. 불안과 흥분, 그리고 의욕이 커져 간다. … 대개는 마지막에 가서도 어떻게 그 일을 해낼지 알 수가 없다. 언제나 최선을 다하고, 결코 약해지거나 멈출 수는 없다. 그러니 불안은 좋은 것이다. 불안하다는 것은 목표와 계획, 위험과 기회에 대해 생각하고 있다는 뜻이다. 그것은 대단히 유익하고 매우 유용하다. 모든 불확실성에 대처할 자유롭고 개방적인 사람이라면 불안하다고 말할 수 있어야 한다."[7]

이 경우에는 여기저기 분산된 범불안(특별한 원인이 없이 다양한 주제나 일상에 대한 만성적인 불안-옮긴이)을 한 곳으로 집중해 직장에서 일하는 데 도움이 되고 관리 가능한 도구로 만들었다.

불안은 또한 창작 과정에서도 중요하다. 철학자 찰스 프랭클Charles Frankel은 "불안은 지적·예술적 창조와 인류 역사상 가장 탁월한 모든 것들의 본질적 조건"이라고 쓴 적이 있다. 화가가 텅 빈 캔버스와 마주하거나 작가가 빈 종이를 앞에 두었을 때, "이제 어쩌지?"라는 불안감이 밀려온다. 어떻게 무에서 유가 창조될까? 대부분의 예술가는 자신의 불안을(어린 시절부터의 불안을 포함해) 예술 작품 속에 풀어놓는다. 또한 창조적인 행위에는 어떤 긴장이 존재하고, 불안에서 가치가 탄생한다. 작가 랄프 키스Ralph Keys는 이렇게 말한다. "작가의 두려움은 결코 '정복'되지 않으며 또한 정복되어서도 안 된다. 만약 문학적 불안에 대한 해독제가 발견된다면, 작가들은 강력한 우군을 빼앗기게 될 것이다. 불안할 때 나는 또한 날카롭다. 경계심이 강해지고, 관찰력이 생기고, 때로는 재치도 생긴다. 두려움은 내게 활력을 준다." 또한 예술가들은 창작활동을 할 때 인류의 집단적 두려움을 이용하고, 그 두려움을 합리적이고 감내할 수 있는 것으로 만든다. 임상 및 법의학 심리학자인 스티븐 다이아몬드Stephen Diamond 박사는 다음과 같이 말한다. "갈등이 심할수록 분노가 커지고 불안이 더 커질수록 창조를 향한 내적 필요가 커진다. 또한 재능 있는 개인들, 특정 분야에 천재성이 있는 이들은 이러한 내적 필요를 더욱 강렬하게 느끼며, 어떤 면에서는 그들 자신의 불안뿐 아니라 집단적 불안도 경험하고 표현한다는 것을 우리는 명심해야 한다. 그래서 그들은 일종의 탄광 속 카나리아와 같은 존재로, 위험이나 갈등, 문화의 어두운 그림자를 감지하고 그것을 의미 있게 표현하려고 한다."[8] 결국 인간으로 산다는 것은 불안을 경험하는 것이다. 특히 핵전쟁으로 인류가 전멸될 수도 있고, 온난화로 지구가 파괴될 수도 있고, 고대나 현대를 막론하고 그 외에도 많은 것들이 사방에서 우리를 위협하는 이 불안의 시대에는 특히 더 그렇다. 심리학자인 롤로 메이는 자아는 기본적으로 불안을 일으키는 상황에 직면함으로써 성장한다고 지적한다. 그는 덴마크의 철학자 쇠렌 키에르케고르Søren Kierkegaard가 한 다음 말을 인용한다. "모험하는 것은 불안을 초래하지만, 모험하지 않는 것은 자기 자신을 잃는 것이다."

문화적 관점에서 볼 때, 미국의 가치관이 특히 진보와 성취에 기반을 두었던 1950년대에는 불안이 현재와는 매우 다르게 비쳤던 것으로 보인다. 사회사학자 안드레아 톤Andrea Tone은 자신의 저서 『불안의 시대: 신경안정제와 함께한 미국의 격동의 역사The Age of Anxiety: A History of America's Turbulent Affair with Tranquilizers』에서 다음과 같이 쓰고 있다.

1950년대 미국 문화에서 불안증은 심각한 정신질환이라기보다는 성취의 증표, 즉 투쟁의 상징이면서 성공의 상징이기도 했다. 불안증은, 미국인들의 채워지지 않는 출세욕, 새롭고 향상된 모습을 끈질기게 추구하는 투지가 낳은 당연하고 칭찬받을 만한 부산물이었다. 이러한 할 수 있다는 사고방식은 미국인들은 무엇이든 성취할 수 있을 뿐 아니라 그 과정에서 최소한의 불편과 수고로 성취할 권리가 있다는 믿음의 바탕이기도 하다. 이런 문화적 장면에서 신경안정제는 신용카드, 냉장고, 냉동식품, 화장품과 마찬가지로 개인의 성취 수단으로 열렬히 환영받았다.[9]

또한 불안이 오랜 시간 지속된 사회적 가치인 평정tranquillity을 해칠 수도 있음을 암시하는 전통이 존재한다. 미국 건국의 아버지 벤저민 프랭클린Benjamin Franklin은 그의 저서 『가난한 리처드의 달력Poor Richard's Almanack』에서 평정을 13가지 덕목 중 하나로 여겼다. 그는 다음과 같이 썼다: "사소한 일 또는 흔히 일어나거나 어쩔 수 없는 사건에는 동요하지 마라."[10] 우리가 불안을 없애는 약물을 '신경안정제tranquilizer'라고 부른다는 사실 역시 평정에 높은 가치를 둔다는 것을 암시한다.

불안장애의 진화적 이점

지금까지 불안과 불안장애를 전체적으로 살펴보았다. 그러나 앞에서 살펴본 바와 같이 불안장애는 다양한 징후로 나타난다. 사실 불안장애에는 6가지 주요 형태가 있다. 범불안 장애는 공포를 느낄 특정한 대상이 없는데도 최소 6개월 이상 지속해서 불안을 느끼는 것이다. 공황장애는 몇 분에서 몇 시간까지 지속되는 극심한 공포가 반복적이고 예기치 않게 몰려온다. 심장 두근거림, 땀 흘림, 떨림, 숨이 막히고 질식할 것 같은 느낌 같은 증상이 있다. 외상 후 스트레스 장애는 신체 또는 성적 학대나 군대에서 전투 임무와 같은 외상성 사건을 경험하고 나서 발생할 수 있으며 증상에는 악몽, 갑작스러운 회상, 과민상태 등이 있다. 사회 불안장애는 다른 사람에게 부정적으로 보이거나 사람들 앞에서 창피를 당할까 봐 두려워하고 사회적 상황을 회피하는 상태를 말한다. 증상으로는 얼굴이 빨개지거나 손발이 떨리거나 토할 것 같은 기분이 들거나 갑자기 화장실에 가고 싶어지기도 한다. 강박장애는 의지와 무관하게 원하지 않는 생각과 행동을 반복하게 되는 것이 특징이다. 마지막으로, 불안장애의 가장 큰 범주에는 특정 공포증이 포함되는데, 암흑 공포에서 질투 공포에 이르기까지 매우 다양하다.

이 모든 형태의 불안장애가 유전자 풀에 있는 것은 진화에서 어떤 중요한 기능을 했기 때문으로 보인다. 이를 살펴본다면 왜 불안장애가 오늘날 사회에 만연해 있는지, 유병률이 거의 20%로 다른 어떤 정신장애보다 높은지 그 이유를 밝히는 데 도움이 될지 모른다. 철학자 토머스 홉스Thomas Hobbes의 말을 인용하면, 선사시대의 삶은, "가난하고, 불결하고, 야만적이고, 짧았다." 맹수, 독초, 가뭄, 화재, 홍수, 부족 간의 분쟁 등 곳곳에 위험이 도사리고 있었다. 아마도 범불안 장애는 뚜렷하게 식별할 수 없는 위협에 대처하는 방법으로 진화했을 것 같다. 반면에 공황장애는 위험에서 즉시 벗어나기 위해 뇌의 '투쟁-도피' 메커니즘을 신속하게 활성화하는(다량의 아드레날린을 분비하게 하는) 방법으로 진화한 것으로 보인다.

흥미롭게도, 최근의 한 연구에 의하면 불안이 많은 사람이 성인 초기에 치명적인 사고를 덜 겪는 것으로 나타났다. 영국 정신의학연구소 연구원인 윌리엄 리William Lee와 그의 동료들은 의학연구소의 건강과 발달에 관한 전국의 조사 자료를 입수해서 1946년생 5,362명의 삶을 분석했다. 25세 이전에 돌발적인 상황에서 사망할 확률을 봤을 때, 불안감—13세 때 학교 교사들의 평가로 측정된—이 높았던 개인들의 확률(0.1%)이 불안감이 없는 사람들의 확률(0.72%)에 비해 유의미하게 낮았다. 15세 때 교사가 내린 판단을 기준으로 불안을 측정했을 때와 16세 때 피험자가 작성한 신경증 설문지를 사용했을 때도 비슷한 결과가 나왔다. 이와는 대조적으로 25세 이전에 일어난 비우발적(예: 질병과 관련된) 사망의 수와 불안은 연관성이 없었다. 연구원들은 "우리의 연구결과는 인간의 대표표본에 대한 연구에서는 처음으로, 특성불안trait anxiety(불안을 일으키는 특별한 대상이나 사건, 상황이 없는데도 지속적으로 불안감을 보이는 상태-옮긴이)이 비교적 강한 생존 보호 효과가 있음을 보여준다."[11]로 말했다. 자료에 따르면, 25세 이후가 되면 불안증이 있는 사람들이 그렇지 않은 사람들에 비해 의학적 문제(예: 질병)로 사망할 가능성이 커짐으로써 이 보호 효과는 상쇄되는 것으로 나타났다. 그러나 진화의 관심 대상은 주로 젊은 사람들이며, 불안감은 그들이 유전자를 물려줄 수 있을 만큼 오랜 시간 사고를 피하게 하는 데는 충분했을 것이다.

외상 후 스트레스 장애PTSD의 지나친 경계심과 회피 행동에는 이전에 경험한 위험한 상황을 피하려는 기억의 역할이 있는 것으로 보인다. 일부 연구에 따르면 스트레스성 수상 돌기 퇴화로 인해 PTSD를 가진 사람들의 뇌 속 해마(기억에 중요한 역할을 한다)가 실제로 작다고 한다. 크리스 캔터Chris Cantor는 그의 저서 『진화와 외상 후 스트레스 Evolution and Post-traumatic Stress』에서 다음과 같이 언급한다. "조상들이 심각하게 위협적인 경험을 했다면, 그들이 장기간 생존할 가능성을 높이기 위해서는 배운 교훈을 잊지 않고(재경험 증상), 오랜 시간 높은 경계태세를 유지하고(과도한 각성 증상), 위험성이 큰 장소와 활동을 피하고(회피 행동), 상황에 따라 필요한 방어수단을 신속하게 써야 했을 것이다." [12] 이런 메커니즘은 우리 주변에 존재할지도 모르는 대단히 실제적인 위험, 가령 현시대의 경우 적군, 테러리스트, 강간범, 도둑, 연쇄 살인범 등의 위협을 경고하기 위해 설계되었다. 『공포의 선물: 폭력으로부터 우리를 보호하는 생존 신호The Gift of Fear: Survival Signals That Protect Us from Violence』의 저자 개빈 드 베커Gavin De Becker는 한 여성의 이야기를 들려준다. 그녀는 자신이 사는 아파트 건물에서 우연히 어떤 남자와 마주쳤는데 그 남자는 그녀의 무거운 식료품(봉지 하나는 이미 찢어져서 고양이 사료 캔 하나가 계단으로 떨어진 상태였다)을 들어다 주겠다고 했다. 남자의 말투가 왠지 모르게 거슬렸지만, 그녀는 그 신호를 무시했다. 도와주겠다고 친근하게 고집을 부리는 남자에게 그녀는 봉지 하나를 넘겼고, 그 순간 자신이 더 깊은 본능을 거스르고 있다는 생각이 또다시 머릿속을 스쳤다. 결국 그녀의 아파트에서, 그 남자는 그녀 머리에 총을 겨눈 채 세 시간 동안 폭행하고 강간했다. 그 남자는 일을 다 끝낸 후에 그녀를 해치지 않겠다고 말했다. 그러나 그녀는 그가 침실 창문을 닫는 것을 보자 이번에도 뭔가 이상하다는 공포 신호가 머릿속에서 울렸고, 이번에는 자신의 직감을 따랐다. 남자가 주방에 가려고 잠시 방을 나간 사이에 그녀는 문 쪽으로 재빨리 달아나 이웃 아파트로 안전하게 피신했다. 그녀는 그 남자가 창문을 닫았을 때 자신을 살해할 생각이고 소리가 밖으로 새어 나가지 않게 하려는 신호라는 것을 알아챘다. 드 베커는 이렇게 말한다. "그녀가 경험한 것은 우리가 깜짝 놀랐을 때 느끼는 감정이나, 영화에서 느끼는 공포나, 사람들 앞에서 말해야 할 때 느끼는 두려움 같은 것이 아니라 진짜 공포였다. 이 공포는 '내가 시키는 대로 해'라고 말하는 강력한 우군이다. 때로는 죽은 체하거나 숨을 멈추거나 도망치거나 소리를 지르거나 싸우라고 말하기도 하지만, 켈리에게는 '그냥 조용히 하고 나를 의심하지 마. 그러면 거기서 꺼내줄게'라고 말했다."[13] 그러나 PTSD의 경우에는 방어기제를 촉발하는 외상성 사건을 경험한 다음 대개는 안전한 환경으로 돌아오고(예: 군 복무 후 제대), 안전한 환경에서 더는 이런 진화적인 적응 메커니즘이 필요하지 않다. 그런데도 신체는 이것을 모르고 방어기제를 계속 작동시켜서 결국에는 심신을 쇠약하게 하는 심각한 질병을 수년간 지속되게도 한다.

다른 사람들의 평가를 두려워하고 사회적 접촉을 회피하는 사회불안 장애의 경우, 고대에는 사회적 서열 내에서 자신의 위치를 파악하고 시선을 피함으로써 부족의 유력자와의 대결을 피하고, 사교의 장을 멀리함으로써 다른 사람들과의 잠재적 충돌을 미리 방지하는 것에 유리한 점이 있었을지 모른다. 심리학자 마크 R. 리어리와 로빈 M. 코왈스키는 다음과 같이 지적한다. "불안한 각성이 고조된 상태는 개인들을 집단에서 더 우세한 사람의 위협을 경계하게 하고, 그러한 위협에 대응하기 위해 '긴장된 준비' 상태에 있게 하며, 위협을 줄이기 위해 순종적인 행동을 하게 한다."[14] 광장 공포증(집 밖으로 나가는 것에 대한 두려움)은, 외부의 위협으로부터 보호받지 못하는 곳에 있는 위험을 피하려고 생겼을 가능성이 있다. 약 7만 년 전, 동아프리카의 삼림이 우거진 지역에 거주하던 **호모 사피엔스**는 영역을 확장해 숲이 드문 초원 지역으로 진출했다. 그러나 그렇게 탁 트인 공간은 포식자들의 공격을 받기 훨씬 더 쉬웠다. 본능적으로 안전한 본거지로 후퇴하고 싶은 마음이 드는 것이 진화적으로 유리했을 것이고, 만약 그때 불안을 느꼈다면 그 불안감은 그들이 잠재적 위험으로 들어가는 것을 저지하는 중요한 적응적 기능을 수행했을 것이다.

마찬가지로, 다른 공포증도 고대로 거슬러 올라가면 정당한 공포가 될 수 있다. 암흑 공포증은 밤이 되면 배회하는 포식자들로 가득 차는 환경에서는 적절한 공포였을 것이다. 소리 공포증도 번개나 사나운 동물들이 위협하는 상황에서는 합리적인 반응이었을 것이다. 심리학자 존 볼비John Bowlby는 다음과 같이 쓰고 있다.

> 인간을 포함한 광범위한 동물종에서, 경보를 울리고 도피하게 하는 중요한 상황은 낯섦이다. 다른 상황으로는 빠르게 커지거나 접근하는 물체와 소음이 있다. 그리고 몇몇 동물종의 경우 어둠도 이에 해당한다. 또 다른 상황으로 고립도 있다. 이러한 자극 상황들 그 자체가 위험하지 않은 것은 분명하다. 그러나 진화적 관점으로 볼 때 그런 반응이 생존에 도움이 된다는 사실은 어렵지 않게 알 수 있다. 소음, 낯섦, 빠른 접근, 고립, 그리고 많은 종의 경우 어둠까지, 이 모든 상황은 통계적으로 위험의 증가와 관련이 있다."[15]

강박장애와 문화적 의식

불안장애 중 강박장애는 전 세계의 다양한 종교의식 및 문화 행사와 독특한 연관성을 가진 흥미로운 예다. 강박장애의 주요 증상은 특정한 생각이나 행동을 멈추거나 통제할 수 없다는 것이다. 여기에는 불안감을 유발하는 강박관념('깜빡하고 뒷문을 안 잠그고 나왔어', '세균에 오염됐어', '죽을병에 걸렸어')도 포함된다. 그 불안을 잠재우기 위해 계속해서

뒷문이 잠겨 있는지 확인하고, 손을 씻고, 의학적 증상이 없나 확인하는 등 강박적인 행동을 한다. 그런 행동들은 일시적으로 불안감을 줄여주지만, 다시 집착이 되살아나 강박적인 행동을 반복하게 된다. 강박장애가 심하면 직장생활이나 가정생활, 사회생활에 지장을 줄 정도로 하루에 몇 차례씩 잠금 장치를 확인하거나 손을 씻거나 의사를 찾아가는 등 근거 없는 행동을 한다. 강박장애가 있는 사람은 강박관념과 강박행동이 비합리적이라는 것을 알고 있지만, 그것들을 멈출 수가 없다.

생물학적으로 강박장애는 안와 전두 피질(전두엽의 아래 눈 뒤에 위치한 부위)과 감정의 뇌인 변연계의 일부인 대상회, 무의식적인 운동에 관여하는 구조물로 기저핵의 한 부분인 미상핵, 전두엽과 변연계 사이에서 정보를 전달하는 시상, 이들 사이에 발생하는 커뮤니케이션 오류와 관련된 것으로 보인다. 안와 전두 피질이 뭔가 잘못된 것 같다는 것(문을 안 잠갔다, 손이 더럽다, 등에 부스럼이 생겼다)을 알아차리고, 대상회에 신호를 보내면, 대상회는 앞에서 설명한 불안 반응을 일으킨다. 미상핵은 보통 그러한 생각의 흐름을 순차적으로 처리하고 운동 활동을 하게 한다. 그런 다음 일반적으로 문제가 해결되면 안와 전두 피질에서 나오는 경고등을 끈다. 문단속했고, 손을 씻었고, 부스럼 검사를 받았다. 그러고 나서 삶은 계속 이어진다. 그러나 강박장애가 있으면 안와 전두 피질과 대상회가 항상 '켜짐' 상태에 있고, 미상핵은 작동하지 못해서 경고등을 끄지 않는다.

UCLA 의대 정신의학과 교수인 제프리 M. 슈워츠Jeffrey Schwartz는 이 과정을 '뇌 잠김brain lock'이라고 부르는데, 인지행동치료를 이용해 사람들의 행동을 변화시키는 데 성공했다. 이 치료법은 4가지 기본 단계를 거치는데, 첫째 강박상태를 질병인 강박장애로 재명명하기, 둘째 거칠고 거슬리는 생각이나 충동의 원인이 강박장애라고 재인식하기, 셋째 적어도 몇 분 동안은 긍정적인 것에 재집중하기, 넷째 강박적 생각과 충동을 쓸모없는 것으로 재평가하기이다. 이 접근법의 효과를 증명하기 위해 슈워츠와 그의 동료들은 양전자단층촬영PET 기법으로 뇌를 촬영했는데, 이는 뇌에 안전한 수준의 방사성 의약품을 주입한 뒤 뇌의 어느 부위가 '밝아지는지' 관찰하는 기법이다. 슈워츠 박사와 그의 동료들은 (약물치료 없이) 10주 간의 치료 전후에 9명의 피험자의 뇌를 PET 기법으로 촬영했다. 대부분의 피험자에게서 '뇌 잠김 현상'이 사라졌다. PET 영상에서 안와 전두 피질, 대상회, 미상핵, 시상 모두 과잉 활동이 줄어든 것으로 나타났고, 4개 영역 사이의 에너지 밀집도도 이전보다 떨어진 것으로 나타났다.[16] 슈워츠는 말 그대로 피험자들 뇌의 화학작용을 변화시켰다. 다르게 표현하면, 뇌 부위들이 강박장애 증상으로 인한 고통 없이 기능할 수 있도록 생물학적 적응을 도왔다.

강박장애의 중요한 특징 중 하나는 의식儀式에 관한 관심이다. 손은 일정 횟수만큼 씻어야 하고, 출근길에 마주치는 울타리 기둥은 다 만져야 하며, 길을 걸을 때는 절대로 금을 밟아서는 안 된다. 예를 들어 강박장애가 있는 한 소년은 항상 더럽다는 느낌이 들어서 손을 하루에 35번 씻어야 했다. 그 아이는 침을 삼킬 때마다 웅크리고 앉아서 땅바닥을 만지거나 입술에 손가락을 대는 등 여러 가지 의식을 거쳤다. 어떤 면에서는, 우리도 대부분 그러한 강박적인 행동들을 한다. 부정적인 사건을 막기 위해 나무를 두드리고, 행운을 빌거나 거짓말을 할 때 손가락을 교차시키는 등 우리 모두에게는 하루 중 의식적으로 혹은 무의식적으로 행하는 이상한 버릇이나 의식이 있다. 야구선수들은 타석에 서기 전 늘 같은 의식을 행하거나 같은 모자를 쓰는 등 미신적인 행위를 하는 것으로 유명하다. 예를 들어 메이저리그의 한 투수는 "공을 던지기 하루 전에 머리를 감는 것으로 의식을 시작한다. … 점심으로 베이컨을 먹는다. 경기에 나가기 위해 옷을 입을 때는 늘 같은 순서대로 입고, 양말 중 약간 더 긴 쪽을 오른쪽에 신는다.… 투구하는 날에는 유니폼 아래에 항상 같은 셔츠를 입는다. 경기 중에는 매 투구 전에 모자를 벗고, 이닝 사이에 선수 대기석에 있을 때는 늘 같은 자리에 앉는다."[17] 강박장애가 있는 사람들과의 중요한 차이는 이러한 의식들이 생활에 큰 지장을 주지는 않는다는 것이다.

그러나 강박적인 행동들의 연속선에는 '정상'과 '비정상'의 구별이 힘든 중간 영역이 있다. 이것은 문화적 의식이나 종교적 의식에서 특히 더 두드러진다. 프로이트는 "강박관념에 의한 신경증적 의식과 신성한 종교 의식 행위 사이의 유사성은 쉽게 알아볼 수 있다."라고 지적했다. 강박장애에 대한 세계 최고의 권위자 중 한 명인 주디스 라포포르트Judith Rapoport는 "문화적으로 의미 있는 의식들은 부분적으로 강박장애 증상과 일치하는 요소들로 이뤄진 보편적 레퍼토리로 구성된다."

라고 썼다. 「문화적 의식과 강박 장애: 공통적인 심리적 기제가 있을까 Cultural Rituals and Obsessive Compulsive Disorder: Is There a Common Psychological Mechanism?」라는 제목의 중요한 논문에서 인류학자 시리 듈라니Siri Dulaney와 앨런 피스크Alan Fiske는 "매우 상세하고 종합적인 민족지 중 일부를 조사해 보면 문화적 의식이 강박장애 환자의 증상과 형태학적으로 유사한 행동과 생각들로 구성되어 있음을 알 수 있다."고 쓰고 있다.[18] 예를 들어 그들은 힌디어를 사용하는 인도 부족인 구자르족의 의식을 묘사한다. 해로운 것들을 예방하거나 제거하기 위해, 그들은 목욕과 양치 의식을 치르고, 그런 다음에는 신 주위를 일곱 번 돈다. 또, 만일 아이가 점성술로 볼 때 '불길한 날'에 태어난다면, 성직자는 특정한 종교적 주문을 2만 8천번 암송해야 한다. 칠레 마푸체족의 장례식은 4연의 기도와 4부의 춤으로 이뤄지는데, 이 기도와 춤을 4번에 걸쳐 완벽하게 반복해야 한다.

강박장애 같아 보이는 행동들은 엄격한 의식이 중요한 문화에서는 장점이 되었을 수 있다. 고대에는 (그리고 앞에서 언급한 바와 같이 오늘날에도) 성직자들은 신을 달래기 위해 정교한 의식을 거행했다. 자신의 이익을 위해 상당한 대가를 지불하고 이런 의식들을 요청하는 사람들도 있었을 것이다. 그런 의식들은 한 치도 틀림없이 정확하게 행해져야 했다. 음절 하나 행동 하나라도 빼먹으면 전체의식을 처음부터 다시 해야 했다. 이런 상황에서는 강박장애적 특성을 가진 사람들이 정밀하게 의식을 행하는 사람으로 적합했을지 모른다. 아마도 의식 중에 실수하는 게 두려워 진행을 못할 정도로 강박장애가 심한 사람들은 아니겠지만, 가벼운 강박장애를 가진 사람들은 이에 해당될 것이다. 고대 그리스, 로마, 이집트, 이스라엘, 인도, 그리고 여러 다른 곳에서도 성직자들은 가장 큰 명망과 부를 가진 사람들이었기 때문에, 강박장애와 유사한 행동은 그러한 문화에서 성공하기 위한 가장 확실한 길 중 하나였을지 모른다.

불안과 적소 구축

오늘날과 같은 바쁜 세상에서는 불안장애가 있는 사람들에게 어떤 직업이 가장 잘 어울릴지 생각하는 것이 조금 더 어렵다. 많은 경우, 불안장애가 있으면 직장생활에 지장을 줄 수 있다. 그러나 잘 통제하는 경우에는 특정 직업과 잘 맞을 수 있는 불안장애의 특징들을 찾아볼 수 있다. 나의 아버지는 강박성 인격장애가 있었기 때문에 우리 집은 티끌 하나 없이 깨끗해야 했다. 아버지는 직업으로 의사를 선택했는데, 정밀함과 청결함이 의료업에 필요한 중요한 덕목이라는 점에서 어떻게 보면 적절한 선택이었다.

다른 한편으로, 불안장애가 있는 사람 중에는 불안을 쏟아붓거나 걱정을 잊을 수 있을 만큼 창의적인 직업이 필요한 이들도 있다. 우디 앨런Woody Allen은 자신에게는 영화를 만드는 것이 큰 걱정을 잊는 방법이라고 평했다. "내가 영화를 만드는 이유는, 그 일을 하지 않으면 내

주의를 딴 데로 돌릴 방법이 없기 때문이다.… 나는 평생 온갖 종류의 우울, 공포, 불안과 싸우고 있다. 시설에 있는 정신증 환자들에게 손가락으로 계속 그림을 그리게 하면 마음이 편안해지는 것처럼 나도 그렇다."[19] 불안장애가 있는 또 다른 영화감독인 라스 폰 트리에Lars Von Trier는 "기본적으로 나는 영화 제작을 제외한 삶의 모든 것이 두렵다."고 말한 적이 있다. 그는 영화 「브레이킹 더 웨이브Breaking the Waves」를 만들 때 비행공포 때문에 너무 힘들어서 북해의 석유굴착시설에서 일어나는 장면을 원격 촬영해야 했다. 그런데도, 그는 자신의 불안을 열정적이고 관객을 불안하게 만드는 그의 영화에 쏟아부을 수 있었다. 공연예술 전체는 불안장애가 있는 많은 사람을 끌어들이는 분야로 보인다. 대표적인 인물에는 아레사 프랭클린, 셰어, 쉐릴 크로, 도니 오즈몬드, 바브라 스트라이샌드, 조니 뎁, 에디 팔코, 에릭 클랩튼, 레이 찰스, 데이비드 보위, 로잔느 바 등이 있다.

불안에 대처하는 데 도움을 주는 다양한 보조공학 기기들도 있다. 우선, 여러 바이오피드백 장치를 이용해서 신체의 생리적 기능(예: 심박수, 근육 이완, 체온, 뇌파 등)을 조절할 수 있다. 뇌파 활동을 알려주는 뉴로피드백은 불안을 줄이는 가장 일반적인 형태의 바이오피드백 훈련 기법이다. 먼저 두피에 전극을 부착하여 뇌의 전기적 활동을 측정하면 이 정보가 컴퓨터 소프트웨어 프로그램에 입력되어 특정 파동이 생성되어 컴퓨터 화면에 무언가가 나타난다(바위가 들어 올려지거나, 보트가 뜨거나, 구름이 사라진다). 이처럼, 화면의 영상을 조작함으로써 고요

함, 이완, 명상 상태와 관련된 뇌파(대개 주파수가 4~8Hz인 세타파 또는 주파수가 8~12Hz인 알파파 또는 둘 다)를 조절할 수 있게 된다. 보통은 숙달된 전문가의 감독 아래에 여러 차례의 훈련이 필요하지만, 최근에는 사용자 친화적인 모델들과 바이오피드백이 가능한 장난감도 점점 늘고 있다.

특정 공포증이나 PTSD가 있는 사람들에게 도움이 되는 다른 형태의 보조공학도 있다. 이 기술은 가상현실 컴퓨터 하드웨어와 소프트웨어를 사용하여 사용자에게 두려워하는 대상을 점진적으로 노출함으로써 두려움에 둔감해지게 한다. 먼저 플랫폼과 헤드셋을 사용하여 컴퓨터가 생성(청각과 시각 모두)하는 실제(예: 비행공포증의 경우 비행기, 고소공포증의 경우 엘리베이터, 외상 후 스트레스 장애의 경우 전투 상황)처럼 재현되는 환경에 몰입하게 한다. 그 자극 수준에 익숙해지고 나면 한 단계씩 자극 수준을 높인다. 결국, 사용자는 자극에 익숙해져서 비행기를 탈 수 있게 되거나, 몹시 정신없는 환경에서도 PTSD 증상 없이 침착한 상태를 유지할 수 있게 된다.

또 다른 강력한 기법으로 호흡과 알아차림awareness만을 사용하는 마음챙김mindfulness 명상훈련이 있다(ADHD와 우울증에도 도움이 된다). 먼저 의자나 방석 위에 편안한 자세로 앉아 등을 곧게 편다. 그런 다음 20~30분 또는 그 이상 호흡에 정신을 집중한다. 호흡에 따른 복부의 오르내림이나 코로 들고 나가는 공기의 흐름에 집중하면서 숨을 들이마시고 내쉬면서 '지금now'에 머문다. 만약 정신이 흐트러지면, 자신이 어떤 상태에 있는지 바로 알아차리고 다시 의식을 호흡에 집중한다. 예를 들어, 나중에 사야 할 물건에 대해 생각이 든다면, 간단히 알아차리고 스스로에게 "계획 중, 계획 중"이라고 말한 후 다시 호흡에 집중한다. 불안이 매우 심한 사람들이 이 기법을 활용하면 자신의 불안과 얼마간의 거리를 둘 기회를 얻게 된다. 만약 미래에 있을 어떤 일이 거정되기 시작한다면, 자기가 떠올리는 것에 간단히 이름("걱정하는 중, 걱정하는 중")을 붙인 다음, 다시 호흡에 의식을 집중한다. 호흡은 알아차림을 위한 닻 역할을 하며, 순수한 의식에는 궁극적으로 불안이 없다. 많은 연구가 마음챙김 명상이 불안장애 치료에 효과적임을 보여주었다.[20] 이 접근법의 흥미로운 점은 불안을 억누르거나 다른 것으로 바꾸려고 애쓰지 않는다는 것이다. 그저 불안을 알아차리고 인정하고 이름을 붙이고, 그런 다음 의식의 초점을 다른 곳으로 옮긴다. 이것은 불안을 쫓아내는 것이 아니라 자신의 세계로 받아들이는 것을 의미한다.

쇠약해짐 없이 일정량의 불안을 경험하는 것, 이것이 열쇠인 것 같다. 자연은 우리의 신경계에 강한 불안 성향을 심어 놓았는데, 이는 신체적 위해로부터 우리를 보호하기 위해 다양한 통증 수용체를 제공한 것과 같은 원리이다. 좋든 나쁘든, 불안장애가 있는 사람들은 이러한 오래된 적응기제에 더 많이 접근할 수 있다. 따라서 그들은 더 많은 불안을 느낌으로써 더 많은 동기를 부여받고, 위험을 피하고, 자신의 염려를 다른 사람들에게 전달하고, 스트레스가 많은 사건에 대비하고, 즉각적인 주의가 필요할지도 모르는 일에 주의를 집중할 수 있다. 반면에 너무 많은 불안은 이러한 이점을 급감시키고 많은 사람의 삶을 비참하게 만든다. 우리가 선사시대보다 덜 위험한 세상에서 사는 것은 행운이다. 어느 정도의 불안장애가 있는, 신경다양성을 가진 사람들은 한때는 생존에 필수적이었던 낡은 장비들을 짊어지고 있는 것인지도 모른다. 다행인 것은, 특정한 적응적 개입(예: 약물치료)과 적소 구축(예: 마음챙김 명상)의 도움으로 불안장애가 있는 사람들이 걱정과 근심을 건설적인 경로로 배출하는 법을 배우고, 자신의 불안을 인간성의 필수적인 부분으로 받아들일 수 있다는 것이다. 예술가 로이 리히텐슈타인 Roy Lichtenstein은 이렇게 말한다. "나는 큰 불안이 없다. 있었으면 좋았을 것 같다. 그랬다면 훨씬 더 흥미로운 사람이 되었을 것이다."

7장

지능의
무지개

The Rainbow of Intelligences

만약 우리가 '결함'을 걸러내고 인간 유전체genome의 범위를 좁힌다
면 얼마나 많은 온유함과 통찰력, 지혜가 우리의 문화유산에서 사라
지게 될까. 현대 유전학이 우리에게 가져다줄 혜택을 애타게 기다리
고는 있지만, 지능지수 같은 피상적인 도구로 측정할 수 있는 진정한
인간 본성이 얼마나 적은지를 생각하면 당황스럽다.

_의학 박사 로버트 D. 실러Robert D. Sheeler, 메이오클리닉

글로리아 렌호프Gloria Lenhoff는 그녀의 전기 『가장 이상한 노래The Strangest Song』에서 147센티미터의 작은 키에, 안경을 썼고, 코가 작고 눈이 부어 있으며, 입이 큰 50대 중반의 여성으로 묘사된다. 그녀는 걸을 때 발볼로 걷고, 1달러를 잔돈으로 바꾸지 못하고, 15에서 7을 빼는 셈을 못하며, 왼쪽과 오른쪽을 구별하지 못하고, 혼자 길을 건너지 못하고, 자신의 이름을 알아볼 수 있게 쓰지도 못한다. 그녀의 지능지수는 55이다. 하지만 중국어를 포함해 25개국 언어로 오페라를 부를 수 있다. 글로리아의 부모는 글로리아가 아이였을 때 음악에 관심이 있다는 것을 알아차렸고, 격려해주려고 탬버린, 플룻폰flutophone, 드럼, 실로폰, 장난감 피아노 등 악기 완구와 리듬 악기를 잔뜩 사주었다. 그들은 글로리아가 성장하는 동안 음악적 기량을 키우는 데 도움을 줄 교사들을 수소문해서 찾아냈다. 글로리아는 악보를 읽을 수는 없지만, 절대음감을 가지고 있어 노래를 부르고 아코디언을 연주한다. 음악 한 곡을 한두 번 들으면 곡 전체를 기억할 수 있다. 그 결과 그녀는 수천 곡의 레퍼토리를 가지고 있다. 어머니 실비아 렌호프는 그녀가 서번트라고 생각하지 않는다. "저는 그 아이에게 재능과 소질이 있어 그것을 계발해 주어야 한다고 생각했습니다. 글로리아가 지금의 음악가가 되기까지는 많은 시간과 노력이 필요했습니다."[1]

윌리엄스 증후군의 단점과 장점

글로리아는 출생아 7,500명 중 1명꼴로 발생하는 유전질환인 윌리엄스 증후군이 있다. 이 질환은 7번 염색체의 유전자 하나가 없어서(그 외에도 양쪽에 여러 개의 유전자 결손이 있다) 발생한다. 이 유전자는 동맥, 폐, 창자, 뇌, 피부 등 신체 조직에 '탄력성'과 유연성을 부여하는 단백질인 엘라스틴을 만드는 역할을 한다. 이 유전자가 없어서 윌리엄스 증후군이 있는 사람들은 대부분 심장 질환, 소화 장애, 고혈압이 있고, 피부에 주름이 일찍 지며, 요정처럼 보이는 특유의 외모 때문에 서로 닮아 보이는 경우가 많다. 인지 능력과 장애에는 특이한 면이 있다. 그들은 시공간 능력은 매우 부족하지만, 대화 능력은 뛰어나다. 한 연구에서, IQ가 49인 한 십대에게 코끼리를 그려보라고 했을 때, 구불구불하게 휘갈긴 선밖에 없어서 뭔지 알아볼 수도 없는 그림을 그렸다. 그러나 말로 코끼리를 묘사해 보라고 했을 때는 매우 서정적인 언어를 사용해서 말하기 시작했다. "코끼리는 긴 회색 귀, 부채 같은 귀, 바람에 휘날릴 수 있는 귀를 가지고 있어요."[2] 윌리엄스 증후군이 있는 사람들은 선천적으로 남을 잘 믿는 성향이 있어 비양심적인 낯선 사람들에게 이용당할 수도 있지만, 얼굴을 잘 기억하고, 공감능력이 있으며, 말이 많고 사교적인 성향을 보인다.

음악은 그들에게 가장 뛰어난 능력인 것 같다. 글로리아 렌호프의 경우 음악적 표현 능력이 유난히 더 뛰어나지만, 윌리엄스 증후군이 있는 많은 사람이 음악적 재능을 보여준다. 한 연구에서는 윌리엄스 증후군이 있는 아이들이 보통 아이들보다 음악에 정서적으로 매료될 가능성이 더 높은 것으로 나타났다. 또 다른 연구에 따르면 그들은 보통 사람들보다 절대음감을 가지고 있을 확률이 더 높았다. 추가적 연구에서 윌리엄스 증후군이 있는 사람들이 보통 사람들보다 음악적 성취도, 참여도, 관심도가 더 높은 것으로 밝혀졌다.[3] 다음은 윌리엄스 증후군에 관한 기사이다.

일화적 증거에 따르면 일부 윌리엄스 증후군 사람들은 비상한 음악적 재능을 가지고 있다. 대다수의 일에서 그들의 주의 지속 시간은 짧지만, 많은 이들이 음악을 듣고, 노래를 부르고, 악기를 연주하는 일에서만큼은 놀랄 만한 끈기를 보여준다. 대부분은 악보를 읽을 수 없지만, 일부는 절대음감이나 절대음감에 가까운 음감과 신비로운 리듬감을 가지고 있다. 한 소년은 한 손으로는 4분의 4박자로, 다른 손으로는 4분의 7박자로 치는 대단히 복잡한 드럼 비트를 빨리 배웠다. 복잡한 음악을 몇 년 동안 잊지 않고 긴 발라드 멜로디와 가사까지 기억하는 사람들도 많다. … 노련한 윌리엄스 증후군 음악가들은 즉석에서 노래에 화음을 넣어 부르거나 가사를 쓰기도 한다.[4]

윌리엄스 증후군이 있는 사람의 뇌 전체 부피는 보통 사람들의 80%이지만, 새소뇌neocerebellum(동작, 운동 능력, 언어에 관여하는 것으로 여겨지는 부위)는 상대적으로 크고, 전두엽과 변연계는 정상적으로 보존되고, 1차 청각피질은 확대되고, 측두평면(음악뿐 아니라 언어에도 중요하다고 여겨지는 부위)이라고 불리는 인접 부위는 정상보다 큰 것으로 나타났다.

지적장애의 발명

윌리엄스 증후군은 여전히 정신지체라고 불리는 경우도 있지만 요즘에는 지적장애나 인지장애로 언급되는 장애의 하나다. 미국에는 대략 250만 명에게 지적장애가 있는 것으로 추산되는데, 이는 미국 인구의

약 1%에 해당한다. IQ가 70~75 이하일 때, 적응기술(자기관리, 가정생활, 사교능력, 의사소통, 학업능력, 직장생활 등)에 상당한 한계가 있거나, 18세 이전에 장애가 발생했을 때 지적장애가 있는 것으로 간주된다. 중세에 지적장애가 있는 사람들은 가정이나 수도원에서 보살핌을 받았다. 그러나 18세기 계몽주의 시대가 되자 지적장애인들을 공적으로 운영하는 대규모 시설에 수용하는 일이 늘었고, 때로는 수천 명의 일명 '정신박약자들'이 수용된 곳도 있었다. 미국에서도 이런 흐름이 계속 이어지다가 1970년대에 새로운 모델이 등장했다. 미국 학자인 울프 울펜스버거Wolf Wolfensberger가 작성한 중요한 논문의 영향을 일부 받은 이 새로운 모델은, '지능 발달이 더딘' 이들을 발달 중인 사람으로 보고, 또한 정상인으로 대하도록 촉구했다. 울펜스버거는 다음과 같이 쓰고 있다. "발달모델은 행동의 수정 가능성을 낙관적으로 보고, 지능 발달이 더딘 사람들의 차이에 지나치게 부정적인 가치를 부여하지 않는다. 지체가 심하다 해도 지능 발달이 더딘 이들에게 성장과 발전 가능성, 학습 능력이 있는 것으로 인식한다."[5] 그의 정상화 이론은 '정상적인' 환경에 있을 때 정상적으로 행동할 것이라는 개념에 기초하였다. 그를 비롯한 여러 사람의 연구 결과로, 지적장애가 있는 많은 사람이 시설에서 나와 가정적인 분위기의 주거 환경에 배치되었다. 그러나 지난 40년 사이에 많이 개선되었지만, 지적장애가 있는 사람들이 소위 정상적인 사람들보다 열등하다는 고정관념은 여전히 남아 있다.

이러한 고정관념이 유지되는 가장 큰 이유 중 하나는 오늘날에도 여전히 IQ 검사를 이용한 통계적 표준과 지적장애가 있는 사람들을 비교하기 때문이다. IQ가 50~70인 사람은 가벼운 정도의(경도) 지적장애, 35~50인 사람은 중간 정도의(중등도) 지적장애, 20~35인 사람은 심한 정도의(중증) 지적장애, 20 미만인 사람은 아주 심한 정도의(최중도) 지적장애가 있는 것으로 간주된다. IQ를 통해 사람들의 지적 능력을 정의하는 것은 파란만장한 역사를 가지고 있다. 1905년에 심리학자 알프레드 비네Alfred Binet는 파리 공립학교로부터 특수교육이 필요한 학생들을 예측하는 데 도움이 되는 시험을 고안해 달라는 요청을 받았다. 그가 개발한 원래의 시험이 IQ의 기초가 되긴 했지만, 그의 신념은 학생들이 더 성장하고 학습하면 테스트 결과를 향상시킬 수 있다는 것이었다. 실제로 비네의 테스트에 '점수'를 부여해서 개인의 지능 지수를 매긴 것은 독일의 심리학자 빌리암 슈테른William Stern이었다.

그러나 IQ 검사에 가장 중요한 변화가 생긴 것은 미국의 심리학자 헨리 고다드Henry Goddard가 비네의 검사와 슈테른의 점수를 미국으로 가져왔을 때 일어났다. 알프레드 비네와는 대조적으로 고다드는 IQ 검사는 훈련을 통해 바꿀 수 없는 하나의 선천적인 본질을 보여준다고 믿었다. 1910년에 '우둔moron'('우둔한'이라는 뜻의 그리스어 모로스moros에서 유래했다)이라는 용어를 처음 만든 사람이 고다드였다. 이 단어는 나중에 IQ 검사에서 51~70점을 받은 사람들을 부르는 말이 되었다. 26~50점을 받은 사람은 '저능imbecile'으로, IQ가 0~25인 사람은 '백치idiot'로 여겨졌다. 이 단어들은 20세기 전반에 IQ 검사에서 점수가 낮은 사람들을 묘사하기 위해 전문가들이 실제로 사용한 과학 용어였다. 다음은 고다드가 1915년에 직접 쓴 글이다. "우리는 여러 세대 동안 백치를 알아보고 불쌍히 여겼다. 최근 들어 우리는 좀 더 나은 유형의 정신박약자인 '우둔'을 인식했고, 그들이 짐이라는 것, 즉 사회와 문명에 골치 아픈 존재라는 것, 모든 사회 문제는 아니더라도 많은 사회문제의 원인이라는 것을 알게 되었다."⁶ 1916년에 스탠퍼드 대학의 심리학 교수 루이스 터먼Lewis Terman은 비네의 검사를 수정했고, 그것은 스탠퍼드-비네 지능검사Stanford-Binet Intelligence Scale로 알려졌다. 이 검사는 이후 모든 지능 검사의 토대가 되었다. 많은 사람이 알지 못하는 사실은 터먼과 고다드 둘 다 우생학자였다는 것이다. 그들은 인간의 번식을 통제하여 '바람직하지 않은 것'(앞에서 언급한 것들도 포함해서)을 제거하고 우월한 인종을 만들어야 한다고 믿었다. 나치 독일은 우생학을 비극적인 최종 결론에 이르게 했다. 살해된 수백만 명 가운데 일부는 지적장애를 가진 사람들이었다.

문제는 얼마나 똑똑하냐가 아니라 어떤 면이 똑똑하냐야

지적장애가 있는 사람들이 사회의 주류에 진입하는 데 어려움을 겪는 주요 원인 중 하나는 그들이 미국의 핵심 가치 중 하나를 거스르기 때문이다. 바로 지능이 검사로 측정될 수 있는 선천적이고 고정된 실체라는 믿음이다. 스탠퍼드-비네 지능 검사가 개발된 이후 일반인과 전문가 모두 지능이라는 개념 전체를, 특히 IQ 점수를 신뢰하게 되었다. 미국의 공립학교에서는 IQ 검사가 학생의 '잠재력'(실제 성취가 아니라)을 측정하는 척도로 사용되어 왔다. 누군가의 풍부한 잠재력과 복잡한 특징들을 하나의 숫자로 요약할 수 있다는 것은 이상하다. 또한 사람들 사이의 IQ 차이(예를 들어 IQ 101 대 69)가 그들에 대한 사람들의 태도에 그렇게 깊은 영향을 미칠 수 있다는 것은 부당해 보인다. IQ 점수는 그저 숫자에 불과하다. 그럼에도 실증주의 학파의 지대한 영향을 받은 미국이라는 나라는 진리는 오로지 숫자와 통계, 또는 그와 같이 실증적인 자료로만 발견될 수 있다는 생각을 갖고 있다.

다행히도 지능의 개념과 IQ 점수의 신성불가침에 도전한 전문가들이 있다. 그중 한 사람이 이스라엘의 심리학자 루벤 포이에르스타인 Reuven Feuerstein으로, 그는 '정신지체인'이라는 용어를 거부하고, 그 대신 '지연된 수행retarded performance'이라는 개념을 제안한다. 포이에르스타인에 따르면 IQ 검사의 문제점은 이미 배운 것만을 테스트할 뿐, 다른 사람의 도움을 받아 시간을 두고 학습하는 능력을 평가하지 않는다는 것이다. 포이에르스타인은 기하학적인 도형 따라 그리기 등 '내용과 무관한 활동content-free activities'을 포함하는 많은 평가 도구를 개발했다. 그는 개인의 잠재력이 유전으로 결정된다고 믿는 것은 잠재력을 제한하는 것이라고 생각한다(그는 능력은 타고나는 것이라는 생각에 깊은 반감을 표현했다고 한다).[7] 핵심은 옆에서 교사나 멘토가 당면한 문제에 대해 곰

곰이 생각하게 도와줄 때 얼마나 잘 배울 수 있는지를 알아내는 것이다. 이런 의미에서 포이에르스타인의 접근법은 훈련을 통해 지능을 향상시킬 수 있다는 알프레드 비네의 믿음으로 돌아간 것이다. 포이에르스타인은 지적장애가 있는 사람들을 대상으로 많은 연구를 했다. 한 가지 사례를 들면, 그는 IQ가 48인 네 살짜리 여자아이를 데리고 와서, 집중하지 못하고 말을 들으려고도 하지 않던 그 아이를 공부하기 좋아하고 집중을 잘하는 아이로 변화시켰다. 또 다른 사례에서는 남들이 '구제 불능'으로 여긴 지적장애가 있는 16세 소년이 포이에르스타인의 '인지수정' 프로그램을 거친 뒤 그전보다 훨씬 높은 수준의 학급에 배치되었다. 포이에르스타인 박사는 결국 목공소에서 일하게 된 이 소년이 "가장 잘 적응한 사람 중 한 명"이었다고 설명한다. 많은 연구가 포이에르스타인의 프로그램이 효과가 있음을 보여주었고, 최근에는 지능은 타고나는 것이 아니라 작업기억 훈련을 통해 향상시킬 수 있다는 것을 입증한 연구도 있다.[8]

　지능이 선천적이고 고정되어 있다는 개념에 도전하는 또 다른 심리학자는 하버드대학교 교육대학원 교수인 하워드 가드너Howard Gardner이다. 그는 중요한 저서 『마음의 틀Frames of Mind』에서 가장 높은 형태의 인지력을 나타내는 가장 중요한 단일 지능이 있다는 생각에 반기를 들었다.[9] 그는 여러 가지 지능, 그의 표현에 의하면 다중지능multiple intelligences이 있다고 제안했고, 각각의 지능은 정당성 면에서 다른 지능과 거의 동등하다고 했다. 그가 말한 지능은 다음과 같다.

언어지능: 단어와 언어의 소리, 구조, 의미, 기능에 대한 민감성.

작가, 웅변가, 말주변이 좋은 판매원, 언어학자, 편집자, 이야기꾼의 지능이다.

논리수학지능: 논리적 또는 수치적 패턴을 식별하는 능력과 민감성.

긴 추리 사슬을 처리하는 능력. 과학자, 수학자, 세무사, 통계학자, 컴퓨터 프로그래머의 지능이다.

공간지능: 시각적·공간적 세계를 정확하게 지각하고, 그 지각을 바탕으로 변형할 수 있는 능력.

예술가, 건축가, 사진가, 지도 제작자, 측량사, 발명가의 지능이다.

신체운동지능: 신체의 움직임을 조절하여 물건을 능숙하게 다루는 능력.

운동선수, 무용수, 조각가, 목수, 기계공의 지능이다.

음악지능: 리듬, 음의 높이, 음색을 표현하고 파악하고, 음악적 표현 형태에 민감하게 반응하는 능력.

작곡가, 바이올리니스트, 피아노 조율사, 지휘자, 음악 치료사의 지능이다.

대인관계지능: 다른 사람의 기분이나 기질, 동기, 욕구를 이해하고 적절하게 대응하는 능력.

상담사, 정치인, 행정관, 관리자, 홍보전문가의 지능이다.

자기성찰지능: 자신의 장단점과 감정을 파악하고 조절할 수 있는 능력.

기업가, 심리치료사, 종교인, 독학자의 지능이다.

자연탐구지능: 생물종을 구별하고 가까운 다른 종의 존재를 인식하며 여러 종의 관계를 파악하는 능력.

박물학자, 생물학자, 동물 보호 운동가, 동물학자, 수의사의 지능이다.

가드너는 이 지능들이 다음과 같은 공통점이 있다고 설득력있게 설명한다.

- 핵심 인지 요소가 있다(앞에 기술되어 있음)
- 상징물이 있다(예: 언어 지능은 문자, 음악지능은 악보)
- 각기 고유한 최정상의 상태가 있다(예: 논리수학지능은 아인슈타인, 대인관계지능은 버락 오바마Barack Obama)
- 모든 문화에서 높이 평가된다(예: 대인관계지능은 이스라엘 의회 크세네트 Knesset, 논리수학지능은 아라비아 숫자)
- 동물계에서도 찾아볼 수 있다(예: 음악지능은 새소리, 공간지능은 벌)
- 선사시대에서도 찾아볼 수 있다(예: 공간지능은 라스코 동굴 벽화, 논리수학지능은 스톤헨지)

이 책에서 가장 중요한 것은 각 지능들이 뇌의 특정 영역에 위치한다는 가드너의 주장이다. 이는 다양한 신경다양성 분야를 위한 독특한 지도를 제공한다. 그는 자신의 주장을 뒷받침하기 위해 뇌의 서로 다른 부위에 부상이나 질병으로 생긴 선택적 손상이 어떻게 특정 지능을 손상시키는지를 보여주었다. 그 예로 70대에 뇌졸중을 겪은 모리스 라벨의 이야기를 들려준다. 뇌졸중은 좌반구에 있는 브로카 영역에 영향을 미쳤는데, 이 영역은 난독증에 관한 장에서 보았듯 언어 능력과 관련이 있다. 그는 언어적으로 의사를 표현할 수는 없었지만, 여전히 작곡과 지휘를 할 수 있었다. 왜냐하면 음악지능은 우반구와 좌반구의 측두엽에 있는 청각피질에서 나타나는데, 이 부위는 뇌졸중의 영향을 받지 않았기 때문이다.[10]

개인적 지능(대인관계지능과 자기성찰지능)은 주로 전두엽에 존재하는 것으로 보인다. 이러한 연관성을 보여주는 가장 유명한 예는 19세기에 일어났다. 피니어스 P. 게이지Phineas P. Gage라는 남자가 철도 공사 현장에서 일하던 중 다이너마이트 폭발 사고가 나서 쇠막대기가 그의 뇌 전두엽을 뚫고 지나갔다. 그는 사고에서 회복되었지만, 성격은 완전히 달라졌다. 사고 이전에 그는 매우 책임감 있는 근로자였으나 사고 이후 어울리기 어려운 사람이 되었고, 직업을 가질 수 없었을 뿐 아니라 알코올 중독자가 되었다. 전두엽 손상으로 그의 개인적 지능이 크게 손상되었기 때문에 그런 일이 일어난 것으로 여겨진다.[11] 개인적 지능에 중요한 또 다른 부위는 변연계, 즉 '감정의 뇌'로 편도체, 해마, 대상회 등의 많은 피질하 구조들로 이루어져 있다. 지난 장에서 알아본 바와 같이, 외부 세계에서 들어온 정보는 신피질로 넘어가기 전에 먼저 감정의 뇌를 거친다. 이는 사물에 대해 추상적으로 생각하기 전에 그 사물에 대한 감정을 먼저 느낀다는 것을 의미한다.

자연탐구지능은 '살아 있는' 것과 '살아 있지 않은' 것을 구별하는 데 중요한 왼쪽 두정엽 부위와 관련이 있는 것으로 보인다. 실제로, 생물을 나타내는 단어는 인식할 수는 있지만 무생물을 나타내는 단어를 인식하지 못하는 실어증(심각한 언어장애)도 있다.[12] 논리수학지능은 수학기호를 읽고 사용하는 능력이라는 점에서 좌반구에서 나타나는 것으로 보이지만, 우반구도 수치적 관계와 개념을 이해하는 작업과 관련이 있다. 신체운동지능은 운동피질, 소뇌, 기저핵과 관련이 있고, 공간지능은 머리 뒤쪽에 있는 후두엽의 활동과 상관관계가 있다.

가드너의 이론, 특히 다중지능의 신경학적 요소를 이해하게 되면, 신경다양성을 보이는 개인들의 인지적 특징이 각기 다른 이유를 이해하기 쉽다. 예를 들어, 난독증이 있는 사람들의 언어적 결핍뿐 아니라 그들의 공간적 재능 및 대인관계적 재능을 볼 수 있다. 자폐가 있는 사람들의 대인관계 문제뿐 아니라 논리수학적 능력도 이해하게 된다. ADHD로 분류된 아이가 개인적 지능에서는 문제를 겪지만 왜 공간지능과 자연탐구지능에 강점이 있는지 이해할 수 있다. 윌리엄스 증후군이 있는 사람들이 왜 공간지능과 논리수학지능에서는 어려움이 있지만 음악지능과 언어지능, 대인관계지능에서는 재능이 있는 등 균일하지 않은 특징을 보이는 지 이해할 수 있다. 비록 각 신경다양성 장애의 신경학적 기초가 아직 완전히 이해되지는 않았지만, 다중지능 이론이 제공하는 뇌의 인지 지도를 통해 우리는 어떤 분야(예: 다른 사람들과 관계 맺기, 숫자 계산)에서는 많은 어려움을 겪는 사람이 다른 분야(예: 그림 그리기, 곡 연주)에서는 어떻게 그렇게 잘 해낼 수 있는지 이해하는 데 도움이 되는 간단하지만 쓸 만한 모델을 얻을 수 있다.

약점과 강점이 섞여 있는 불균일한 모습을 볼 수 있는 또 다른 형태의 지적장애들이 있다. 그 한 예인 프라더-윌리 증후군Prader-Willi syndrome

은 출생아 1만 명당 1명꼴로 발생하며, 아버지에게서 받은 15번 염색체에 몇 개의 유전자가 없거나 발현되지 않아서 발생한다. 프라더-윌리 증후군이 있는 사람들은 보통 키가 작고 비만이며 손발이 작고 과식을 하고(섭식 항진증) 피부를 뜯는 경향이 있다. 가벼운 지적장애가 있으며, 저장하고, 물건을 정리하고, 대칭을 찾는 것에 관심이 있다. 이 마지막 특징은 시공간 지능에 대한 암시를 준다. 실제로, 심리학자 엘리자베스 M. 디켄스Elisabeth M. Dykens는 다음과 같이 쓰고 있다.

> 프라더-윌리 증후군이 있는 많은 사람은 시공간 능력에 상대적인 강점이 있고, 특히 직소 퍼즐과 단어 찾기 퍼즐에서 놀라운 능력을 보인다. … 퍼즐 실력은 지적장애가 없는 또래들을 능가할지도 모른다. 이는 심각한 장애가 있는 가운데도 뛰어난 재능을 보이는 분야이다. 게다가 많은 이들이 이런 활동에 깊이 몰입한다. 그들은 단어 찾기 책을 들고 다니다가 틈만 나면 꺼내거나, 몇 시간 동안 앉아서 조각의 수도 많아지고 복잡성도 점점 높아지는 직소 퍼즐을 맞출지도 모른다. 그들의 능력은 퍼즐에만 국한되지 않는다. 예를 들어, 그 증후군이 있는 사람 중에는 열렬한 독서가도 있다.[13]

프라더-윌리 증후군이 있는 많은 사람은 대인관계에서도 강점을 보인다. 그들은 남을 보살펴주는 것을 대단히 좋아해서 보육시설이나 학교, 요양원, 동물 보호소에서 일하는 것이 적절한 선택일 수 있다.

다운증후군의 높은 감성

또 다른 형태의 가장 흔한 지적장애는 출생아 800명 중 한 명꼴로 발생하는 다운증후군이다. 21번 염색체가 여분의 염색체(또는 여분의 염색체의 일부)를 1개 더 가지게 되어 생기는 질환이어서 21번 삼염색체성 trisomy 21(즉, 21번 염색체가 3개)이라고 부르기도 한다. 다운증후군이 있는 사람들은 대개 눈이 아몬드 모양이고, 혀가 나와 있으며, 팔다리가 짧고, 근긴장도가 낮으며, 선천적인 심장질환, 잦은 중이염, 수면무호흡증, 갑상샘 기능이상이 발병할 위험이 더 크다. 선택적으로 손상된 뇌의 특정 부위는 해마다. 실험용 쥐를 대상으로 한 연구를 보면 해마 속 시냅스의 기능과 구조에 이상이 있음을 알 수 있다. 해마는 뇌의 양쪽 반구의 중앙 측두엽 안쪽에 있으며 학습과 기억력에 중요한 역할을 한다. 언어 발달이 지연될 수 있고 특별한 교정 훈련이 필요할 수 있다. 고등한 인지적 사고 과정과 마찬가지로 소근육 운동 기능 발달도 지연될 수 있다.

다운증후군이 있는 사람들은 언어지능과 논리수학지능(IQ 검사에서 가장 자주 평가되는 지능)에 어려움을 겪을 수 있지만, 개인적인 지능에서는 빛을 발하는 경우가 많다. 이 증후군은 의사인 존 랭던 다운John Langdon Down의 이름을 따라 명명되었는데, 그는 1866년에 그 아동들에 관해 이렇게 썼다. "그들은 흉내쟁이라고 불러도 될 만큼 모방 능력이 꽤 뛰어나다. 그들은 유머러스하고, 흉내를 낼 때도 익살을 잘 떤다. 이러한 모방 능력은 매우 다양한 범위에서 계발될 수도 있고, 얻은 결과로 실질적인 방향이 제시될 수 있다." 심리학자인 엘리자베스 M. 디킨스는 다음과 같이 쓰고 있다. "수십 년 전에는 '백마 탄 왕자' 증후군이라는 이름으로 불렸을 만큼 다운증후군 사람들은 언제나 친근하고 매력적이며 상대방을 무장 해제시키는 미소를 가진 사람들로 묘사된다. 실제로 다운증후군이 있는 많은 유아와 아동들은 일반적인 발달을 거치고 있는 또래나 지적장애가 있는 또래들보다 더 자주 웃는다. … 자연히 부모들은 자신의 자녀를 명랑하고 행복한 모습으로 묘사한다." 다운증후군과 자폐증이 있는 미취학 아동을 비교한 한 연구에서는 다운증후군이 있는 아이들이 웃긴 얼굴이나 사회적으로 부적절한 행동을 볼 때 또는 공동활동에 참여할 때 웃을 가능성이 더 높은 것으로 드러났다. 그들은 또한 다른 사람들의 웃음에 관심과 미소로 반응하고, 익살스러운 행동으로 웃음을 끌어내려고 노력했다.[14]

많은 부모가 과거에 다운증후군이 있는 아이가 태어났을 때 산부인과 의사가 아이에게 큰 기대를 하지 말라는 암담한 충고를 했다고 썼다. 에밀리 펄 킹슬리는 이렇게 썼다. "다른 많은 부모와 마찬가지로 내 남편 찰스와 나도 의사에게서 '당신의 아이는 정신지체가 있을 것이다. 앉거나 서 있거나 걷거나 말하지도 못할 것이다. 당신과 다른 어른을 구별하지도 못할 것이다. 읽거나 쓰지도 못할 것이며, 의미 있는 생각 같은 건 전혀 하지 못할 것이다. 보통 이런 아이들은 즉시 시설에 보낸다'는 말을 들었다. 그 의사는 심지어 '집에 가서 친구와 가족들에게 분만 중에 아이가 죽었다고 말하라'라고까지 했다." 그녀의 아이인 제이슨 킹슬리Jason Kingsley는 19살 때 TV 시리즈인 「스턴트맨The Fall Guy」에 출연했고, 『나도 끼워줘Count Me In』라는 책을 공동 집필했으며, 책에서 그 산부인과 의사의 예측에 대한 생각을 다음과 같이 들려주었다.

> 만약 내가 그 산부인과 의사를 만날 수 있다면, 해주고 싶은 말이 있다.… 나는 이렇게 말할 것이다. "장애가 있는 사람들도 배울 수 있어요!" 그리고 그 의사에게 내가 얼마나 똑똑한지 말해 줄 것이다. 나는 새로운 언어도 배우고, 다른 나라에도 가고, 십대들의 모임과 파티에도 참석하고, 출연진 파티에도 가고, 혼자서도 잘 생활하고, 조명 기사, 배우, 제작 스태프 일도 한다. 나는 역사, 수학, 영어, 대수학, 경영 수학, 국제학 등에 관해서도 대화할 것이다. … 나는 그에게 내가 바이올린을 연주하고, 다른 사람들과 관계도 맺고, 유화도 그리고, 피아노도 치고, 노래도 부를 수 있고, 스포츠나 연극반에서 경쟁도 하고, 친구들도 많고, 충만한 삶을 살고 있다고 말할 것이다.[15]

배우이자 음악가인 크리스 버크Chris Burke의 부모 역시 산부인과 의사에게서 아들을 시설에 보내라는 말을 들었다. 크리스는 최초로 다운 증후군이 있는 사람의 이야기를 중심으로 다룬 1990년대 TV 시리즈인 「라이프 고즈 온Life Goes On」의 주인공이었다(그는 그 시리즈의 83회 전회에 출연했다). 그의 어머니는 이렇게 말했다. "크리스는 아주 어렸을 때부터 우리를 위해 공연하는 것을 좋아했어요. 그는 음악적 소질이 다분했고 일찍이 그런 재능이 보였어요. 말을 하기도 전에 우리를 즐겁게 했지요."[16] 초등학교에서 크리스가 가장 좋아하는 시간은 교사들이 분장 놀이나 교실 연극을 위해 옷상자를 꺼냈을 때였다. 중학교 때 그는 자주 연극에서 주연을 맡았다. 14살에 크리스는 선생님에게 단편 영화 대본을 쓰는 것을 도와달라고 부탁했다. 20살 때, 그는 TV 시리즈 「스턴트맨」에서 제이슨 킹슬리가 연기하는 것을 보았는데, 다운증후군이 있는 사람이 정규 방송 황금 시간대의 시리즈에서 중요한 역할을 맡은 것을 그때가 처음이었다. 그 사건은 그에게 배우로서 미래가 있다는 확신을 준 전환점이 되었다. 장애가 있는 성인을 위한 민간 비영리 기관인 '청년협회Young Adult Institute'에서 크리스는 한 학기에 두세 강좌를 수강하며 영화제작과 즉흥연극도 공부했다. 집에서 그는 다운증후군이 있는 인물이 나오는 TV 단편극 대본을 썼다. 마침내 제이슨 킹슬리의 어머니가 크리스를 캐스팅 에이전트에게 추천했을 때 그는 기회를 얻었다. 파일럿 에피소드를 찍은 후 그의 빛나는 연기는 제작자들의 관심을 끌었고, 결국 그는 「라이프 고즈 온」에서 코키 대처 역을 맡게 되었다. 현재 그는 자신의 포크 밴드와 함께 미국 순회공연을 하며, 전국다운증후군협회의 홍보대사를 맡고 있고, 협회의 계간지 편집장으로도 활동하고 있다.

다른 문화나 역사적 시기를 살펴보면 지적장애가 있는 사람들이 가치를 인정받았다는 사실을 발견할 수 있다. 서구 문화는 '나' 지향적인 경향이 있어서 개성을 중시하고 사람들을 서로 비교하는 경우가 많다(예를 들어, 사람들은 각기 다른 IQ 점수를 부여받는다). 반면 비서구 문화는 문화적 화합이 핵심이고 주로 가족이나 부족, 또는 문화 집단과의 관계 안에서 개인을 보는 '우리' 지향적 문화인 경우가 많다. 예를 들어 인류학자 수잔 레이놀즈 화이트는 우간다 시골의 니올레족 사람들을 관찰하고 이렇게 썼다. "지적인 영리함이나 경제적 성공이 저절로 지지와 존경을 받는 필수적인 전제조건이 되지는 않는다. 그 사람의 전체적 특성과 그 사람이 세상과 주변 사람들에게 반응하는 상황을 고려한다. 이런 의미에서 니올레 사람은 개인적인 '능력' 수준과 상관없이 사회에서 어떤 위치를 차지하고 역할하느냐에 따라 사회적 가치를 부여받는다." 짐바브웨와 남부 모잠비크의 쇼나족은 능력을 개인이 처한 상황을 창의적으로 처리하는 방식으로 정의한다. 그들에게는 '장애인들은 영리하고, 전략이 있으며, 벽에 기대서 춤을 춘다'는 속담이 있다.

서구 문화에서도 지적장애인에 대한 어떤 존중의 표시들이 있다. 그림 형제(독일의 작가인 야코프 그림과 빌헬름 그림 형제-옮긴이)의 동화에는 종종 '바보 한스'에 대한 언급이 들어 있는데, 한스는 가족에게서 바보 취급을 받지만 결국 수수께끼를 풀고 공주의 손을 잡게 되는 소년이다. 이 장의 처음에 나오는 글로리아 렌호프의 아버지 하워드 렌호프는 윌리엄스 신드롬이 있는 사람들이 정말로 엘프, 픽시, 트롤 같은 민화 속 요정이었을지도 모른다고 말한다. 캘리포니아대학교 어바인 캠퍼스의 생화학자인 렌호프는 『사이언티픽 아메리칸Scientific American』에 윌리엄스 증후군에 걸린 사람들의 얼굴 특성은 동화 속 '꼬마 요정들' (윌리엄스 증후군이 있는 사람들은 대체로 키가 작다)에 대한 묘사와 일치한다고 썼다. 민화 속 '조그마한' 사람들은 대개 이야기와 노래로 사람들을 매혹시키는 이야기꾼이나 마법사다. 이것은 윌리엄스 증후군이 있는 사람들의 음악적 능력 및 스토리텔링 능력과 일치한다. 또한 윌리엄스 증후군이 있는 사람들은 다정하고 사교적이며 사람을 잘 믿고 배려심이 있으며 다른 사람들의 감정에 민감하다. 동화 문학에서 엘프나 픽시 같은 요정은 흔히 '선량한 사람들' 또는 '친절하고 온화한 사람들'로 알려져 있다. 마지막으로, 렌호프는 다음과 같이 설명한다. "윌리엄스 증후군이 있는 사람은 전설 속 요정들과 마찬가지로 질서와 예측 가능성을 선호한다. 윌리엄스 증후군에서 이런 특징은 정해진 일과를 엄격히 지키고 계획을 잘 따르려는 끊임없는 욕구로 나타난다."[18] 따라서 윌리엄스 증후군이 있는 사람들은 노래와 설화 시를 한 세대에서 다음 세대로 전함으로써 문화에 상당한 응집력을 제공했을지도 모른다.

진화적인 관점에서, 심리학자 재러드 에드워드 리서Jared Edward Reser는 다운증후군은 심각한 모성결핍에 대한 적응을 나타내는 것이라고 설명한다. 고령 산모들이 다운증후군 아이를 출산할 가능성이 더 높지만(50세 이상의 산모 11명 중 1명의 확률) 고령이라 아이를 잘 돌보기가 어렵기 때문에(수렵채집생활을 하던 선사시대에 50세는 고령이었다) 다운증후군 형질은 자연선택에 의해 근육 긴장 저하(낮은 근긴장도), 뇌대사 감소, 해마 부피 감소, 강한 비만 경향과 성장 호르몬 문제, 갑상선 호르몬 결핍 등을 포함하도록 진화했을 수 있다. 리서는 다음과 같이 쓰고 있다. "이러한 '절약형질' 덕분에 다운증후군 개인은 훨씬 더 이른 나이에 어머니로부터 독립할 수 있었고, 인지적으로나 육체적으로 덜 가혹한 적소를 차지하기 위해 비다운증후군 사람들에게 형질적으로 적합한 생태 적소를 포기할 수 있었던 것인지도 모른다."[19] 다시 말해서, 다운증후군 아동은 소위 정상적인 아이처럼 활동적이지 않았을 것이고, 사냥꾼이 되기 위해 (어머니의 상당한 노력이 필요한) 혹독한 훈련을 받지 않아도 되었을 것이며, 그로 인해 나이 든 어머니는 상당한 양의 에너지를 (어쨌거나 그런 에너지가 없었을 테지만) 절약할 수 있었을지도 모른다.

모두를 위한 적소 찾기

오늘날의 복잡한 세상에서 다운증후군이나 기타 지적장애가 있는 사람들이 취업할 때 가능한 선택지 또는 적소는 보통 다음의 세 가지가 있다. 첫 번째는 보호작업장으로, 여기서는 자급자족 환경에서 다른 장애인들과 함께 조립하기, 쌓기, 서류 정리, 접기 등 간단한 수작업을 한다. 두 번째는 지원고용으로, 직업코치의 도움을 받아 사회의 일반 직장에서 일하는 것이다. 직업코치는 지적장애인과 고용주 사이에서 중재자 역할을 하는 사람으로, 기술 훈련을 제공하고, 장애인을 지원 옹호하며, 발생할 수 있는 문제를 중재한다. 세 번째 유형은 취업 경쟁에 뛰어들어 누구의 도움도 받지 않고 일반 직장에서 일하는 것이다. 도전해볼 만한 직업으로는 동물 관리인, 세탁소 직원, 건물 유지 관리인, 도서관 사서보조원, 자료 입력 사무원, 우체국 직원, 가게 점원, 배달원, 요리사, 인쇄공, 조립공, 공장 근로자, 복사기 기사, 식료품 점원, 판매원, 병원 직원, 집 관리인, 자동차 세부 작업자, 사무보조 등이 있다.

최근에 일부 지적장애인들에게 열린 네 번째 적소가 있다. 바로 창업이다. 이러한 벤처 창업 대부분은 예술 분야이다. 다운증후군이 있는 클라라 링크는 전문 사진작가로, 작업을 위해 지역 및 전국의 콘퍼런스를 다닌다. 그녀의 사진은 여러 전국 장애인단체의 소식지와 미국 장애인구조사 책자에 실렸다. 루스 토넥은 다운증후군이 있는 수채화가로, 그녀는 작품 공부를 위해 독일까지 갔다 왔다. 다운증후군이 있는 수지트 데사이는 바이올린, 피아노, 클라리넷, 베이스 클라리넷을 연주하며, 자신의 음악적 재능을 다른 사람들과 나누기 위해 지방은 물론 해외로도 다닌다. 수잔 해링턴 역시 다운증후군이 있는데, 그녀는 매사추세츠 정신발달지연센터에서 접수 담당자로 일하고 있으며, MTV의 「하우즈유어뉴스How's Your News」의 주요 출연자 중 한 명이었다. 「하우즈유어뉴스」는 장애인으로 구성된 리포터 팀이 버스를 타고 전국을 누비면서 흥미로운 사람들을 인터뷰하는 텔레비전 프로그램이다. 지적장애인으로 특별한 적소를 찾은 다른 유명인들에는 예술가 주디스 스콧, 아르헨티나의 전위 록 밴드 레이놀즈의 싱어 미구엘 토마신, 동기부여 연설가 카렌 개프니, 배우인 대니 알사바그와 토미 제섭 등이 있다.

물론 지적장애가 있는 사람들이 모두 라디오나 텔레비전, 영화의 스타가 될 수 있는 것은 아니다. 하지만 그들이 개인적인 성취와 만족 욕구를 충족시키는 자신만의 적소를 찾는 것은 가능하다. 지적장애인들의 31%는 일을 하지만, 일하고 싶어도 일자리를 찾지 못한 이들이 더 많다. 많은 지적장애인이 실직 상태에 있는 이유는 부분적으로는 시설에 수용되었던 역사 때문이고, 또한 그들이 신뢰할 수 없고, 배우는 속도가 느리고, 심지어는 폭력적일 수도 있다는 끈질긴 고정관념 때문이다. 그러나 일을 하는 대부분의 지적장애인은 믿을 만하고 성실히 일에 임하는 사람들이다. 마던드롭포지사의 CEO 그렉 하임은 지적장애인인 에디 어과이어를 고용했다. 하임은 "직원 절반이 에디처럼 신나 하면서 출근했으면 좋겠다"라고 말한다. 회사에 대한 충성도가 높다는 것은 이직률이 낮다는 것을 의미한다. 워싱턴뮤추얼사에서 3년간 실시한 연구 결과, 전체 이직률이 45%였던 것에 비해 발달장애인(지적장애 외에도 자폐성 장애나 뇌성마비 등 기타 질환이 포함된 범주)의 경우 이직률이 8%에 불과했다.[20]

정신적이나 신체적 장애가 너무 심해서 일을 할 수도 학교에 갈 수도 없으며 일상생활도 힘겨워하는 사람들에게도 여전히 관찰하고 평가할 수 있는 긍정적인 부분이 존재한다. 사회학자 데이비드 구드David Goode는 심각한 지적장애와 신체장애가 있는 사람의 '내밀한 이야기'를 들려준 최초의 사회과학자 중 한 명이었다. 그는 크리스틴이라는 이름의 여섯 살짜리 아이에 대한 이야기를 들려주었다. 다른 사람들은 크리스틴의 행동 뒤에 숨은 이유를 이해할 수 없었지만, 구드는 크리스틴의 세계로 들어가는 방법(특히 그 아이의 행동을 모방하는 전략을 사용했다)을 개발했고, 아이가 소리 자극, 특히 음악의 리듬과 진동수에 열광적으로 반응한다는 것을 알게 되었다. 아이는 또한 촉각과 모든 형태의 신체적 상호작용에도 반응했고, 외부 세계에 대한 지식을 얻기 위해 혀를 사용했다. 인류학자 재니 클로츠는 다음과 같이 평한다. "구드는 크리스틴의 방식으로 그 아이의 세계로 들어갔고, 두 사람 사이의 관계를 위한 의미 있는 공통의 기초를 세울 수 있었다. 구드는 크리스틴을 의미와 문화의 생산자로 볼 수 있었다."[21] 한 연구팀은 실제로 '행복지수'를 개발해서 심각한 지적장애가 있는 사람들의 긍정적인 감정을 측정했다. 행복지수는 긍정적인 감정(예: 미소, 웃음)의 백분율에서 부정적인 감정(예: 우는 것, 찡그리는 것)의 백분율을 뺀 것으로 정의했다. 연구 결과 심각한 지적장애가 있는 사람들이 즐거운 여가 활동에 참여하거나 고객-직원 간의 풍부한 상호작용을 할 때 행복지수가 상승한다는 사실을 발견했다.

결국, 지적장애인의 강점과 능력을 이해하고자 한다면, 세상에서 능력을 평가하는 '보통의normal' 방법과 지수는 멀리하는 대신 인간의 잠재력에 대한 더 넓은 비전을 수용해야 한다. 샌프란시스코에 있는 장애인 레크리에이션 센터의 교육자 론 존스는 이렇게 설명했다.

지적장애인이라고 불리는 참가자들은 보통의 방식으로 행동하지 않는다. 센터 안으로 들어서는 순간 느낄 수 있다. 모든 방문객은 '그 느낌'을 알아차린다. 편견 없이 개방적인 분위기가 가득하다. 참가자들이 당신 주위를 에워싼다. 그들은 사람간의 일반적인 사회적 거리를 존중하지 않는다. 종종 방문객은 포옹을 받는다. 당신은 연민과 친절함… 그걸 느낄 수 있다. 당신은 체격이나 성별, 나이, 체중, 머리 모양 또는 물방울무늬 신발로 평가받지 않는다. 당신이 이 순간을 함께하는 것만으로도 환영받는다. 정신장애인 집단 내에는 아무런 편견이 없다. 인종 차별도 없다. 어떤 종류의 선입견도 없다. 나는 늘 다른 별의 외계인들이 우리 센터를 방문했다 돌아간다면 이렇게 보고할 것이라고 생각해왔다. "그들은 장난을 잘치는 평화로운 사람들이고, 생각을 더하거나 빼거나 조작할 수는 없지만, 느끼고, 표현하고, 포용하는 능력으로 그들의 삶을 평가할 수 있다."[22]

8장

다르게
사고하기

Thinking in a Different Key

천재성과 광기는 매우 가까우며, 둘을 나누는 경계는 대단히 얇다.

_존 드라이든John Dryden, 『압살롬과 아키토펠Absalom and Achitophel』

필립 K. 딕Philip K. Dick은 미국의 소설가이자 수필가다. 그의 작품은 대부분 공상과학소설이며, 「블레이드 러너」, 「토탈 리콜」, 「마이너리티 리포트」와 같은 인기 있는 영화로도 제작되었다. 딕은 의식의 변화된 상태, 독점적인 기업, 독재 정부, 형이상학, 신학 등을 아우르는 소설 작품에 자신의 삶의 경험을 그려냈다. 그가 1964년에 쓴 소설 『알파 행성의 위성에 사는 일곱 분파Clans of the Alphane Moon』에서는 과거에 정신병자 수용시설로 쓰였던 다른 태양계의 작은 위성이 수년 동안 관리되지 않은 채 방치된다. 그 사이에 환자들은 정신과 진단을 바탕으로 '분파'를 조직했다. 우울장애 환자들인 뎁스파는 '끝없는 어둠의 우울' 속에서 산다. 조증을 앓는 맨시즈파는 전사 계급이다. 편집증 환자들인 패러즈파는 아돌프빌(Adolfville: 아돌프 히틀러의 이름을 따서 지었다)이라 불리는 요새화된 정착지에 산다. 강박증 환자들인 옵콤즈파는 사회의 의례를 담당하는 사람들로, 그들에게는 자신들만의 독창적인 아이디어는 없다. 조현병이 있는 스키치즈파는 시인 계급에 해당하며, 그들 중 일부는 종교적 선지자이다. 그들은 존다르크Joan d'Arc라고 불리는 마을에 사는데, 이곳은 '물질적으로는 가난하지만 영원한 가치들이 풍부한' 곳이다.[1]

딕 자신도 어쩌면 조현병이 있었을지 모른다. 그는 이렇게 썼다. "나는 내가 사랑하는 사람들에 관해 쓰고 싶고, 그들을 우리가 사는 실세계가 아니라 나의 마음에서 만들어진 허구적인 세계에 있게 하고 싶다. 왜냐하면 우리의 실제 세상은 나의 기준에 맞지 않기 때문이다.… 나의 글에서 나는 우주에도 의문을 제기한다. 우주가 진짜인지, 우리가 모두 진짜인지 매우 궁금하다." 인생의 많은 시간을 약물 남용자로 산 그는 1974년 2월 24일 대단히 중요한 경험을 했다. 그는 사랑니를 뽑고 마취가 덜 풀린 몽롱한 상태에서 배달된 진통제를 받기 위해 문을 열었다. 그때 배달 온 여성이 초기 기독교도들의 상징이 새겨진 펜던트를 걸고 있다는 것을 발견했다. 훗날 그는 이렇게 말했다. "이성을 초월한 어떤 정신이 내 마음을 비집고 들어왔고, 나는 평생 정신 이상에 빠져 있다가 갑자기 제정신으로 돌아온 기분이었다."[2] 그 후 몇 달 동안 그는 레이저 광선의 이미지, 기하학적 형상, 예수와 고대 로마의 사진 등 일련의 환영과 맞닥뜨렸다. 그는 자신이 1세기의 영지주의자(신적 계시와 현몽에 의한 초자연적 지식을 소유하면 구원받는다는 사상을 가진 사람들-옮긴이) 시몬 마구스의 인격을 가지고 산다고 여기기 시작했다. 결국 딕은 편집증에 걸려, KGB와 FBI가 자신을 해하기 위해 음모를 꾸민다는 상상까지 하게 되었다. 그는 1982년 3월 2일, 53세의 나이에 뇌졸중으로 사망했다.

조현병: 낭만적인 질병이 아니다

딕이 조현병을 신비체험이나 예술처럼 말하는 것은 무서운 질병을 낭만적으로 그린다는 인상을 줄 수도 있다. 조현병은 대략 백 명당 한 명 꼴로 발생한다. 남성과 여성의 유병률은 같지만, 남성은 10대 후반에서 20대 초반에, 여성은 20~30대에 발병하는 경향이 있다(조현병의 옛 명칭은 '조발성 치매dementia praecox'였다). 어린 시절에 발병하는 경우는 드물지만, 5살 정도의 어린아이에게 발병하는 경우도 있다. 조현병의 증상으로는 비정상적인 생각과 인식, 즉 환각, 망상, 사고 장애, 계획을 세우고 행동을 개시하고 일상 활동에서 즐거움을 느끼는 능력의 감소, 주의력이나 기억력의 문제 등이 있다. 사람들이 흔히 생각하는 것과는 달리 조현병이 다중인격을 의미하는 것은 아니다. 그보다는 자아감의 더 폭넓은 분열 그리고 인격 내의 주관적 세계와 객관적 세계의 관계에 이상이 발생한 것을 말한다. 조현병에 대한 또 다른 일반적인 고정관념은 그 병에 걸린 사람 대부분이 폭력적이라는 것인데, 소위 정상적인 사람들보다 조현병이 있는 사람들에게서 실제로 폭력이 더 흔하게 나타나지는 않는다. 불행하게도 자기 자신에 대한 폭력, 즉 자살은 조현병에서 중요한 문제로, 4명 중 1명이 자살을 시도하고, 10명 중 1명은 성공한다. 조현병은 유전성이 강한 질환이다. 조현병 환자의 일차 친족(부모, 형제, 자매)의 유병률이 일반인보다 10배 더 높고, 일란성 쌍둥이의 경우 한쪽이 조현병에 걸렸을 때 다른 한쪽의 발병 확률이 40~65%에 달한다.

조현병을 둘러싼 근본적인 신경학적 문제는 복잡하고 여전히 대부분 밝혀지지 않았다. 그러나 연구에 따르면 조현병은 뇌의 특정 부위의 손상이 기능장애를 일으키는 집중적인 질병이 아니라 뇌의 여러 부위의 연결에 영향을 미치는 광범위한 장애로 보인다. 연구에서 뇌의 회백질의 점진적인 위축을 볼 수 있는데, 두정엽(감각기능 담당)에서 시작해서 측두엽(언어 및 청각 기능 담당)으로 확산되다가 마침내 전두엽(집행기능, 인지기능, 충동억제 담당)에까지 이른다. 이른 시기에 조현병이 시작될수록 뇌 손상이 더 광범위하다. 예를 들어, 10대 초반에 시작된 경우에는 몇 년 사이에 회백질의 25%가 위축될 수 있다.[3] 특히 '바구니세포'로 알려진 특정 범주의 뉴런이 위축되는데, 이 세포(억제성 뉴런)는 뇌 세포 구성의 10%지만 나머지 90%의 세포(흥분성 뉴런)를 통제한다.[4] 또한 인지기능에 문제가 있는 조현병 환자의 경우 백질, 즉 각 뉴런의 축삭 돌기를 감싸고 있는 지방조직 또는 '배선'의 부피가 감소한다. 백질은 뇌세포 간의 메시지 전달을 신속하게(최대 100배 더 빠른 속도로) 처리하는 역할을 한다. 마지막으로, 자기반성과 관련된 뇌의 영역에 연결성의 과잉이 있는 것으로 보인다.[5] 이로 인해 바깥 세계에서 활동할 때조차도 자아 도취self absorption를 일으키기도 한다. 가령 텔레비전을 보면서 아나운서의 목소리가 자기에게 직접 말하는 것으로 인식하는 것이다. 이런 연구 결과들을 비롯한 여러 연구를 통해 볼 때 조현병은 뇌에 발생한 심각한 장애임을 알 수 있다.

조현병의 역설

그러나 조현병과 관련된 한 가지 역설이 있다. 조현병은 한편으로는 환자들이 자손을 낳아서 유전자를 다음 세대에 물려줄 가능성을 줄이는 질병이다(자손이 있는 조현병 환자는 별로 없다). 반면에 조현병 유전자는 여전히 유전자 풀에 있다. 사실, 전 세계 조현병 환자는 전체 인구의 1%로 꾸준히 유지되고 있다. 만약 조현병이 그렇게 끔찍한 비적응적 질병이라면, 어째서 그 유전자가(또한 유전자가 많이 있는 것으로 보인다) 진화 과정에서 도태되지 않았을까? 이에 대한 해답은, 그 유전자를 전부 다 가진다면 불리할 수 있지만, 적어도 그중 일부는 문화적 가치를 가지고 있기 때문으로 보인다. 이런 종류의 트레이드오프trade-off는 정신질환이 아닌 다른 질병에서 가장 분명하게 볼 수 있다. 예를 들어 겸상적혈구빈혈의 경우 완전히 진행된 상태는 대개 치명적이지만 부분적인 형태는 말라리아에 대한 면역력을 갖게 해준다. 또한 테이-삭스 병도 완전히 진행된 경우에는 몇 달 안에 신경계를 파괴하지만, 부분적인 경우에는 결핵에 대한 면역력이 생긴다. 조현병도 조현병 스펙트럼에서 정도가 덜 심한 부분적인 버전들이 있는데 이 경우에는 완전히 진행된 조현병만큼 증상이 심각하지 않으면서 어떤 장점들을 부여한다.

한 예로 분열형 인격장애schizotypal personality disorder를 들 수 있다. 보통 이 장애가 있는 사람은 관습에 어긋나는 믿음과 이상한 행동으로 사회적으로 고립되어 있다. 이들은 조현병의 일부 기이한 특징을 가지고 있지만 실행기능executive function과 학습, 기억력에 영향을 미치는 뇌의 대규모 손상은 보이지 않는다. 관행을 따르지 않는 성격 때문에 그들은 종종 높은 수준의 창의성을 보여주기도 한다. 한 연구에서는 분열형 인격장애가 있는 사람, 조현병 환자, 정상적인 피험자들에게 다양한 일반 가정용품의 새로운 기능을 생각해보게 했다. 분열형 인격장애 피험자들은 조현병 그룹이나 일반 그룹보다 그 물건들의 새롭고 창의적인 용도를 더 잘 제안했다. 이 연구의 연구원 중 한 명인 밴더빌트대학교 심리학자 브래드 폴리Brad Folley는 "조현병이 있는 사람들의 사고 과정은 대개 매우 혼란스럽고, 모든 생각을 논리 정연하게 정리할 수 없기 때문에 사실상 창의력을 발휘할 수 없는 상태"라고 말했다. "반면 분열형 인격장애는 조현병이 유발하는 심각하고 해로운 증상에서 자유롭고, 창의력도 향상된다."[6] 창의적 과제를 수행하는 모든 그룹의 뇌를 촬영한 영상을 보면 분열형 인격장애 그룹이 다른 두 그룹보다 뇌 우반구가 더 많이 활성화되는 경향이 있음을 알 수 있다.

　이러한 분열형 인격장애가 있는 사람 중 다수는 조현병이 있는 사람들의 1차 친족이다. 20세기의 가장 위대한 두 가지 과학적 발견인 상대성 이론과 DNA 이중나선 구조 모델은 조현병이 있는 아들을 둔 남자들(아인슈타인과 제임스 왓슨James Watson)이 만들었고, 20세기의 가장 위대한 작가인 제임스 조이스에게는 조현병이 있는 딸이 있었던 것으로 보인다. 세계적인 명성을 가진 이들에게 분열형 인격장애가 있었다고 확실하게 말할 수는 없겠지만, 그들 자손이 가진 유전자 중 일부가 그들에게 있었고, 적어도 광기의 영역과 가까운 곳에서 활동했을 거라는 생각은 할 수 있다. 이를테면 두 점 사이의 가장 짧은 거리가 곡선이라고 어느 누가 믿겠는가? 시간이 느려질 수 있고, 공간이 수축될 수 있고, 에너지가 물질이라고 누가 믿겠는가? 생물의 기본 단위가 이중나선 모양이라고 누가 믿겠는가? 어느 누가 조이스의 『피네간의 경야』에 나오는 이런 문장을 수긍하고, 정신이 멀쩡한 사람이 쓴 글이라고 생각하겠는가? "사랑의 재사, 트리스트람경, 단해 너머로부터, 그의 반도의 고전을 재차 휘두르기 위하여 소유럽의 험준한 수곡 차안의 북아모리카에서 아직 도착하지 않았나니 오코노의 흐르는 샛강에 의한 톱소야의 암전이 항시 자신들의 감주수를 계속 배가하는 동안…"[7] 아이슬란드의 전체 인구를 대상으로 한 연구에서는 학과 성적, 특히 수학 성적이 가장 좋았거나 더 많은 창의성을 보인 사람들이 그렇지 않은 사람들에 비해 정신병이 있는 1차 친족이 있을 확률이 더 높았다.[8]

조현병과 인간성의 기원

일부 연구자들은 조현병의 시작을 약 10만 년 전 **호모 사피엔스**가 출현하는 시기에 일어난 진화적 발달에서 찾을 수 있다고 한다. 『아담과 이브의 광기: 조현병이 어떻게 인간성을 형성했는가The Madness of Adam and Eve: How Schizophrenia Shaped Humanity』의 저자 데이비드 호로빈David Horrobin은 뇌의 지방 함량을 조절하는 돌연변이가 궁극적으로는 더 빠르고 더 복잡한 신경 연결을 가능하게 해주었다는 가설을 세웠다(예를 들면 신경 경로를 감싸서 더 빠르고 정확한 전달을 가능하게 하는 미엘린 피복을 구성하는 데 지방이 하는 역할을 생각해보라). 이는 인간이 창의적으로 생각하고, 종교를 발전시키고, 상징체계를 이용하고, 언어를 만들고, 문명을 건설하는 능력에 관한 비약적인 도약을 의미한다. 그러나 그로 인해 인간의 뇌는 조현병을 포함한 다양한 정신질환에 취약해졌다. 호로빈은 다음과 같이 쓰고 있다. "우리 중 일부는 조현병을 앓게 되었고, 어떤 이들에게는 조울증이, 또 어떤 이들에게는 정신증이 생겼다. 그 각각의 경우에 뇌가 필요로 하는 지방산이 풍부하게 함유된 수분 위주의 식단으로 생화학적인 변화가 보상되고 약해졌기 때문에 병적인 행동은 비교적 가벼웠다. 그러나 그 변화는 지난 10만 년을 특징짓는 창의력의 놀라운 폭발을 가져오기에 충분했다. 획일성에서 벗어나 우리는 다양해졌다. 안정을 추구하기보다는 끊임없는 변화를 만들어냈다. 우리는 기술, 예술, 종교, 그리고 리더십에서 특별한 재능을 가진 이들과 점점 차별화되기 시작했다. 우리는 인간이 되었다."⁹ 지방이 풍부한 수렵채집 식단에서 지방을 적게 함유한 농업 식단으로 식습관이 바뀌면서 조현병 발생률이 증가했다. 최근 연구에 따르면 조현병이 있는 사람들은 이런 지방산 중 일부, 특히 오메가-3가 부족하며, 예비 연구에 의하면 그들의 식단에 오메가-3 보충제를 첨가하면 증상이 개선될 수 있다고 한다.[10]

호로빈의 이론을 뒷받침하는 연구로 『영국 왕립학회 회보British Proceedings of the Royal Society』에 발표된 최신 유전자 연구를 들 수 있다. 이 연구는 조현병과 관련된 특정 유전자 변이체의 진화 패턴을 조사했다. 전 세계 여러 집단의 DNA를 관찰하고 인간과 침팬지의 공통 조상인 영장류의 게놈을 조사한 결과, 연구원들은 조현병과 관련된 여러 유전자 변이체가 실제로 긍정적으로 선택되어 시간이 지나도 대부분 변하지 않은 것으로 결론 지었다. 이는 이 유전자 변이체를 보유하는 것이 어떤 이점이 있었을 것이라는 사실을 암시했다. 이 연구는 조현병과 가장 밀접한 관련이 있는 76개의 유전자 변이체에 초점을 맞췄다. 이 변이체들을 신경 발달에 영향을 미치는 것으로 알려진 다른 유전자의 진화와 비교함으로써, 연구자들은 최근 몇 년 사이에 '조현병 유전자' 중 28개가 진화의 과정에서 선택되었다는 사실을 발견했다. 이 연구의 공동책임자 중 한 명인 캐나다 사이먼프레이저대학교의 진화생물학자 버나드 크레스피Bernard Crespi는 다음과 같이 설명했다. "조현병 환자들은 인간이 가진 모든 인지능력과 언어능력에 대한 대가를 지불하고 있다고 생각해볼 수 있다. 그들은 개별적으로 가지고 있으면 긍정적인 영향을 미칠 수도 있지만 함께 있을 때는 좋지 않은 대립 유전자를 너무 많이 가지고 있다."[11]

앞에서는 주로 분열형 인격장애를 가진 사람들에게 초점을 맞춰 창의력을 비롯한 긍정적인 결과를 살펴보았다. 하지만 조현병 그 자체, 특히 실행기능의 장애가 심각하지 않은 가벼운 형태의 조현병에서도 긍정적인 요소들을 찾아볼 수 있다. 조현병이 있는 사람들이 여러 분야에서 두각을 드러낸 사례는 많이 있다. 아마도 가장 유명한 예는 1994년 노벨 경제학상 수상자인 미국인 수학자 존 내쉬John Nash일 것이다. 베스트셀러 도서와 영화 「뷰티풀 마인드A Beautiful Mind」에 그의 삶과 투쟁이 그려져 있다. 내쉬가 최고의 학문적 성취를 이룬 것은 조현병과 관련된 증상이 나타나기 전이었지만, 어린 시절과 청소년기에도 그는 별난 아이로 여겨졌다. 내쉬 자신도 이렇게 말했다. "초자연적인 존재에 대해 내가 가졌던 생각들은 수학에 대한 생각들과 똑같은 방식으로 내게 다가왔다. 그래서 나는 그 생각들을 진지하게 받아들였다."[12]

조현병을 앓는 와중에 높은 성취를 이뤄낸 예로는, 서던캘리포니아대학교 법대의 부학장이자 법학, 심리학, 정신의학, 행동과학을 가르치는 엘린 삭스Elyn Saks를 들 수 있다. 그녀는 자서전 『통제하지 못하는 센터The Center Cannot Hold』에서 간헐적으로 찾아오는 정신병으로 때로는 아무것도 할 수 없을 만큼 쇠약해지는 상황에서도 어떻게 밴더빌트대학교를 수석으로 졸업하고, 옥스퍼드대학교에서 마셜 장학금으로 공부하고, 예일대 법대에 입학할 수 있었는지를 상세히 설명한다. 높은 성취를 이룬 사람 중 가벼운 조현병이나 중등도 조현병을 앓았던 또 다른 예에는 재즈 음악가 찰스 버디 볼든, 러시아 무용가 바츨라프 니진스키, 화가 살바도르 달리, 작가 잭 케루악, 극작가 앙토냉 아르토, 록 그룹 비치 보이스의 슈퍼스타 브라이언 윌슨, 브로드웨이 뮤지컬 스타 미라 팝킨, 그리고 이 장의 처음에 나왔던 공상과학 소설 작가 필립 K. 딕이 있다.

사고 장애thought disorder인가 창의적인 행위인가?

완전히 진행된 조현병에서도 창조적 충동은 여전히 뚜렷이 보인다. 이것은 조현병이 있는 일부 사람들이 말하는 이해할 수 없는 언어, 즉 '단어 샐러드word salad'에서 볼 수 있다. 예를 들어 칼 융은 '바베트'라는 이름의 여자와 만난 경험에 대해 이렇게 썼다. "이 사건을 통해 나는 처음으로 조현병 환자들의 언어를 이해할 수 있었다. 그전까지는 그들의 언어가 아무 의미가 없다고 여겼다.… 그녀는 '나는 소크라테스의 대리인이다'라고 울부짖었다. 내가 발견한 바로는 그 말은 '나는 소크라테스처럼 부당한 비난을 받고 있다'라는 뜻이었다. '나는 둘도 없는 이중 폴리테크닉이다' 또는 '나는 옥수수 가루 바닥 위의 자두 케이크다', '나는 배타적으로 달콤한 버터의 게르마니아와 헬베티아다', '나폴리와 나는 세계에 면류를 공급해야 한다'와 같은 터무니없는 말을 쏟아내는 것은 그녀의 자기평가self-valuation가 늘었음을 의미했다. 융은 또한 조현병이 있는 사람들은 이른바 정상인보다 집단무의식을 더 쉽게 이용한다고 했다. 이것의 한 예를 조현병이 있는 한 남자에게서 볼 수 있는데, 그는 융에게 눈을 반쯤 감고 보면 태양에 팔루스(남근상)가 있고 이것이 바람의 기원이라는 것을 알 수 있다고 말했다. 몇 년 후 융은 우연히 고대 로마 미트라교의 전례와 관련된 문서를 발견했는데, 거기에 거의 동일한 내용이 들어 있었다고 한다. "그리고 마찬가지로 소위 튜브는 구원의 바람ministering wind의 기원이기도 하다. 태양 원반에 튜브처럼 보이는 무언가가 매달려 있는 것이 보일 것이다."[13] 이유는 알 수 없지만, 융에 따르면 그 남자와 고대 문서 모두 집단정신의 동일한 원형을 담은 내용을 활용하고 있었다.

많은 실험 연구들이 창의적인 사고와 완전히 진행된 조현병의 연관성을 보여주었다. 앞의 연구와 유사한 다른 연구에서 조현병 피험자들은 여러 가정용품의 더 독특하고 참신한 용도를 생각해냄으로써 일반 피험자들보다 더 좋은 점수를 받았다. 또 다른 연구에서도 그들은 단어 연상 과제에서 색다른 대답을 더 많이 내놓았다.[14] 조현병이 있는 예술가이자 작가, 사진작가인 스튜어트 베이커 브라운Stuart Baker Brown은 이렇게 설명한다. "나는 나의 창의적인 면을 활용하는데, 지금은 내 증상을 나에게 불리하기보다는 유리하게 쓰이도록 이용하고 있다. 내 증상들은 글쓰기뿐 아니라 다른 예술 양식에서도 효과가 있다. 내 증상은 나에게 창의력을 발휘할 수 있는 도구를 제공한다. 나는 늘 무언가를 생각하고 있다. 정신병이 꼭 해로운 것만은 아닌 것 같다. 예를 들어, 예술작품이나 시를 창작할 때 환각의 경험을 상기하는 경우가 많다." 예술가 티모시 폴리Timothy Foley도 비슷한 말을 한다. "2001년에 조현병으로 진단받은 후, 나의 기괴한 예술적 성향이 어디에 속해 있는지 쉽게 알 수 있었다. 나는 생각, 감정, 믿음의 초현실적인 패턴을 인상주의적 관점과 결합하여 작품을 구성한다. 주로 내면의 갈등과 잃어버린 사랑을 창작수단으로 활용한다. 나의 현재 마음의 상태를 진정시키기 위해 색채를 이용하여 작품을 만든다. 나는 뻔한 것을 넘어서 잠재의식의 가능성을 파고드는 것을 목표로 한다."[15]

조현병의 창의성은 일반적인 형태가 아니기 때문에 그런 창의적인 면이 인식되지 않는 경우도 있다. 예를 들어 저자 겸 임상심리학자 케이 레드필드 제이미슨은 "사실상 창의적인 사람들의 모든 정신 질환은 본성적으로 조현병이기보다는 조울증이다"라고 썼다.[16] 그러나 럿거스대학의 심리학자인 루이 A. 새스는 조현병이 있는 사람들이 창의성이 낮다는 연구는 창의성에 대한 낭만적인 이해에 기반하고 있어, 자발성, 높은 수준의 감성, 디오니소스적 열정의 관점에서 창의성을 측정한다고 주장한다. 이런 형태의 창의성은 조울증이 있는 사람들과 매우 잘 어울린다. 반면에 조현병이 있는 사람들은 소외감, 과도한 자의식, 서사구조의 결여, 만연된 사회적 고립, 감정을 드러내지 않음 등 모더니즘적 또는 포스트모더니즘적 미학과 관련된 창의성 유형에 가장 동기가 부여되는 것으로 보인다.[17] 이는 베토벤이나 괴테, 바이런이 보여준 폭풍 같이 휘몰아치는 창의성이 아니다. 그보다는 "기계가 되고 싶다"라고 한 적이 있는 앤디 워홀의 미학에 가깝다.

　그것은 또한 아웃사이더 아트의 미학이기도 하다. 이 장르는 전문 예술 문화의 영역 '바깥'에 있는 개인이 만들지만 그럼에도 그것만의 예술적 장점이 있다. 이 운동에 포함된 사람 중 다수가 정신질환자나 정신장애가 있는 사람들이었다. 그 한 예가 시카고에서 수년간 청소부로 일했던 은둔 작가 겸 화가 헨리 다거Henry Darger다. 그가 죽은 후 그의 아파트에서 15,145쪽에 달하는 〈비현실의 왕국에서The Story of the Vivian Girls, in What Is Known as the Realms of the Unreal, of the Glandeco-Angelinnian War Storm, Caused by the Child Slave Rebellion〉라는 제목의 원고를 포함해 엄청난 양의 그림과 글들이 발견되었다. 전쟁과 자연재해로 황폐해진 무시무시한 세계에서 벌어지는 선과 악의 대결을 그린 이 판타지 소설을 그림으로 그린 수채화도 수백 점 있었다. 조현병 환자에 의한 아웃사이더 아트의 또 다른 예는 독일의 제빵사이자 공장 노동자이며 자물쇠 수리공이기도 한 요한 크노프Johann Knopf의 작품이다. 자살 시도 후 보호시설에 수용된 크노프는 자신이 '부활'했고, 자신만큼 고통받는 사람은 없다고, 심지어 예수 그리스도도 자신만큼 고통받지는 않았다고 믿었다. 그의 예술에는 단순한 기하학적 스타일로 그린 그리스도/크노프의 이미지가 들어 있다. 몸은 투명해서 내장과 칼이나 열쇠 같은 물건이 다 보인다. 크노프는 자기가 새의 언어를 이해할 수 있다고 믿었고, 그의 예술에는 새의 이미지가 많이 들어 있다. 그의 믿음 속에서 새는 비극적인 생명체를 나타낸다. 그는 자기 작품의 빈 공간을 '해설하는' 글로 채웠다. 이들은 조현병의 망상 증상을 작품에 드러냈지만, 그럼에도 자신의 상징체계를 미학적 틀 속에서 표현할 수 있었고, 그 작품들을 미치광이의 헛소리가 아니라 고유한 가치를 지닌 작품으로 본 문예 비평가들의 관심을 사로잡았다.[18]

이 자료들과 관련해 주의해야 할 점은, 조현병의 증상이 심할수록, 특히 사고장애와 실행기능(한 번에 많은 인지 작업을 조정할 수 있는 능력)의 손상이 심각할수록 창작 활동의 결과가 나빠진다는 점이다. 한 연구자는 이렇게 설명한다. "실행기능이 부족해지면 창의적인 반응을 할 수 있는 능력은 좋아질 수 있지만, 어느 정도까지만 그렇다. 실행기능이 심각하게 손상되면 창의적 수행에 해가 되며, 반면에 가벼운 수준으로 기능이 감소한 경우에는 창의적 인식 측면에서 일부 유리하게 작용할 수 있다."[19] 조현병이 있는 사람들과 창의적인 사람들 모두 주변 환경으로부터 들어오는 자극에 더 개방적인 것으로 보이고, 그런 자극들을 일단 머릿속에 넣어만 두고 시간이 지나면 잊어버리는 일은 적다. 따라서 그들은 항상 새로운 가능성에 열려 있다. 그러나 조현병이 심각해지면 자극에 압도되어 창의적 생산에 적합한 자극을 선택하거나 편집할 수 없게 될 가능성이 크다. 조현병이 있는 엘린 삭스는 다음과 같이 설명한다.

특정 정보는 보내고 다른 정보는 걸러내는 조절기가 갑자기 꺼진다. 그 즉시 모든 시각, 모든 소리, 모든 냄새가 동일한 무게로 다가온다. 모든 생각, 느낌, 기억, 아이디어가 똑같은 강도와 부담으로 나타난다. 전화, 이메일, TV, CD 플레이어, 문을 두드리는 친구, 머릿속의 아이디어 등 서로 다른 여러 매체에서 갖가지 메시지를 받고 있고, 어떤 것이 앞에 오고 어떤 것이 '나중'으로 가야 하는지 선택할 수가 없다. 그것들은 마치 슈퍼볼 관중들처럼 모두 나를 향해 직접 소리치고 있다.[20]

합리성에 대한 공격

우리는 앞 장에서 이 책에서 다루는 각각의 뇌의 차이가 장애로 간주되는 것은 현대 서구 문화의 기본적 가치에 반하기 때문이라는 사실을 살펴보았다. 조현병의 경우 그 가치는 합리성이다. 조현병이 있는 사람이 망상과 환각을 경험하는 순간에는 논리적인 사고를 찾아볼 수 없고, 이는 우리 문화의 이성적인 기본 질서에 위협이 된다. 사실, 조현병과 기타 형태의 정신이상이 주요 문제로 인식된 것은 프랑스 계몽사상이 등장하고 나서부터였다. 18세기에 계몽사상이 보급되면서 그다음 수 세기 동안 합리성이 사회의 철학적 토대가 되었다. 정신과 의사 E. 풀러 토리E. Fuller Torrey는 저서 『보이지 않는 전염병: 1750년에서 현재에 이르는 정신질환의 부상The Invisible Plague: The Rise of Mental Illness from 1750 to the Present』에서 다음과 같이 설명했다. "17세기의 몇몇 관찰자들이 우려를 표했지만, 앞으로 다가올 것에 비하면 정신병은 크게 퍼지지 않았다. 18세기에 이르러 정신이상의 물결이 거세지기 시작했고, 발병 사례가 점점 더 늘어갔다. 대중들은 이제 상황을 알아차리고 이유를 물었다. 의사들은 우려를 표했다." 프랑스의 철학자 미셸 푸코는 저서 『광기의 역사Histoire dela folie a l'age classique』에서 계몽사상 이전에는 "배들이 광인들을 마을에서 마을로 실어 날랐다. 그 당시에 광인들은 쉽게 방랑할 수 있는 삶을 살았다. 마을 사람들은 그들을 자기들의 경계 밖으로 몰아냈다. 그들은 상인이나 순례자 무리에게 맡겨지지 않을 때는 마을 밖 개방된 시골을 배회할 수 있었다."고 썼다. 그러나 푸코에 따르면, 이성의 시대가 도래하면서 상황은 급격하게 변했다. "광기는 이제 더는 세상의 이편에서 저편으로 나아가는 기이한 항해를 못할 것이다. 그것은 다시는 도망자가 되거나 절대적인 한계가 되지 않을 것이다. 이제는 사물과 사람들 사이에 단단히 매어두고 주시하라. 떠나지 못하게 잘 지켜라. 더 이상 배가 아니라 구빈원에."[21]

아직 논의되지 않은 조현병의 비합리적인 측면 중 하나는 종교, 영성, 신비주의에 대한 열렬한 관심이다. 스위스에서 실시한 한 연구를 보면, 조현병 외래환자의 3분의 1은 영성 공동체에 참여했고, 또 다른 3분의 1은 삶에서 영성이 중요한 부분을 차지해서 매일 자신만의 영적 수행을 실천하고 있었다.[22] 조현병이 있는 사람에게 종교적 망상이 해로울 때도 있지만("어느 날 밤 나를 박해하는 목소리가 들렸을 때, 나는 악마를 죽이기 위해 내 배에 칼을 꽂았다"), 영적·신비적 경험이 그들의 삶에서 희망을 주는 요소가 될 수도 있다. 고대 그리스 시대에 소크라테스는 광기에 깃든 신성의 역할을 칭송했다. 플라톤의 『파이드로스 Phaedrus』에 나온 대화에서 소크라테스는 "광기 중에는 신의 선물, 인간에게 부여된 가장 큰 축복의 원천인 것도 있다."[23]고 말했다. 소크라테스는 4가지 종류의 '축복받은 광기'가 있다고 했는데, 예언, 시, 사랑, 신비의식이 그것이다. 임상심리학자 데이비드 루코프는 한 남자에 대한 사례 연구를 통해 이런 종류의 신성한 광기를 보여준다. '극심한 조현병 증상'을 보인다고 보고된 그 남자는 신비체험과 비슷한 여러 가지 현상을 경험했다. 그는 자신의 경험을 '말로 표현할 수 없다'고 했고 '무아경'이나 '황홀감' 같은 단어를 사용하여 자신의 기분을 묘사했다. 그는 자신이 전 인류에게 중요한 깊은 진실을 발견했다고 믿었다. 그는 찬란한 주황색 하늘을 날아가는 노란 새들이 보이는 환시를 경험했다. 불행히도 많은 임상의는 이런 경험의 가치를 인식하지 못한다. 한 연구에 의하면 임상의들은 조현병 환자들에게 미치는 종교와 영성의 영향을 과소평가하는 경향이 있었다. 심리학자 피터 K. 채드윅Peter K. Chadwick은 "유물론적 관점을 가진 과학자들은 일원론적 인식 틀 내의 메커니즘에 초점을 맞추고 있기 때문에 정신병적 경험의 영적·예술적 가치를 제대로 보지 못할 수 있다. 그러한 현상학의 영역은 분명 훨씬 더 많은 연구를 할 가치가 있다."[24]

현대 서구의 문화보다 합리적인 근거를 덜 중시하는 다른 문화권에서는 서구의 임상의들이 조현병이라고 여길 만한 증상이 있는 사람들을 때에 따라 재능이 있다고 칭송하기도 하고, 그들의 재능을 지역사회에 활용하기도 한다. 예를 들어, 토착문화의 샤먼들이 그런 경우에 해당된다. 신화학자 조지프 캠벨Joseph Campbell은 서구세계에서 일어나는 청소년기의 조현병 발병은 샤머니즘 문화에서는 신화적인 발견으로 간주될지도 모른다고 말한다. "샤먼은 청소년 초기에 심각한 심리적 위기를 겪은 사람(남성 또는 여성)으로, 오늘날이라면 정신병이 있다고 여겨질지도 모른다. 보통 불안해진 아이의 가족은 아이를 그 상황에서 끄집어내려고 나이 많은 샤먼을 불러오고, 이 노련한 시술자는 적절한 조치와 노래, 의식을 통해 성공한다."[25] 헝가리의 탐험가 빌모스 디오세기도 샤먼의 '질병'에 대한 많은 자료를 수집했고, 어느 샤먼의 아내가 자신의 남편의 병에 관해 설명한 내용을 썼다.

그는 어떻게 샤먼이 되었을까? 스물세 살 때 병마가 그를 덮쳤고 나이 서른에 샤먼이 되었다. 병을 앓고, 고통을 겪고 나서였다. 그는 7년 동안이나 아팠다. 병을 앓는 동안 꿈을 꾸었다. 꿈속에서 그는 몇 번이나 얻어맞고, 때로는 낯선 곳으로 끌려갔다. 그는 꿈속에서 꽤 많은 곳을 돌아다녔고 많은 것을 보았다.… 무병巫病에 걸렸는데 주술을 행하지 않는 자는 심한 고통을 겪어야 한다. 실성하게 될지도 모르고, 심지어 삶을 포기해야 할지도 모른다. 그런 이유로 '고통을 겪지 않으려면 샤머니즘을 받아들여야 한다'는 충고를 듣게 된다. 그렇게 그는 샤먼이 되었다. "내가 샤먼이 된 것은 오로지 병에서 벗어나기 위해서였다."라고 말하는 이들도 있다.[26]

인류학자 줄리안 실버맨Julian Silverman은 조현병이 있는 사람들과 샤먼들의 경험에서 근본적인 유사성을 본다. 조현병이 있는 사람과 마찬가지로 일부 샤먼들(세상에는 다양한 종류의 샤먼들이 존재한다는 것을 생각하라)은 "비현실 지향적 관념, 극심한 감정 변화, 기괴한 태도"를 보여준다. 실버맨에 따르면 조현병 환자와 샤먼 모두 죄의식, 실패, 고립, 소외, 주의집중 범위 축소, 꿈을 꾸는 것 같기도 하고 깨어 있는 것 같기도 한 상태, 남다른 현실감각 등을 포함하는 심리적 과정을 거친다. 그러나 이 둘의 주요한 차이점은 토착문화에서는 이 과정이 지지를 받고, 개인에게도 도움이 되고 집단에도 이로운 것으로 간주된다는 것이다. 실버맨은 그에 반해 "이런 종류의 위기 경험을 이해할 수 있도록 지침을 제공하지 않는 문화에서 조현병이 있는 개인은 일반적으로 원래의 불안감에 더하여 또 다른 고통을 겪는다."[27]고 설명한다.

다른 비합리적 문화에도 우리의 의료화된 사회에서는 정신이상자로 간주되거나 조현병 스펙트럼의 어떤 지점에 있다고 간주될 수 있는 개인이 존재한다. 예를 들어 옛 러시아에서는 러시아어로 유로지비(성스러운 바보)라고 불리는 특별한 범주의 성자들이 있었다. 이들은 평신도(동방정교회의 조직구조 바깥에 있었다)였고, 사회와 교회가 정한 규칙에 끊임없이 반항했다. 그들은 대개 남루한 옷차림을 하고 있거나 벌거벗은 모습이었고, 무례하고 불경스러운 말을 외쳤고, 다른 맥락에서라면 모욕이나 범죄로 간주될 수 있는 행동(예: 가게에서 파는 물건을 가져가는 일)도 서슴지 않았지만, 옛 러시아에서는 그런 모든 언행이 축복을 내리는 것으로 여겨졌다. 러시아의 학자 스비틀라나 코베츠Svitlana Kobets에 따르면, "사실 [성스러운 바보의] 특별한 지위를 인정하는 사람들이나 그렇지 않은 사람들 모두 그 성자를 미친 사람이라고 생각했다."[28]

인도에는 '신에 도취한' 자들의 오랜 전통이 있다. 행동으로 보면 정신병자인 것 같지만 그들은 특별한 영적 지위를 가진 것으로 여겨져서 지역 사회의 보살핌을 받는다. 한 구루가 이러한 '머스트(영어로 'mast'라고 쓰지만, '머스트'라고 발음한다)' 여러 명을 방문한 경험을 적은 글을 보면, 그들 중 한 명은 하루의 대부분을 원을 그리며 전봇대 주위를 돌았다. 그는 지나가는 사람들에게 돈을 달라고 했고, 돈을 받으면 그것을 버렸다. 또 다른 머스트는 과일 시장 주변을 배회하면서 길, 보도, 주춧돌, 난간, 벽, 판자 등에 1미터가 넘는 길이로 알 수 없는 숫자와 뜻 모를 단어들을 끊임없이 휘갈겨 쓰고 있었다. 그는 동네 상인들로부터 필요한 만큼의 분필을 제공받았다.[29]

기본적으로, 이 사람들 각각은 자신의 '병적 이상'이 용인되고, 주변 문화가 자신의 재능과 능력을 알아주고 칭송하는 특별한 '적소'를 찾았다. 이러한 수용력은 제3세계 국가들에서 조현병 진단을 받은 사람들이 서구문화에서 조현병 진단을 받은 환자들보다 더 나은 경과를 보인다는 세계보건기구의 연구 결과를 설명해준다. 증상이 심각하거나 지속되고, 만성적인 장애를 겪는 사람들의 비율이 선진국보다 비서구 문화권에서 훨씬 적었다.[30] 조현병이 있지만 높은 성취를 이룬 이들에 대해서도 똑같은 말을 할 수 있을 것이다. 그들을 있는 그대로 받아주고, 존엄한 인간으로 믿어주고, 사회에 이바지한 부분을 칭찬해주는 환경, 즉 '적소'에 있을 때 그들은 더 많은 것을 성취할 수 있었다.

조현병 안에서의 적소 구축

앞에서 언급한 노벨상 수상자 존 내쉬와 USC 로스쿨 부학장 엘린 삭스, 이 두 사람의 삶에서 이런 사실을 특히 더 잘 볼 수 있다. 두 사람 모두 조현병으로 고생하며 입원까지 했고, 충격치료와 인슐린혼수요법과 같은 어려운 치료도 받았지만 결국 역경을 극복하고 사회에서 자신의 자리를 찾을 수 있었다. 두 사람 모두 도서관이 안전한 안식처였던 것으로 보인다. 즉 그곳에서는 조현병으로 인한 혼란과 정신질환자라는 오명에서 어느 정도 벗어나 지적 관심사에 집중할 수 있었다. 1970년대와 1980년대에 존 내쉬는 프린스턴대학교의 도서관에서 안식을 찾았다. 그곳에서 그는 '파인 홀의 유령'으로 불렸다. 프린스턴대학의 학생들과 교수들은 내쉬의 이상한 행동을 정확히 이해할 수는 없었지만 최소한 묵인해주었다. 내쉬의 전기 작가인 실비아 네이사는 다음과 같이 쓰고 있다. "프린스턴대학은 치료 공동체 구실을 했다. 그곳은 조용하고 안전했다. 강의실, 도서관, 식당은 그에게 열려 있었다. 대학의 구성원들은 대체로 그를 존중해주는 분위기였다. 사람들과의 접촉은 있었지만 특별히 거슬리지는 않았다." 그녀는 "그의 망상이 단지 기이하고 이해할 수 없는 것으로 치부되지 않고 고유한 가치가 있는 것으로 받아들여진 것은, 분명 궁극적인 회복으로 가는 길을 닦은 그 '잃어버린 세월'에서 중요한 부분을 차지한다."고 결론짓는다. 또한 그 시기에 등장한 컴퓨터가 이상한 생각을 잊고 집중할 수 있는 특별한 목표를 주었을지 모른다. 그는 흔쾌히 컴퓨터 프로그래밍에 마음을 붙였고, 자신의 수학적인 아이디어를 테스트하는 데 사용했다. "나는 수학 문제를 연구하기 시작했고, 당시에 컴퓨터가 나왔기 때문에 그걸 배우기 시작했다. 나는 컴퓨터 다룰 시간을 준 수학자들의 도움을 받았다."[31]

엘린 삭스도 도서관을 피난처로 삼았다. 그러나 그녀의 경우에는 항정신성 약물과 장기간의 정신분석이 가장 극적인 효과를 냈던 것 같다. 삭스는 자신의 자서전 『통제하지 못하는 센터』에서 증상을 조절하기 위해 약물이 필요하다는 사실을 받아들이기 힘들었다고 털어놓는다. 순수한 의지력으로 조현병을 극복해야 한다고 생각했지만 약을 끊을 때마다 번번이 증상이 악화되었다. 그녀는 이렇게 쓰고 있다. "수년 동안 약물치료를 하다마다 하는 과정을 지켜보면서 친구들과 의사들은 화도 나고 겁이 나기도 했을 것이다. 하지만 이제 나는 약물치료가 대단히 중요하다는 것을 알게 되었다. 그것은 완전한 나 자신이 되기 위해 거쳐야 했던 꼭 필요한 단계였다. 또한 약물치료는 내가 조현병을 받아들일 수 있는 유일한 방법이었다." 그러나 그녀가 그 과정을 헤쳐 나가는 데 꼭 필요했던 도구는 역동적 정신의학에 기반한 대화치료였다. 정신의학계에서는 일반적으로 대화치료가 조현병에 크게 효과가 있다고 보지 않지만(프로이트는 환자가 너무 나르시시즘에 빠져있어서 도움이 안 된다고 믿었다), 멜라니 클라인과 해리 스택 설리반 그리고 일부 프로이트의 제자들은 이 치료법을 환자의 자아구조를 구축하는 데 중요한 도구로 보았다. 삭스의 경우, 그것은 하늘이 준 선물이었다. 일주일에 몇 차례 치료사를 만나면서 그녀는 엉켜 있는 자신의 조각난 부분들을 모두 풀어낼 수 있었고, 치료사의 통제력을 통해 혼란의 와중에도 자아감을 형성할 수 있었다. 그녀는 "약물이 나를 살아 있게 했다면, 살 가치가 있는 삶을 찾도록 도와준 것은 정신분석이었다."[32]고 쓰고 있다.

조현병이 있는 사람들은 대개 대인관계에서 거리를 둔다고 생각되지만, 그들을 온전한 인간으로 받아들여주는 누군가와 관계를 맺는 것은 적소 구축을 위해 중요해 보인다. 영국의 심리학자 피터 채드윅Peter Chadwick은 "정신병적 생각을 수용하는 것은 특정 경우에는 진정시키고 안심시키는 효과가 있고, 실제로도 문제가 커지는 것을 막을 수 있다."고 지적한다. 그는 한 환자가 갑자기 "이 편지가 전화기예요?"라고 말했던 일에 대해 썼다. 그것은 미국으로 떠나버린 옛 연인에게서 온 편지를 받은 그 환자가 그에게 던진 질문이었다. 그녀는 이제는 멀어진 애인이 그 편지를 통해 마치 전화 통화를 하는 것처럼 자기 생각을 들을 수 있을 거라고 믿었다. 채드윅은 이 발언을 사고장애로 인한 것으로 여겨 그냥 넘겨버리지 않고, 그녀와 함께 시를 지으며 그 생각의 긍정적인 측면을 강조하는 쪽을 택했다. 채드윅은 "아마도 정신이상적/시적 번뜩임에서 건설적인 무언가를 만들어냄으로써 마무리를 지었다는 느낌이 들었을 것."[33]이라고 추측한다. 이런 종결 과정은 결국 단절된 것을 다시 연결시켜 개인의 궁극적인 전체성wholeness이 드러나게 하는 역할을 한다.

조현병을 그처럼 불가사의한 것으로 만드는 것이 바로 그 전체성이다. 한편으로 조현병은 우리가 일반적으로 '자아'라고 부르는 그 전체성의 분열을 나타낸다. 다른 한편으로 우리가 이번 장에서 보았듯이, 조현병은 창조성, 영성, 마법, 상상력 등 전체성으로 **채워진** 영역과도 연관되어 있다. 바로 이런 역설이 조현병을 이해하는 것을 매우 어렵게 만든다. 아마도 조현병이라는 주제는 이 책에서 다룬 어떤 장애보다도 우리를 혼란스럽게 하고, 우리는 긍정적인 면과 부정적인 면이 어떻게 서로 들어맞는지 이해하기 어려울 것이다. 결국 이 문제에 대한 쉬운 해답은 없을지 모른다. 그러나 조현병이 우리의 진화와 아주 깊은 관계가 있는 것은 분명해 보인다. 피터 채드윅은 이렇게 말한다. "조현병을 앓는 것은 인간이기 때문에 겪는 일이다. 이는 부분적으로는 그 병에 대한 취약성이 창의적 과정의 작용과도 연관되기 때문이다. 즉, 일반적으로 조현병은 언어, 높은 민감성, 상상력과 연관되고, 많은 경우에 강화된 영적 민감성이나 공감과도 연관된다. 우리는 우리 인류에게 심각하고 돌이킬 수 없는 피해를 주지 않고서 천연두를 없앨 수 있었던 것처럼 조현병을 없애지는 못할 것이다."[34]

9장

교실에서의
신경 다양성

Neurodiversity in the Classroom

그는 동그라미를 그리고는 나를 밖으로 밀어냈다.
이단자, 반역자, 경멸받아 마땅한 놈.
하지만 사랑과 나에게는 이길 수 있는 지혜가 있었다.
우리는 그 사람까지 감싸는 동그라미를 그렸다.

_에드윈 마컴Edwin Markham, '관대함의 정신Outwitted'(1915년)

케이티 어파스토울라이즈는 펜실베이니아주 크레슨에 있는 마운트 알로이시오대학의 성실한 학생이었다. 케이티는 수업 첫날부터 중간고사 준비를 시작했다. 학기 말 과제와 학급 프로젝트도 발표된 날부터 바로 준비에 들어갔다. 모든 과목마다 개인 지도 교사가 있어서 매주 그들을 만났다. 공부하다 중간에 휴식 시간을 가지거나 교실 맨 앞자리에 앉는 등 공부를 보다 효과적으로 하는 요령들도 많이 알고 있었다. 그러나 케이티에게 특히 주목할 만한 점은 다운증후군이 있다는 것이다. 다운증후군이 있는 사람들은 대학에 못 갈 것이라는 것이 일반적인 통념이었다. 그러나 케이티는 올해 과학 준학사 학위를 받았다.[1] 그녀의 어머니 폴레트는 케이티가 학업에서 그렇게 많은 발전을 이룬 이유 중 하나는 피츠버그 지역의 초·중·고등학교에서 일반학급 수업을—특수학급 수업이 아니라—들었기 때문이라고 한다. 그 덕분에 그녀는 지적장애가 있는 아이들만 있는 환경에 격리되지 않고 비장애 또래 학생들과 함께 배울 수 있었다.

케이티는 운이 좋은 학생 중 하나다. 미국의 신경다양성 아이들이 한 세기 전에 비해 배울 기회가 훨씬 더 많아지기는 했지만, 특수교육이 일반교육과 통합되고, 장애가 있다고 분류된 모든 아이가 비장애 또래들과 함께 배우게 되기까지는 아직 갈 길이 멀다. 가장 큰 문제 중 하나는 지난 세기를 거치며 특수교육이 일반교육과 완전히 분리되어 별개의 제도로 발전했다는 점이다. 지적장애 아동을 위한 최초의 특수학교가 19세기에 미국에 세워졌고, 20세기 중반에 이르러 대부분의 공립학교에 지적장애 아동을 위한 특수학급이 생겼다. 1960년대가 되자 학부모단체들은 1963년에 특수교육학 교수인 사무엘 커크Samuel Kirk와 윌리엄 크룩섕크William Cruikshank가 만든 용어인 '학습장애'를 포함한 다른 범주의 장애에 대해서도 특수교육 서비스를 요구하기 시작했다. 전全장애아교육법(공법 94-142)이 1975년에 통과되면서 1970년대에는 주요 특수교육법이 제정되게 되었다. 이 법은 특수한 요구를 가진 아이들이 공립학교에서 적절한 교육을 받고 "최소로 제한된 교육 환경"에 배치되도록 규정하였다. 이로써 학습장애가 있는 아동(현재 전체 특수교육대상 학생들의 거의 절반을 차지한다)을 위한 특별프로그램이 봇물 터지듯 쏟아져 나왔다. 1980년대에는 행동문제와 주의력결핍장애가 있는 아이들이 학부모단체의 주요 관심대상이었고, 1991년에 그 아이들은 주로 재활법 504조에 따라 특수교육 프로그램에 포함되었다. 1990년에 공법 94-142는 의회의 재승인을 받고 미국장애인교육법IDEA으로 불렸다. 이 법에서는 특수교육 서비스를 받을 자격이 있는 장애 목록에 자폐성 장애와 외상성 뇌손상을 추가했다.

결핍, 손상, 기능장애의 세계

이러한 단체와 입법의 의도는 특수한 요구를 가진 아이들에게 필요한 것을 제공해주는 것이었고, 그렇게 하는 데 어느 정도는 성공했다. 그러나 앞에서 언급한 바와 같이 그 결과로 일반교육 제도와는 별개로 독자적인 생태를 가지는, 특수교육이라고 불리는 단일 구조가 만들어졌다. 특수교육은 자체 훈련프로그램, 자체 진단시험, 자체 특수교육 프로그램, 교육문제와 관련된 자체의 특별한 전문용어(예: "줄리는 우드콕 존슨 인지력 테스트 결과에 따르면 청각 순차 기억에 문제가 있다"), 아동교육에 관한 자체 철학—주로 강점, 재능, 능력보다는 결핍, 손상, 기능장애에 바탕을 둔—을 가지고 있다. 나는 캐나다와 미국에서 5년 동안 특수교육 교사로 일하면서 이러한 결핍 지향성을 절실히 느꼈다. 처음 특수교사로 일하게 된 나는 오리엔테이션 기간에 어느 특수학급 수업을 참관하게 되었다. 그곳에서 특수교육 교사가 수업에 참여하고 있는 10명의 학생 앞에서 큰소리로 "이 아이들은 속도가 느린 학습자들입니다."라고 말하는 것을 들었다.

나는 5년간 특수교육 교사로 지내면서 내가 학생들을 온전한 인격체로 대하는 것에 대해 끊임없이 훈계를 들었고, 내가 해야 할 일이 "결함을 교정해주는 것"이라는 말을 들었다. 결국 특수교육 교사 일을 그만둔 후, 특수교육 제도에서 아이들의 강점이 인정받지 못하고 있다고 나만 느낀 것이 아니라는 것을 알고 안도했다. 나는 주요 전문학술지인『러닝 디서빌러티 쿼터리Learning Disability Quarterly, LDQ』에 실린 사설에서, 학습장애 분야에서 결핍을 지나치게 강조하기 때문에 편집자가 편집장직을 그만두겠다고 열변을 쏟아낸 글을 읽었다. 다음과 같은 내용이었다. "무서운 진실은 내가 LDQ의 편집자로 일한 4년 동안, 학습장애아동의 재능을 상세히 다루기 위해 제출된 기사는 단 하나밖에 없었다는 것이다. … 왜 우리는 우리 학생들이 미술, 음악, 춤, 운동, 기계 수리, 컴퓨터 프로그래밍 등에 재능이 있는지, 혹은 기존의 것과는 다른 창의성을 가졌는지 알지 못할까? … 왜냐하면, 우리는 가장 전통적이고 학구적인 의미에서의 능력, 즉 기본 교재와 연습문제지에 나오는 읽기, 쓰기, 철자법, 과학, 사회, 수학 능력에만 신경을 쓰기 때문이다."[2] 최근에 나는 분위기가 바뀌었는지를 알아보기 위해 지난 10년간 발행된『러닝 디서빌러티 쿼터리』를 검토해보았다. 바뀐 게 없었다. 그어떤 기사도 학습장애아동으로 분류된 아이들의 강점이나 재능, 능력에 초점을 맞추고 있지 않았다. 각 특수교육 대상 아동에 관해 작성해야 하는 개별화교육프로그램IEP 서식에 가끔 아이의 장점이 무엇인지

쓰라는 공간이 있었던 것은 사실이다. 그러나 그것은 결코 큰 중요성을 부여받지 못했다. 예시 문구가 제공되는 경우도 있었는데, '열심히 노력한다' 같은 것들이었다. 이 문구는 생각해보면 참으로 부정적이다. 왜냐하면, 만약 학생이 더 똑똑했다면, 그렇게 열심히 노력할 필요가 없다는 것을 의미하기 때문이다.

특수교육 시스템은 들어가기는 쉬워도 빠져나오기는 어려운 세계다. 그런데도 내가 가르치는 반 학생들은 "언제쯤이면 이 특수학급에서 나갈 수 있을까요"라고 끊임없이 묻고 있었다. 그 아이들에게는 특수학급 교실이나 '학습도움실'(하루 1~2시간씩 방문하는 곳으로, 나머지 수업은 '일반' 학생들과 함께 듣는다)로 들어가는 것을 남에게 보여주는 것이 수치스러운 일이었다. 연구에 따르면, 특수교육을 받는 학생들은 자주 괴롭힘을 당하거나 '바보'나 '저능아' 같은 욕을 듣는다고 한다. 그들 중 다수는 특수교육 대상 학생이라는 이유로 정서적·사회적·신체적 고립을 경험한다.[3] 한 학생은 자기 선생님에게 이렇게 말했다. "앨빙거 선생님, 선생님이 저를 계속 학습도움실로 오게 하신다면, [창밖을 가리키며] 저는 저기 길거리의 부랑자가 되고 말 거예요. 밖에 있는 부랑자들도 모두 학습도움실을 다녔다고요."[4] 특수교육에 대한 학생들의 인식을 조사하는 연구에 참여한 다른 학생은 다음과 같이 말했다.

나는 내가 특수학급에 있어야 한다는 것을 알고 있고, 그 부분이 마음에 들지 않는다. 하지만 나는 일반학급에 들어갈 수는 없다. 제대로 해내지 못할 것이기 때문이다. 일반학급에서 수학을 배운 적이 있는데 너무 싫었다. 친구들은 "야, 나는 대수학을 배웠는데, 넌 뭘 배웠어?" "아, 기초 수학!" 이런 식이다. … 나는 학습도움실에서 수학을 배우는 것이 싫었다. 내가 다르다는 느낌이 든다. 다른 아이들에게서 소외되었다는 기분이 든다. 하지만 [특수학급] 종일반에 들어갈 수도 있는데, 그렇게 되면 정말 상태가 안 좋은 아이들과 함께 있게 된다. 그러니 그러지 않은 것만 해도 다행인 것 같다.[5]

한 다른 연구는 자신이 아끼는 'LD'(학습 장애) 학생을 '사랑하는 바보Darling Dummy'의 줄임말인 D. D.라고 다정하게 부르는 어느 수학 교사의 말을 인용하기도 했다.[6]

특수교육의 또 다른 큰 문제는 특수교육이 보통은 그다지 흥미롭지 않다는 것이다. 물론 여기에는 예외가 있다. 교육과정이 풍부한 특수교육 수업을 여러 번 본 적이 있고, 내가 만난 특수교육 교사 중에는 학교에서 가장 깨어 있고 진보적인 교육자들도 있었다. 그러나 많은 특수교육 교실에서는 일종의 엔트로피가 증가하고 있는 것 같다. 특수교육은 결핍에 기반을 두고 있어서, 교실에서는 정말로 역동적인 어떤 것이 진행되고 있는 것 같지 않다. 아이들은 열대 우림을 만들거나 셰익스피어를 연기 하지 않는다. 학생들은 주로 테이블이나 책상 앞에 앉아서 연습문제집을 풀거나, 오턴 질링엄Orton-Gillingham 기법 같은 세련된 특수교육 프로그램 또는 특정한 읽기쓰기능력을 개선하기 위해 고도로 구조화된 프로그램인 린다무드-벨 학습 과정 등의 활동을 한다. 많은 특수교육 수업들은 여전히 "크룩섕크 교실Cruikshank classroom"이라고 불리던 것, 즉 '운동과다증' 내지 '미세 뇌 손상' 아동(1950년대와 1960년대에 우리가 현재 ADHD라고 이름 붙인 아이들을 지칭하는 용어였다)을 위해 고안된 교실을 그대로 따르고 있는 것 같다. 이 교실에는 포스터도 없었고, 자극을 차단하는 개인 열람실이나 활기 없는 실내 디자인 외에는 별다른 것이 없었다.

최근에 밝혀진 특수교육의 또 다른 어두운 측면이 있다. 여기에는 특수교육 아동들에 대한 숨겨진 학대가 포함된다. 전국장애인인권네트워크와 정부회계국의 최근 보고에 따르면, '특수한' 계층의 아이들이 종종 부모의 동의 없이 격리되고, 제압당하고, 체벌을 받는 사례가 대단히 많았다. 다음은 그 사례의 일부이다.

- 소변을 본 장애아동을 그 상태로 격리된 곳의 의자에 억지로 앉혀 놓은 사례
- 아이가 움직이지 못하도록 의자에 테이프로 고정한 사례
- 휠체어에 앉은 아이를 벨크로로 묶어서 2시간 동안 승합차에 가둬둔 사례
- 9살짜리 다운증후군 아이를 질질 끌고 운동장을 가로질러서 큰 찰과상을 입힌 사례
- 양극성 장애와 자폐성 장애가 있는 아이를 제지하다가 팔을 부러뜨린 사례
- 네 명의 직원이 자폐성 장애가 있는 15세 남자아이를 바닥에 눕히고 손을 등 뒤에서 잡고 어깨와 다리를 눌러 제압하는 과정에서 아이가 사망한 사례[7]

미국의 주 가운데 41%에는 공립학교 내의 제지나 격리에 관한 법률이나 정책, 지침이 마련되어 있지 않다. 거의 90%는 15세 자폐아동을 죽음에 이르게 한, 눕혀서 제압하는 방법을 여전히 허용하고 있다. 정신적·육체적 장애가 있는 학생들은 일반 학생들보다 더 많은 벌을 받는다. 예를 들어 텍사스주에서는 특수교육 학생이 전체 학생 수의 10.7%밖에 안 되는데, 체벌을 받은 학생 수로 따졌을 때는 전체의 18.4%를 차지했다.[8](책이 출간된 2011년 상황임-옮긴이)

뒤에 남겨진 많은 아이들

특수교육은 앞에서 언급한 바와 같이 수많은 문제점이 있지만, 일반교육도 여러 가지 점에서 그리 좋은 상황은 아니다. 장애가 있는 학생들은 최소로 제한된 환경에서 교육을 받도록 규정되어 있다. 문제는 일반학급 교실이 일반 학생들에게도 대단히 제한적인 경우가 많다는 것이다. 일반학급의 모든 학생은 표준화된 시험으로 측정된 성과에 근거해 정해진 학업성취 기준을 충족하기 위해 공부한다. 이렇다면 자신의 신체적, 정서적, 창의적, 인지적, 영적 능력을 발휘하는 전인적 인간이 될 가능성은 크지 않다. 요즘은 학생들을 시험 보는 기계가 되길 요구한다. 이것 또한 매우 제한적인 환경이다. 그러니 어떻게 그런 환경에 모든 학생을 포함하는 것을 바랄 수 있겠는가?

지난 세기 동안 미국의 교육은 예술, 체육, 종교, 수학, 과학, 사회, 문학, 역사 등을 아우르는 학습-다시 말해 전인교육-에서 표준화된 시험으로 측정하는 읽기, 수학, 과학에 매이는 학습으로 전환했다. 이런 전개에는 여러 원인이 있는데, 20세기 초의 대량생산된 표준 학업성취도평가의 발전, 20세기 중반 소련의 스푸트니크 인공위성 발사 이후 미국이 국제 아이디어 시장에서 어떻게 패하고 있는지를 강조하는 정치적 분위기, 20세기 후반 공교육의 구조를 결정하는 데 미국 정부와 기업의 관여가 증가한 것 등이 있다. 이런 추세가 정점에 이른 사건은 2001년 '낙오아동방지법No Child Left Behind Act'의 통과였다. 이 법은 읽기, 수학, 과학 시험에서 '연간 적정 향상도'를 달성하지 못하는 학교에는 무거운 제재를 가하는 것과 2014년까지 모든 학생이 이들 교과에서 정해진 성취기준에 도달해야 한다고 규정했다. 미국교육학회American Educational Research Association의 전 회장인 데이비드 C. 베를리너는 그 법안에 대한 논평에서 다음과 같이 썼다. "아동과 전혀 접촉하지 않는 사람들만이 **모든** 학생이 그 3개 교과에서 높은 성적을 내야 한다고 규정하는 법안을 만들고, 개인차가 존재한다는 사실을 부정할 수 있다는 점에 우리는 주목한다. 또한 그 사람들만이 **모든** 아이가 정확히 같은 속도로 높은 수준의 숙련도에 도달할 것이라고 믿을 수 있다."9

이런 종류의 압박은 모든 학생에게 스트레스를 주지만 특히 특수교육 학생들에게 큰 타격을 준다. 장애가 있어도 학업에 어려움을 겪는 많은 아동은 일반학급의 학생들과 같이 표준 능력시험을 봐야 한다.

베를리너는 "특수교육 학생들에게 다섯 번이나 불합격한 시험을 강제로 다시 보게 하는 등 연민과 인간미가 사라지고 학생의 행복을 노골적으로 무시하는 사례도 보인다."고 말했다. 일리노이주의 교육감인 스티븐 A. 하면은 "난독증이 있는 아이에게 지필 읽기 시험을 치게 하는 것은 하반신마비 환자에게 장애물 경주를 하게 하는 것과 같다."고 쓰고 있다. 특수교육 교사 린 레이카드는 미국 교육부 장관인 안 던컨에게 자신은 아이들의 자존감을 향상시키기 위해 일 년 내내 노력하지만 결국 시험 기간이 다가오면 모든 노력이 다 수포가 된다며 이렇게 말했다. "그 아이들은 자신감이 충만해진 걸 느낍니다. 그런데 그러다가 두 단락의 읽기 지문을 보고 아는 단어가 여섯 개밖에 없다는 걸 알게 되는 겁니다. … 제가 가르치는 학생 중에 글을 못 읽는 아이가 있는데, 그 애도 시험을 봐야 할 테고, 그럼 그 아이는 울어버릴 겁니다." 시애틀의 교사 두 명은 심각한 인지장애가 있는 자기 반의 학생들의 시험을 거부했다는 사유로 10일간 정직 처분을 받았다. 그 교사들은 스트레스를 너무 많이 받을 거라는 이유로 자신의 아이가 시험을 치는 것을 원치 않았던 학부모들의 요청에 따랐던 것뿐이었다(그 아이들은 정규 시험이 아닌 '대안 평가'에서도 '0점'을 받은 적이 있었다).[10] 또한 이처럼 표준화된 시험을 교육의 궁극적 목표로 강조하는 것이 특수교육 학생들에게 불필요한 압박이 되는 또 다른 이유는, 그 시험을 준비하는 데 하루에 몇 시간을 쓰게 함으로써 아이들 자신의 힘으로 성공적인 신경다양성 인간이 되기 위해 배울 시간을 뺏기기 때문이다.

다행히도 일반교육과 특수교육의 부정적인 측면은 피하고, 장애로 분류된 아동과 그렇지 않은 아동 모두가 같은 교실에서 풍부한 학습경험을 하게 하는 프로그램들이 전국 곳곳에서 진행되고 있다. 아마도 가장 잘 알려진 예는 매사추세츠주 도체스터에 있는 패트릭오헌초등학교일 것이다. 이 학교는 전교생의 25%를 차지하는 특수교육 학생들을 위해 완전통합 교육을 실시하고 있다. 이는 신경다양성 아동들과 기타 장애가 있는 학생들이 일반 교실에서 전 과정을 비장애 학생들과 함께 공부한다는 것을 의미한다. 패트릭오헌초등학교에서 강조하는 것은 각 아동의 강점이다. 모든 교직원은 아이들이 저마다의 재능을 발휘하도록 격려하는 방법에 대해 교육을 받는다. 전 교장인 윌리엄 헨더슨은 교직원들이 각각의 학생들에 대해 얼마나 긍정적인 이미지를 가졌는지 보여주는 몇 가지 예를 들려준다.

- 조니(학습장애가 있는 아동)를 특별한 컴퓨터 프로그램을 이용해서 훌륭한 이야기를 쓰는 아이로 묘사하는 영어 교사
- 척(인지기능 발달 지연이 있는 남학생)이 기하학적 도형을 얼마나 잘 조합하는지 자랑하는 보조 교사
- 음악 공연에서 애슐리(자폐아)가 얼마나 환상적으로 노래를 잘하는지 이야기하는 음악 전문가

- 다이애나(정서장애가 있는 여학생)가 점심시간에 얼마나 열심히 청소를 도와주었는지 이야기하는 구내식당 직원
- 윌리(ADHD가 있는 아동)가 온갖 종류의 자동차 문제를 얼마나 잘 해결하는지 물리학 교사에게 알려주는 특수교육 교사
- 사무실에 심부름을 하러 온 얼머(언어 발달장애 아동)의 의사소통이 얼마나 더 명확해졌는지 평하는 직원
- 자기가 읽은 책들 때문에 자신이 5학년 슈퍼스타라고 모두에게 알리고 다니는 마리아(다운증후군이 있는 여학생)[11]

헨더슨은 학생들에 대한 높은 기대의 중요성을 다음과 같이 강조한다.

우리는 학업 성취도가 가장 높은 학생들뿐 아니라 다운증후군이 있는 학생들에게도 책을 최대한 많이 읽도록 격려한다. 우리는 가장 빨리 달리는 학생들뿐 아니라 뇌성마비가 있는 학생들에게도 최대한 많은 운동을 하도록 격려한다. 우리는 말을 가장 잘하는 학생들뿐 아니라 말이 서투른 학생들에게도 최대한 효과적으로 의사소통을 하도록 격려한다. 우리는 사교성이 뛰어난 학생들뿐 아니라 자폐성 장애가 있는 학생들에게도 최대한 긍정적으로 상호작용하도록 격려한다. 모든 아이를 위한 우리 학교의 목표는 '더 똑똑해지고, 더 똑똑하다고 느끼고, 더 똑똑하게 행동하는 것'이다.[12]

이런 종류의 높은 기대치는 비현실적으로 높은 '낙오아동방지법'의 기대와는 전혀 다르다. 그 법은 모든 아이가 미래의 어느 특정한 날짜에 정해진 시험 점수를 얻을 수 있다고 상상한다. 이런 공상적 사고는 "나는 모든 아이가 동시에 연습문제집의 같은 페이지를 푸는 것을 보고 싶다."라는 말로 자신의 교육 철학을 밝힌 교육감을 떠올리게 한다.

이와는 다르게, 패트릭오헌초등학교에는 모든 학생이 학문 교과와 비학문 교과에서 각자의 방식과 속도로 성취할 수 있게 하는 풍부한 교육과정이 마련되어 있다. 헨더슨은 다음과 같이 쓰고 있다.

아이의 인지능력과 상관없이, 우리는 아이들이 모든 교과 공부에 참여하기를 원한다. 이를 위해서는 학생들을 위해 학습 자료를 단순화하거나, 교육과정을 조절하거나, 아이들이 각자의 능력이 닿는 한 최대로 학습 자료에 집중할 수 있게 하기 위해 창의력을 발휘해야 한다. 장애가 있는 학생들은 대부분 추가적인 지원과 전문적인 교육이 필요하다. 그러나 나의 신념은, 장애인교육법IDEA에 의거하여 발달장애 학생들이 일반 교과과정의 맥락에서—읽기, 쓰기, 수학, 사회, 과학, 체육, 예술과 같은 교과를 공부하면서—그러한 서비스를 받아야 한다는 것이다.[13]

예를 들어, 학생들은 셰익스피어를 공부하지만, 배우는 방식은 각자 다르다. 어떤 학생은 눈으로 읽고, 어떤 학생은 손가락으로 읽으며,

또 어떤 학생은 그림으로 해석하고, 또 다른 학생은 촌극을 한다. 어떤 5학년 교사는 회고록이라는 문학 장르에 대한 수업에 학생들을 참여시킨다. 몇몇은 장정된 책을 읽을 것이다. 몇몇은 오디오 테이프를 들을 것이고, 다른 몇몇은 책을 스캔해 단어를 보여주면서 읽어주는 컴퓨터 프로그램을 사용할 것이다. 학생들에게는 각자의 고유한 재능과 필요에 맞게 학습 자료에 숙달할 수 있게 도와주는 특수한 교육 강화 도구가 제공된다. 언어치료사는 벳사이다(말이 서투른)가 자신의 요구를 더 성공적으로 전달할 수 있도록 음성녹음과 그림상징 세트를 구성한다. 생물 교사는 조슈아(가벼운 인지기능 지체가 있는)가 특정한 실험실 활동을 책임질 방법들을 열거한 차트를 만든다. 미술 교사는 소근육 운동장애가 있는 학생이 그림 도구를 더 잘 사용할 수 있도록 다양한 악력기 상자를 보관하고 있다.

이런 학습 접근법이 너무나 자연스럽고 비교적 실행하기 쉬워 보임에도(특히 모든 아이가 동시에 똑같은 방식으로 학습하도록 강요하는 방식과 비교했을 때), 완전통합 교육에 대한 반대는 여전히 매우 거세다. **일정 시간** 동안 일반학급에 있는 것이 장애가 있는 아이들에게 도움이 될 거라는 점은 많은 사람이 인정하겠지만, 그 아이들이 **항상** 일반학급에 있는 것을 반기는 사람들은 거의 없다. 어떤 사람들은 교실 뒤쪽에서 특수교육 교사가 특별한 도움이 필요한 아이들을 봐주고, 일반학급 교사가 나머지 학생들을 대상으로 수업을 진행하면 그게 통합 교육을 하는 것이라고 생각한다. 하지만 사실은 오래된 습관과 패턴대로 하는 것뿐이다. 이 상황은 아프리카계 미국인들을 백인 학교에 완전히 받아들이는 것을 꺼려서 분리주의 정책을 쓴 옛 남부의 학교와 약간 비슷하다. 교육부 특수교육프로그램부서 책임자였던 토머스 헤이르은 다음과 같이 지적한다. "장애인에 대해 대단히 부정적으로 반응하는 사람들이 여전히 있으며, 그러한 반응의 일부는 그들을 분리하자는 것이다."[14] 필요한 것은, 학부모와 교육자, 그리고 다른 사람들이 장애가 있는 사람들을 인간 능력의 스펙트럼의 일부로—1장에서 설명한 연속선의 일부로—보는 대대적인 인식의 변화가 일어나는 것이다.

신경다양성의 개념은 장애가 있는 사람들을 소위 정상적인 사람들과 분리시키는 오래된 벽을 허물어뜨리는 대안적인 접근법을 제공한다. '신경다양성 교실'을 통해 우리는 공립학교와 사립학교의 완전통합 교육 프로그램에 대한 논의를 시작할 수 있다. 모든 배경과 능력, 다양성을 가진 학생들이 모두 함께 공부할 기회는 그 자체로 통합교육만이 제공할 수 있는 긍정적인 학습 요인이다. 자폐나 학습장애나 정서장애아들만 있는 학교에서는 그런 경험을 할 수 없다. 연구에 따르면, 통합교실에서 배우는 학생들은 '분리된' 교실에서 배우는 학생들에 비해 자신에 대해 더 긍정적인 이미지를 형성한다고 한다.[15] 인류학자 로이 리처드 그린커의 딸은 자폐성 장애가 있는데, 그녀는 스미스소니언 얼리인리치먼트 센터Early Enrichment Center에서 완전통합 교육을 받았다. 그 센터는 스미스소니언 박물관 단지의 풍부한 소장품들을 이용해 다양한 체험형 교과과정을 구성한다. 그녀의 선생님인 새론 섀퍼와 질 맨코위츠에 따르면, 이사벨이 프로그램에 참여한 것은 다른 아이들에게 긍정적인 영향을 주었다. 섀퍼는 다음과 같이 회상했다. "이사벨이 교실에 다양성만 가져다준 것이 아닙니다. 이사벨은 다른 아이들을 덜 이기적으로 만들었습니다." 이사벨이 학교에 결석했을 때, 학생들은 다른 모습을 보였다. "그들은 서로에게 더 경쟁심을 보였고, 서로 쏘아붙였습니다. 완전히 무너지지는 않았지만, 중심을 잃은 것 같았어요. 그러다가 이사벨이 다시 교실로 돌아왔을 때 아이들은 정상으로 돌아왔습니다."[16] 그뿐 아니라 다른 환경에서는 문제를 일으키던 학생들이 통합 학급에서 적절한 지원을 받으면서 성공하는 사례도 많다. 예를 들어 패트릭오헌초등학교에서는 공격적인 충동을 보이던 한 소년이 운동장에서 또래들을 가르치는 킥볼 코치 역할을 맡자 그 공격성이 건설적인 방향으로 흘러갔다. 또 다른 완전통합 학교인 위스콘신주 매디슨에 있는 포크초등학교에서는 '폭력적인 행동문제' 때문에 경찰에 연행되어 학교에서 쫓겨나 2학년을 고립된 채로 보내야 했던 소년 자말이, 그 다음 해에는 매일 종일 큰 사건 없이 일반학급에서 보냈고 위스콘신주 3학년 시험을 통과했다.[17]

신경다양성 교실은 어떤 모습일까?

최악의 통합 교실은, 교사는 강의하고 학생들은 조용히 앉아서 필기하거나 교과서를 읽거나 연습문제집을 풀거나 시험을 보는, '늘 하던 식대로 하는 안이함'이 가득한 교실이다. 그러나 통합교육을 처음 시도할 때는 이런 식으로 수업을 진행하는 경우가 많고, 수업이 실패하면 교사들은 어설픈 실시 방식이 아니라 통합교육 과정 자체로 문제의 원인을 돌린다. 완전통합 교실, 즉 신경다양성 교실을 운영하기 위해서는 일반교사와 특수교사 모두에 대한 재교육이 필요하다. 사실, 재교육이 실시되는 곳에서는 특수교육계와 일반교육계가 본질적으로 용해되고, 이 용해물에서 새로운 토대―신경다양성에 기반한 새로운 유형의 교육―가 생겨나야 한다. 그 토대 위에서는 뇌에 대한 이해, 모든 종류의 다양성에 대한 친숙함, 보조공학의 전문적 활용, 대안 교육전략의 사용, 차별화된 커리큘럼 구성, 모든 학습자의 요구를 충족시키는 다양한 수단 등이 '일반'교육 대 '특수'교육이라는 오래된 이분법에 우선한다. 다음은 신경다양성 교실의 구체적인 특징들이다.

신경다양성 교실에는 여러 다양한 유형의 학생들이 있다. 신경다양성 교실은 문화, 인종, 성별, 성적 지향과 관련해 다양한 학생들을 포함한다. 이 책에서 다룬 신경다양성의 형태 외에도 언어나 의사소통 발달 지연 등의 장애, 뇌성마비, 간질, 척추 이분증, 낭포성섬유증, 시각장애, 청각장애, 다발성 경화증, 근이영양증, 뇌졸중, 중복장애 등의 장애를 포함한다. 그뿐 아니라 영재로 분류되거나 재능이 있는 학생들도 포함한다.

신경다양성 교실은 다중지능 수업전략 등 보편적 학습 설계 방법을

활용한다. '보편적 설계universal design'는 원래 모든 사람의 기능적 역량이 향상될 수 있도록 기능을 방해하는 환경적 장벽을 제거하려는 시도를 가리키기 위해 도시설계자들이 사용한 철학이다.[18] 일상생활에서 볼 수 있는 좋은 예는 인도와 차도 사이의 연석을 낮추는 것인데, 이것은 휠체어를 타는 사람들이 일반 도로에 접근할 수 있게 하려고 설계된 것이지만 유모차를 미는 부모들, 스케이트보드를 타는 십대들, 조깅하는 사람들, 노인들에게도 도움이 된다는 것이 입증되었다. 교실에서의 보편적 설계는 장애가 있는 아이들을 위해 학습 장벽을 제거하고, 이를 통해 모든 학생의 학습 능력을 향상시키려는 노력을 뜻한다. 제7장에서 언급한 다중지능 이론은 보편적 학습 도구 설계의 좋은 예로서, 장애 아동과 비장애 아동 모두에게 도움이 되는 다양한 학습 접근법을 제공한다. 예를 들어 읽기를 할 경우, 음악지능이 뛰어난 난독증 학생들은 건반이 부착된 책을 이용해 연주와 읽기를 함께 할 수 있고, 읽기에 어려움이 있지만 그림에는 재능이 있는 자폐성 장애 학생들은 그림책이나 입체 팝업북을 이용하여 읽을 수 있다. 수학 시간에, 신체운동지능이 높은 ADHD 아동들은 구구단을 외울 때 세 번째 숫자마다 폴짝폴짝 뛰면서 할 수도 있다. 역사 시간에 정서장애가 있는 학생들은 군인 미니어처를 사용해서 유명한 남북전쟁 전투 이야기를 들려줄 수도 있다.[19] 여기서 중요한 점은, 이러한 방법들이 장애아동으로 분류된 학생들뿐 아니라 그렇지 않은 학생들에게도 유용할 수 있고, 음악적으로, 공간적으로, 또는 몸을 움직여서 배우고자 하는 욕구를 정확하게 충족시켜준다는 것이다. 또한 자동차 같은 주제에 대한 읽기 자료를 다양한 수준으로 제공하거나, 생애주기의 서로 다른 측면을 조사하기 위한 학습센터 설계 등의 차별화된 학습 전략은 모든 학생이 같은 주제를 자신의 고유한 능력에 따라 공부할 수 있게 해준다.

신경다양성 교실은 인지적, 교육적, 감정적, 행동적 문제를 망라해 다양한 꼬리표를 단 사람들과 그런 꼬리표가 없는 사람들을 포함한다. 신경다양성 교실은 장애를 가진 학생들을 받아들이는 '일반교실'이 아니다. 일반교실이란 말은 '정상적인' 방법을 통해서는 배울 수 없는 아이들을 수용하기 위해서 수정이 가해져야 하는 '표준적인' 교실이 있음을 암시한다. 이 오래된 모델에서 장애가 있는 학생들은 다른 누군가의 집을 방문한 '객'이고, '다른 아이들처럼 배울 수 있는' 기회를 얻게 된 것에 감사해야 한다. 이런 방식에는 은혜를 베푼다는 식의 태도가 있다. 교사들은 "이 아이들이 우리 반에 들어오지 않으면 좋겠지만, 의무 사항이니까 그 아이들의 필요에 맞춰주는 것 외엔 다른 선택의 여지가 없어."라고 생각할지도 모른다. 신경다양성 교실은 모든 종류의 꼬리표를 단 학생과 그렇지 않은 학생 모두—장애아, 영재, 보통 학생—가 동등한 자격으로 모여서 만들어가는 새로운 종류의 교실이며, 그곳에는 정상적인 학생 같은 것은 없고 학생 한 명 한 명이 고유한 학습자로 존중받는다.

신경다양성 교실은 모든 종류의 다양성을 가르치고 찬양한다. 신경학적 차이 외에도 문화, 인종, 성별, 성적 지향의 다양성에 대해 가르친다. 이런 다른 형태의 다양성에 대해 가르치는 커리큘럼과 더불어, 신경다양성 교실은 신경다양성을 찬양하기 위해 다음과 같은 폭넓은 경험과 활동을 제공한다.

- 역경을 극복하고 위대한 성취를 이룬, 신경다양성을 가진 유명인들의 삶에 대한 공부(예: 에이브러햄 링컨-우울증, 존 내쉬-조현병, 아가사 크리스티-난독증)
- 신경다양성을 가진 지역사회 구성원 중 직업 생활에서 장애물을 극복한 사람들을 초청하여 그들의 경험에 대해 들음
- 신경다양성을 가진 유명인들에 대한 다양한 책이나 영화, 기타 자료 제공
- 수업 계획 과정이나 수업 시간에 신경다양성을 가진 학부모들을 참여시키기
- 신경다양성 보물찾기(학생들은 활동 목록-말을 그릴 수 있는 사람 찾기, 모차르트 곡을 휘파람으로 불 수 있는 사람 찾기 등-을 받고, 교실 안에서 이런 것들을 할 수 있는 사람들을 찾는다)
- 신경다양성과 관련된 달력에 나오는 특별한 이벤트 기념하기(예: 자폐 자랑의 날Autistic Pride Day)
- 이 책에서 다루는 ADHD, 난독증, 자폐성 장애 및 기타 형태의 신경다양성에 대한 정보 공유하기

　신경다양성 교실은 여러 특수한 요구를 가진 학생들이 정보에 접근하고, 학습에 참여하고, 인지적, 감정적, 예술적, 창의적, 영적으로 자신을 표현할 수 있도록 도와주는 풍부한 보조공학 기기를 보유한다. 바로

앞에서 이야기한 '저차원적 기술low-tech' 전략 외에도, 신경다양성 교실은 학생들이 학습 활동에 접근할 수 있도록 돕기 위해 여러 첨단 기술을 활용한다. 맞춤법을 어려워하는 학생들을 위한 맞춤법 검사기, 난독증 학생들을 위한 문자-음성 변환 소프트웨어, 그림으로 배우는 학습자들을 위한 그림이 붙어 있는 특수키보드, 장애 때문에 팔을 움직이지 못하는 학생들이 컴퓨터를 사용할 수 있게 해주는 시선추적 기술 등이 있다. 이 책에서 설명한 대부분의 보조공학 기기는 신경다양성 교실에서 이용할 수 있다(또는 학교 도서관이나 미디어 센터를 통해 접근하게 할 수 있다).

신경다양성 교실은 환경, 공간의 이용, 기타 생태학적 고려사항에도 주의를 기울인다. 대개는 책상, 의자, 칠판이 있고 벽에 포스터가 몇 장 붙어 있는 '일반 교실'과는 달리, 신경다양성 교실은 이용할 수 있는 공간을 최대한 이용하여 여러 방식으로 환경을 개선하고, 서로 다른 교육적 요구를 가진 아이들이 더 효과적으로 배울 수 있도록 작은 공간들을 마련한다. 소음에 예민한 자폐학생은 시끄러운 버저음이나 의자가 바닥을 긁는 소리를 차단할 필요가 있을 것이고(다른 학생들에게도 좋은 일이다), 다른 학생들과 떨어져서 그들만의 사적인 세계를 탐험할 수 있는 '적소 구역'을 제공해야 할 수도 있다(대개는 다락방이 그런 조용한 공간이 되어준다). 한편, 사교적인 학생들은 대인 상호작용이 이뤄질 수 있는 집단적 공간이 필요하고, 정서적 어려움을 겪는 학생들은 자신의 감정을 배출하고 표현할 수 있는 드라마 구역(예: 인형극장)이 필요하다. 때때로 그런 공간은 교실을 벗어나 교내의 다른 장소로 확장될 수도 있다. 예를 들어 매일 '녹색' 활동이 필요한 ADHD 아동을 위한 야외 공간이나 감정적으로 자신을 표현할 필요가 있는 학생들을 위한 미술이나 공예 공간 등이 필요할 수 있다. 당연히 이런 공간들은 꼬리표가 있든 없든 상관없이 모든 학생이 이용할 수 있을 것이다.

신경다양성 교실에는 각 개인의 학습과 발달의 여정을 뒷받침해주는 풍부한 인간관계망이 형성된다. 보통 한 명의 교사가 전체 학생들을 가르치는 '일반 교실'에 비해, 신경다양성 교실에는 많은 교사가 있는데, 여기에는 함께 가르치는 특수교사와 일반교사(때로 협력교수라고 불리는 방식), 개인지도교사, 보조교사, 학부모 자원봉사자, 수화나 이동, 정서적 관리 등에 도움을 주는 전문 인력, 그리고 서로를 가르쳐주는(또래 학습) 학생들까지도 포함된다. 패트릭오헌초등학교의 학생들은 중요한 학습목표를 달성한 급우가 있으면 함께 환호해주기도 한다. 이런 종류의 분위기는 각각의 아이가 가진 소속감과 자아존중감에 대한 욕구를 충족시켜준다.

신경다양성 교실은 각 개인의 자연적이고 유기적인 발달을 믿는다. 표준화된 시험 점수를 기준으로 각 학생의 '연간 적정 성취도'를 측정하기보다는, 모든 아이가 꽃의 성장과 다르지 않은 자신만의 여정을 거치고 있다고 생각한다. 이와 마찬가지로 아동의 발달을 생태적 기적으로 본 과거 위대한 교육자들의 메시지를 수용한다. 프랑스의 철학자 장 자크 루소는 언젠가 이렇게 썼다. "내가 말을 거는 대상은 바로 당신, 이제 막 태어난 그 나무를 큰길가에서 멀리하게 하고, 사람들의 평가로 인한 충격으로부터 보호할 줄 아는, 다정하고 선견지명이 있는 어머니, 바로 당신이다. 그 어린 식물이 죽기 전에 물을 주고 잘 돌보아라. 그 열매는 언젠가 당신의 기쁨이 될 것이다. 당신 아이의 영혼에 일찍이 울타리를 둘러라." 유치원의 창시자인 프리드리히 프뢰벨은 다음과 같이 말한다. "우리는 어린 식물과 동물들에 공간과 시간을 부여한다. 왜냐하면 그들 안에 존재하는 법칙에 따라 그들이 적절한 발달을 거쳐 잘 자라리라는 것을 알고 있기 때문이다. 어린 동물과 식물들에 휴식을 주고, 그들의 성장에 임의로 간섭하는 일은 되도록 피한다. 그렇게 하지 않으면 그들의 자연스러운 개화와 건전한 발달을 저해할 것이기 때문이다." 마리아 몬테소리는 "좋은 가르침의 비결은 아이들의 지능을 비옥한 땅으로 여기는 것이다. 그 땅에 씨앗이 뿌려지고, 그 씨앗은 활활 타오르는 상상력의 열기 아래에서 자랄 것이다."[20] 요즘의 교육평가는 표준과의 비교, 즉 학생을 과거 어느 시점에 표준 시험을 치른 학생 집단과 비교하는 것이 주를 이룬다. 반면 신경다양성 교실은 아동 자신의 과거 수행을 기준으로 하는 개인 내 발달에 더 관심을 둔다. 각 아이가 자신만의 고유한 여정을 거친다고 간주함으로써 우리는 압박을 없애고, 풍요로운 주변 환경의 지원을 받아 아이의 자연적인 힘이 긍정적인 영향력을 발휘할 수 있게 한다.

만약 신경다양성 교실의 교육자들이 꼬리표를 단 학생들을 교실에 필요한 자산이 아니라 부담과 의무로 여긴다면, 신경다양성 교실은 절대 작동하지 않을 것이다. 효과가 있는 것처럼 보이게 만들 수는 있다. 교사는 법적 의무를 이행해야 할 책임을 떠올리면서 '우리보다 능력이 부족한' 사람들을 위해 좋은 일을 한다는 긍정적인 도덕감으로 마음을 달래고, 정돈되고 생산적인 교실을 유지하는 데 필요한 조정을 하도록 효과적인 훈련을 받았을 수는 있다. 그러나 신경다양성 교실은 더 깊은 근본으로 내려가서, 때론 행군하듯이, 쿵쾅대면서, 절뚝거리면서, 휠체어를 타고, 다른 사람을 밀치고, 미끄러지듯이, 깡충거리며, 아니면 그냥 걸어서 교실로 들어오는 그 학생들을 대하는 각 교사의 내면의 태도와 믿음에 닿지 못한다면, 근본적인 결함이 있는 시스템의 외관만 바꾼 것에 지나지 않을 것이다. 누군가는 예산상의 제약과 앞에서도 설명한 교육계의 문제점들 때문에 내가 이 장에서 제안하는 변화를 '허황된 꿈'일 뿐이라고 주장할지도 모른다. 그러나 패트릭오헌초등학교나 포크초등학교 같은 학교들은 공립학교 수준에서 이러한 목표를 달성하는 것이 가능하다는 것을 보여준다. 사실, 가능한 가장 큰 변화는 비용이 거의 혹은 전혀 들지 않는 것이다. 바로 꼬리표를 단 아이들을 대하는 교육자들의 태도를 바꾸는 것이다. 통합교육이 실제로 효과를 낼 수 있는 유일한 길은, 교사들에게 과거에는 '일반교실'에서 배제됐던 그 학생들이 자신의 교실에 들어옴으로써 긍정적인 변화가 일어날 거라는 확신을 심어주는 것이다. 난독증이 있는 아이가 교실에 들어오는 것을 보면 교사는 '미래의 기계 공학자나 기업가'를 떠올려야 하고, 아스퍼거 꼬리표를 단 아이가 들어오면 '미래의 컴퓨터 프로그래머'를 머릿속에 그려야 하며, 정서적인 어려움을 겪는 아이의 이름을 출석부에 적을 때는 '미래의 예술가, 배우, 작가'라고 생각해야 한다. 교사가 각각의 장애 범주에 대한 고정관념을 가져야 한다는 말은 아니다. 그러나 신경다양성 교실의 각 아이를 어려움을 겪고 있기는 하지만 재능이 있는 아이들로 간주함으로써, 교육자들과 부모들은 그러한 재능이 학년 내내 키워지고 지원받게 하고, 아이들이 매일 여러 가지 성공을 경험함으로써 결국에는 바깥에서 자신을 기다리고 있는 긍정적인 직업과 인생을 찾을 수 있게 할 수 있다.

10장

신경다양성의 미래

The Future of Neurodiversity

지난 세기 동안 임상신경학은 전반적으로 병, 질환, 손상, 이상 등을 살펴보고, 또한 신경계의 하부도 살펴보았습니다. 이제야 비로소 감수성, 재능, 능력, 상상력, 꿈, 의식의 문제들에 관심을 가지기 시작했습니다.

_올리버 색스, 호주 캔버라 마음 센터 설립 강연, 1998년

덴마크의 소프트웨어회사 경영자인 토킬 손Thorkil Sonne은 회사들이 장
애인들을 고용하기를 원한다. 그렇지만 우리가 흔히 생각하는 이유
때문은 아니다. 그는 회사들이 자선이나 호의에서 장애인을 고용하
는 데에 관심을 가지길 바라는 것이 아니다. 그가 회사들이 장애인
을 고용하기를 바라는 이유는 장애인들이 다른 사람들보다 더 뛰어나
기 때문이다. 그가 운영하는 소프트웨어 컨설팅 회사 스페셜리스테른
(Specialisterne: '전문가')의 직원 중 75%가 아스퍼거증후군이나 자폐
스펙트럼장애ASD가 있는 사람들이다. 그들이 하는 일은 소프트웨어 응
용 프로그램을 검사하는 것이다. 밝혀진 대로, 대부분의 소프트웨어 개
발자들과 프로그래머들은 매우 훌륭한 혁신자들이지만 검사하는 일은
잘하지 못한다. 그들은 참신한 문제 해결이나 유례없이 도전적인 사례

들을 즐기지만, 제품이 완성되고 나서 검사하는 지루한 과정은 좋아하지 않는다. 그들은 그 일을 따분하게 여기고, 테스트하는 과정에서 많은 오류를 범할 가능성도 있다. 하지만 검사를 잘 하면 버그를 일찍 잡아낼 수 있어 엄청난 회삿돈을 절약할 수 있다. 아스퍼거증후군이나 ASD가 있는 사람 중 많은 이들은 우수한 컴퓨터 기술, 뛰어난 집중력, 정해진 업무를 즐기는 습관이 있다. 한 직원은 이렇게 말한다. "나는 여기서 일하는 게 좋아요. 나 아닌 다른 사람이 되려고 애쓸 필요가 없어요. 가끔 내 일에 너무 빠지기도 하는데 그것도 괜찮아요. 다른 회사에서라면 잡담도 좀 하고 융통성 있게 굴어야 했을 거예요. 여기서는 사교성이 없다는 얘기를 듣지 않고 내 일에 집중할 수 있어요."[1] 손은 이렇게 말한다. "우리 직원들은 항상 의욕이 넘쳐요. 다른 검사업체의 결함률이 5%인데 비해 우리 회사의 결함률은 0.5%밖에 되지 않습니다. 10배나 더 정확한 거지요. 그래서 우리는 시장가격으로 일할 수 있습니다. 우리가 하는 일은 노동력을 값싸게 이용하는 것도 아니고, 작업치료도 아닙니다. 우리는 그저 일을 더 잘하고 있을 뿐입니다."[2]

손이 자폐인들의 놀라운 기억력과 집중력에 대해 처음으로 알게 된 것은 자폐아인 그의 아들 라스가 『유럽 도로 지도』에 나오는 복잡한 유럽 지도를 그리고, 여러 페이지 번호까지 정확하게 기억해 쓰는 것을 보았을 때였다. 여러 해 동안 자폐성 장애 공동체에 참여한 그는 아스퍼거증후군이 있는 18세의 한 소년을 알게 되었는데, 그 소년은 컴퓨터에 비상한 재능이 있었다. 손은 이렇게 말한다. "그 아이는 국가의 연금을 받아 은둔 생활을 하고 있었습니다. 하지만 나는 그런 상황이 너무나 부당하다고 생각했습니다. 그 아이는 귀중한 IT 기술을 보유하고 있었고, 그 능력은 소프트웨어 검사, 지원 모니터링, 프로그래밍 등에 유용할 것으로 보였기 때문입니다."[3] 2004년에 손은 덴마크 통신회사에서 맡고 있던 직책을 내려놓고, 집을 담보로 대출 받아 스페셜리스테른을 창업했다. 현재 그 회사는 60명의 직원이 있고, 마이크로소프트, 오라클, 레고 등의 기업들과 계약을 맺고 있다. 한 덴마크 잡지에 실린 광고에서 마이크로소프트는 스페셜리스테른의 자산을 다음과 같이 선전했다. "우리는 모두 업무가 너무 재미가 없을 때 집중력을 잃는 것이 어떤 건지 잘 알고 있습니다. 또한 우리는 모두 일이 지나치게 많을 때 세부적인 것들을 건너뛴다는 것도 알고 있습니다. 그러나 마이크로소프트의 윈도우XP 미디어 센터를 검사한 스페셜리스테른('전문가')은 이런 사례에 해당되지 않습니다. 그들에게는 자폐성 장애가 있고, 따라서 특히 더 재능이 있습니다."[4]

우리의 '한 번 쓰고 버리는 문화'

이 사례는 능력 때문에 장애인을 고용하는 진보적인 21세기 기업의 사례로, 신경다양성 및 인적자원과 관련해 중요한 점을 시사한다. 생물다양성과 관련해 우리는 지속 가능한 문화가 되어야 할 필요성을 인식했고, 쉽게 재활용할 수 있는 물건(컴퓨터, 모니터, 가구, 매트리스, 전기 스탠드, 카메라)을 버리지 않아야 한다는 것을 배웠다. 하지만 인적자원 분야에서는 여전히 이 교훈을 제대로 배우지 못하고 있다. 신경다양성 인구 중에는 말 그대로 버려지는 자산과 기술들이 많은데, 이는 고용주들이 사업의 성공에 이바지할 그들의 능력을 알아보지 못했기 때문이다. 자폐성 장애가 있는 사람의 6%만이 정규직으로 일한다. 지적 장애가 있는 사람도 일하기를 원하는 사람들은 더 많지만 31%만이 일을 하고 있다. 심각한 정신질환이 있는 성인의 무려 90%가 실업자인데, 이는 장애가 있는 집단 중에서도 최악의 고용 수준이다. 조사에 따르면, 그들 중 많은 사람은 어느 정도의 도움만 있으면 일을 할 수 있다. 1500년 전, 중국 당나라의 어떤 황제는 모든 인적자원을 귀하게 여기고 활용하는 것의 중요성을 인식하고 다음과 같이 썼다.

현명한 황제는 적재적소에 인재를 배치할 줄 안다. 그는 노련한 목수와 같다. 노련한 목수는 곧은 목재로는 축을 만들고, 굽은 목재로는 바퀴를 만들며, 긴 목재로는 기둥을 만들고, 짧은 목재로는 말뚝을 만들 줄 안다. 따라서 모든 모양과 길이의 목재를 충분히 활용한다. 황제도 이처럼 인재를 활용해야 한다. 지혜로운 자는 지략을 가져다 쓰고, 무학인 자는 힘을 가져다 쓰고, 용기 있는 자는 대담성을 가져다 쓰고, 소심한 자는 신중함을 가져다 써야 한다. 훌륭한 목수가 어떤 목재도 버리지 않듯이 현명한 황제는 어떤 사람도 버

리지 않는다.[5]

그다지 희망이 없어 보이는 상황 속에서도 직업적인 재능을 어떻게 인식할 수 있는지에 대한 놀라울 정도로 유머러스한 예는 표도르 도스토옙스키의 고전 소설 『카라마조프 가의 형제들』에서 찾아볼 수 있다.

그리고리와 마르파는 스메르쟈코프의 성미가 갑자기 유별나게 까다로워졌다고 주인에게 보고했다. 예를 들어, 그는 접시를 앞에 두고 앉아서는 마치 무언가를 찾는 것처럼 고개를 처박은 채 숟가락으로 수프를 휘젓기도 하고, 수프를 연신 떠서는 숟가락을 들어 올려 불빛에 비춰 살펴보기도 했다. "바퀴벌레라도 있어?" 그리고리는 이렇게 묻곤 했다. "파리라도 들어간 모양이죠?" 마르파가 말했다. 결벽증이 있는 듯한 그 청년은 아무 대꾸도 하지 않았다. 빵이든 고기든 무슨 음식을 먹어도 똑같은 짓을 되풀이했다. 그는 마치 현미경으로 검사를 하듯 포크로 고기 조각을 찍어 들어 올려 오랫동안 꼼꼼히 빛에 비추어 본 후 입에 집어넣곤 했다. "이런, 대단한 도련님을 모시게 되었군" 그리고리와 마르파는 그를 바라보며 이렇게 중얼거렸다. 그러나 스메르쟈코프의 이런 새로운 자질에 대해 전해 들은 표도르 파블로비치는 당장 그를 요리사로 만들어야겠다고 마음먹고는 모스크바로 유학을 보냈다.[6]

우리는 이 책에서 문제가 있다고 여겨지는 사람들에게 주변 세상과 나눠야 할 재능이 있다는 것을 보았다. 난독증이 있는 사람의 시각적 사고, ADHD가 있는 사람의 새로움 찾기, 조울증이 있는 사람 중 일부의 예술적 재능, 지적장애가 있는 많은 사람의 유머 감각과 흉내 내는 재주. 조현병이 있는 사람들의 시적·신비적 감수성까지. 하지만 우리는 신경다양성을 가진 사람들을 아무런 지원 없이 직업세계에 들여보내기만 하면 되고 그들의 능력이 구명 뗏목의 역할을 하기를 바라면 된다고 말하는 것은 아니다. 그들의 직업적 성공을 보장하는 중요한 열쇠는 적소 구축, 즉 장애를 최소화하고 능력을 극대화하는 직장 내 환경을 조성하는 것이다. 예를 들어 스페셜리스테른의 경우 손은 다음과 같이 설명한다. "우리는 고객 사무실에 스페셜리스테른과 같은 환경을 만듭니다. 우리 컨설턴트와 접촉하게 될 모든 사람은 우리가 요구하는 조건에 대한 안내를 받습니다. 그들은 우리 직원들을 친절하게 대해야 하고, 스트레스를 받게 해서는 안 됩니다. 덴마크에서는 반어적인 표현이나 비꼬는 표현을 많이 쓰는데, 자폐성 장애가 있는 사람들은 그런 말들을 해독할 수 없습니다. 우리는 요점을 분명히 전달하고, 업무를 정확하게 설명하고, 정해진 절차를 지키는 것이 중요하다는 것을, 특히 문의 사항이 있을 때는 더 그렇다는 것을 고객사에 확실히 전달합니다."

안타깝게도, 많은 정신건강 관련 기관들은 공공과 민간 모두 직업 소개나 훈련보다는 치료에 더 많은 에너지를 쏟는다. 게다가 정신장애가 있는 사람들에게 열려 있는 직종들은 정신장애인 권익 옹호자들이 3f라고 부르는 것, 즉 음식food, 철하기filing, 오물filth(예: 잡역)을 다루는 최저 임금을 받는 직업들이다. 미국 장애인법은 고용주들이 직장에서 장애인들을 위해 합리적인 편의를 제공하도록 규정하고 있다. 이러한 편의 대부분은 비교적 제공하기 쉬운 편이다. 탄력적인 근무시간, 치료를 위한 휴식 시간, 조용한 근무 장소, 그리고 무엇보다 직업코치가 있다. 메릴랜드주 베데스다에 있는 정신재활 교육프로그램의 취업 담당자 래리 에이브럼슨에 따르면 "모든 직원에게 적용하면 좋을 양질의 직원 관리는 정신장애가 있는 사람들에게도 좋은 효과를 낸다."고 한다.[7]

'장애인차별'과 싸우기

신경다양성 개인의 고용과 관련된 더욱 뿌리깊은 문제는 장애인권익 분야의 일부에서 '장애인차별ableism'라고 부르는 것과 관련이 있다. 여성이나 유색인종에 대한 차별을 묘사하기 위해 '성차별'이나 '인종주의'라는 단어를 사용하는 것과 마찬가지로, '장애인차별'은 '능력 있는' 사람들을 선호하면서 반대로 장애인을 구별하고 차별하는 것을 말한다. 전 교육부 특수교육프로그램부서 책임자인 토머스 헤이르는 어린 시절의 '장애인차별'을 언급하면서 다음과 같이 쓰고 있다. "장애인차별 관점에서 장애를 평가절하하는 것은, 어린이가 구르는 것보다 걷는 것이, 수화를 하는 것보다는 말을 하는 것이, 점자를 읽는 것보다는 인쇄된 글자를 읽는 것이, 맞춤법 검사기를 사용하는 것보다 혼자 글자를 쓰는 것이, 다른 장애아동과 어울리는 것보다 비장애아동과 어울리는 것이 더 낫다고 비판 없이 단정하는 사회적 태도를 낳는다. 요컨대, 많은 교육사와 사회의 눈으로 보면 장애가 있는 학생들도 비장애 학생들과 같은 방식으로 무언가를 하는 것이 더 바람직하다는 것이다."[8] 일터에서도 마찬가지다. 장애가 있는 노동자들도 비장애 동료들처럼 걷고, 말하고, 읽고, 쓰고, 사람들과 어울려야 한다고 생각한다. 만약 그들이 튀는 행동을 보이기라도 하면 '저능아', '불구', '정신병자' 같은 단어에 담긴 오래되고 추악한 고정관념들이 모습을 드러낼지도 모른다. 이런 종류의 편견을 로버트 루이스 스티븐슨Robert Lewis Stevenson의 소설 『지킬박사와 하이드Dr. Jekyll and Mr. Hyde』에 나온 이 구절에서 볼 수 있다. "그의 외모에는 뭔가 문제가 있다. 뭔가 불쾌하고 뭔가 대단히 혐오스럽다. 나는 이렇게까지 싫은 사람을 본 적이 없고, 그런데도 그 이유를 잘 모르겠다. 그는 어딘가가 기형인 것이 틀림없다. 어디인지 꼭 집어 말할 수는 없지만, 기형이 있다는 강렬한 느낌을 준다."[9] 많은 경우, 바로 이런 눈에 보이지 않는 기형이 있다는 느낌—특히 정신질환이 있는 개인들에 대한—이 알게 모르게 우리 사회에 스며들어, 신경다양성을 가진 개인이 동등한 자격을 갖춘 '능력 있는' 사람으로서 교육과 고용에 접근하는 것을 어렵게 만든다. 또 어떤 경우에는 연민을 드러내거나 은혜를 베푸는 태도도 차별이 될 수 있다.

장애인차별의 두 번째 층위는 의료 모델을 통한 시설의 운영행태에 있다. 의료 모델에서는 신경다양성을 가진 개인을 건강이나 웰빙과 반대인 '질환'이나 '병'이 있는 사람으로 본다. 주변 세상에 적응하지 못하면 치료시설에 격리되어야 한다고 보며, 그런 시설들은 사람들을 할 수 없는 일을 기준으로 규정한다. 전체적인 측면에서, 혹은 자연적인 다양성의 관점에서 보기보다는 장애를 기준으로 본다. 이런 모든 것에는 우월한 지식을 가진 사람들-의사나 연구과학자들-이 정확한 '진단', 효과적인 '치료', 잠재적인 '치유'를 제공함으로써 '장애'를 가진 사람들보다 우위에 서는 권력 구조가 있다. 이 책에서조차 그런 강력한 인물들의 말을 인용하지 않는 것은 불가능했다. 그들의 신뢰성이 신경심리학적 장애의 성격을 이해하는 데 대단히 중요하기 때문이다. 장애인차별이 이 책에도 여러 형태로 스며들어 있긴 하지만 이 책의 궁극적인 목표는 독자들이 신경다양성을 관용하는 사회에 대한 비전을 품게 하려는 데 있다. 그런 사회에서 장애는 '다름'으로 재구성될 것이고, 신경학적 장애의 강점을 강조하는 관점이 충분한 인정을 받을 것이며, 두려움과 연민, 그리고 '능력 있는' 다른 동료들보다 '능력이 부족하다'고 인식되는 사람들에게 은혜를 베푸는 듯한 태도도 상당 부분 사라지게 될 것이다.

정말 정상적인 사람이 있을까?

신경다양성에 관용적인 사회에 대한 이런 주장은 어쨌든 누가 **정상**인 가라는 중요한 문제를 제기한다. 만약 '장애'가 있는 사람들을 '비정상'으로 본다면, 외모, 행동, 성취 등의 일반적인 기준으로 활용할 수 있는 정상의 조건이 무엇인지를 규정할 필요가 생긴다. 흥미롭게도, 옥스퍼드 영어 사전에 따르면, "정상normal"이라는 단어는 1840년까지는 흔하게 쓰이는 단어가 아니었다. 그 단어는 목수나 석공의 직각자라는 뜻의 라틴어 노르마norma에서 유래한 것으로, 패턴이나 규칙을 뜻하는 개념이었다. 19세기에 이 단어의 개념은 프랑스의 통계학자 아돌프 케틀레Adolphe Quetelet의 지지를 받았는데, 그는 키와 몸무게 등의 변수에 관한 자료를 수집하고 '**평균**'인l'homme moyen의 평균값을 계산했다. 이러한 평균화 방법론은 우리를 특정 개인의 범위에서 벗어나게 하고, 그 자리에 순수한 수학적 값이라는 개념이 들어오게 한다. 12, 6, 8, 9, 15의 평균은 10이지만, 10은 원래 숫자들에는 보이지 않는다. 그것은 새로운 숫자, 즉 실제 현실 이외의 뭔가 다른 것이다. 이와 마찬가지로 실제로 '평균적'인 사람은 어디에도 없다. '평균'은 그저 통계적인 가공물일 뿐이다. 실제로는 아무런 실체도 없는 어떤 것 때문에 '정상'이라는 관념이 우리 사회에 엄청난 힘을 부여받은 것이다.

우리는 이미 1장에서 스미스소니언 박물관이든 국립정신건강연구소NIMH든 그 외 다른 명성 있는 기관 어디에도 큰 통에 담긴 '정상적'

두뇌의 표본이 없다고 이야기했다. 인간의 게놈에 대해서도 같은 말을 할 수 있다. 과학전문 작가 매트 리들리Matt Ridley는 다음과 같이 말한다.

인간게놈프로젝트는 오류에 기초하고 있다. '인간 게놈'이라는 것은 없다. 공간으로도 시간적으로도 그런 분명한 대상을 규정할 수는 없다. 23개의 염색체에 흩어져 있는, 수백 개의 다른 위치에 사람마다 다른 유전자가 있다. 혈액형 A형은 '정상'이고 O형, B형, AB형은 '비정상'이라고 말할 수 있는 사람은 아무도 없다. 그렇다면 인간게놈프로젝트에서 전형적인 인간의 염기배열순서를 발표할 때, 9번 염색체에 있는 ABO식 혈액형 유전자에 대해서는 무엇을 발표할 것인가? 이 프로젝트에서 선언한 목표는 200명의 다양한 사람들의 평균 또는 '일치된' 염기배열 순서를 밝혀내는 것이다. 그러나 이는 ABO식 혈액형 유전자의 중요한 부분을 놓친 것이다. 왜냐하면 모든 사람에게 동일하게 나타나서는 안 된다는 것이 그 유전자의 기능에서 중요한 부분이기 때문이다. 변이Variation는 인간의—또는 모든—게놈의 본질적이고 필수적인 부분이다.[10]

이 책에서 특정한 '장애'와 연관된 유전자들을 살펴보기는 했지만, 그것은 단지 특정 진단을 받은 사람들에게서 그 유전자들이 '평균적으로' 더 자주 발견되었다는 것을 말한 것일 뿐이다. 여기서 오류는 'ADHD 유전자'나 '조현병 유전자'를 찾는 것이다. 사실 우리는 어떤 메커니즘으로 이 유전자들이 특정 정신장애와 관련된 단백질을 만드는지조차 알지 못하며, 또한 소위 정상인들도 이러한 유전자를 가지고 있다는 사실은 '비정상적인' 유전자를 발견하는 일을 더욱더 어렵게 만든다.

신경다양성을 둘러싼 논쟁에서는 세계를 '신경다양성' 인간과 '신경전형적인'(즉, 정상적인) 인간, 이렇게 두 그룹으로 나누는 경향이 있었다. 이것은 잘못된 이분법이다. 진실은 신경전형적인 사람은 없다는 것이다. 각각의 사람의 유전자와 뇌세포는 각기 고유한 조합으로 나타난다. 영국의 작가 G. K. 체스터튼G. K. Chesterton은 다음과 같이 말했다. "인간은 영혼 속에 가을 숲의 색깔들보다 더 갈피를 잡을 수 없고, 무수히 많고, 말로 다 할 수 없는 빛깔들이 있다는 것을 알고 있다. … 그러나 잡다한 소리로 이뤄진 임의적 시스템이 그 모든 빛깔을, 그것의 모든 색조와 서로 섞이고 결합한 색깔까지 다 살려서 정확하게 나타낼 수 있다고 믿는다." 아르헨티나의 작가 호르헤 루이스 보르헤스Luis Borges에 따르면, 각 개인은 거의 무한한 특수성을 지닌 존재이다. "현실은 너무나 복잡한데, 역사는 너무나 단편적이고 단순화되어 있어서, 전지적 관찰자는 한 사람에 대해 각각 서로 다른 사실을 강조하는 전기를 거의 무한정으로 쓸 수 있다. 그렇게 쓰인 많은 전기를 읽고 나서야 비로소 주인공이 같은 사람임을 깨닫게 될 것이다." 우리는 이미 각 개인이 사회성, 읽고 쓰는 능력, 지적 능력, 기분, 주의력 등과 관련된 여러 가지의 연속선-게다가 이것들은 인간의 상태를 구성하는 스펙트럼의 극히 일부일 뿐이다-의 어딘가에 존재한다는 사실을 보았다. 우리는 일반적으로 스펙트럼의 양 극단 사이의 중심부에 있는 사람들이 정상이라는 칭호에 가장 적합할 수 있다는 것도 알고 있다. 그러나 이러한 종류의 가정 역시 중간 영역이 인간 행동의 극단과 비교했을 때 선호되는 영역임을 암시한다는 점에서 결점이 있다. 독일의 작가 로베르트 무질Robert Musil은 그의 소설 『특성 없는 남자Der mann ohne eigenschaften』에서 극단은 완벽하게 정당한 것이고, 어쩌면 인간 조건의 우수한 부분일지 모른다고 지적한다. "정신과에서는 '대단히 기쁘고 신난 상태'를 '경조증'이라고 부르는데, 이는 그런 상태를 즐거운 고통이라고 부르는 것과 같다. 감정이 고조된 모든 상태를, 순수하든 관능적이든, 꼼꼼하든 부주의하든, 잔인하든 연민을 보이든 무조건 병이 있는 것으로 의심하는 것이다. 건강한 삶의 목표가 오로지 양 극단 사이의 가운데 영역에 머무는 것이라면 그 범위는 얼마나 좁아질까! 삶의 이상이 이상적인 상태의 과장을 부정하는 것에 지나지 않는다면 삶은 얼마나 따분할까!"[11]

돌연변이를 위한 세 가지 응원

그렇다면, 과장하는 것은 좋은 일일 수 있다. 우리는 이것을 과학적으로 정의해서 안정적인 유전자의 생물학적 과장 즉 돌연변이가 유익

할 수 있다고 말할 수 있다. '돌연변이'는 우리 지구를 침공하러 온 외계 생물체처럼 무시무시하게 들린다. 신체를 공격하는 이상한 질병처럼 무섭게 들린다. 그러나 돌연변이는 좋은 것일 수도 있고, 사실 인간 다양성의 기초가 될 수 있다. 분자생물학자 미로슬라프 래드먼Miroslav Radman은 "돌연변이의 생성은 예로부터 DNA 복제와 수리 과정에서 발생하는 결함의 피할 수 없는 결과로 여겨져 왔다. 그러나 다양성이 생존에 필수적이고 돌연변이가 그러한 다양성을 만들어내기 위해 필요하다면, 아마도 진화하는 과정에서 돌연변이 생성이 긍정적으로 선택되었을 것이다."[12] 돌연변이가 주어진 환경에서 유기체의 생존 가능성을 높이는 새로운 대립 유전자(유전자의 변이체)를 만들어내는 것으로 밝혀졌다.[13] MIT의 과학사 및 과학철학 교수인 이블린 폭스 켈러Evelyn Fox Keller는 다음과 같이 설명한다.

이제 우리는 유전적 안정성을 유지하는 메커니즘이 진화의 산물이라는 것을 안다. 그런데 이런 메커니즘의 일부에 장애가 있는 돌연변이가 놀랄만큼 많이 자연 상태에 사는 박테리아에서 발견되었다. 이 돌연변이들이 지속되는 이유는 무엇일까? 그들이 전체 집단에 어떤 선택적 이익을 제공하는 것은 아닐까? 일부 돌연변이 유전자가 개체군에 계속 남아 있는 것이 그 집단의 적응성을 높이는 것은 아닐까? 그럴 수 있을 것 같다. 변화가 잦은 환경에 서식하는 박테리아 집단의 새로운 수학적 모델을 통해 보면 그러한 조건 아래서 자연선택이 일부 돌연변이 대립 유전자의 고정을 선호하며, 더 나아가 이들의 존재가 진화의 속도를 가속화한다는 것을 확인시켜준다.[14]

14세기에 많은 유럽인을 흑사병에서 구한 것은 어느 유전자 돌연변이였고, 오늘날에도 그 돌연변이는 HIV나 천연두와 같은 전염병에 저항성을 갖게 해준다고 알려져 있다. 또한 축적된 돌연변이는, 유기체를 위한 새로운 대사 경로를 만들 수도 있다. 8장에서 보았듯이 새로운 형태의 사고와 문화를 이끈 것은 십만 년 전에 뇌에 중대한 변화를 일으킨 돌연변이였을지도 모른다.

이는 어쩌면 생물종에 이로울지도 모르는 이상 행동들을 우리가 언제나 세심히 살펴야 한다는 것을 시사한다. 또한 이 책 전반에 걸쳐 강조했듯이, 우리는 현재의 문화적 근시안으로 인간의 본성을 바라보는 우리의 자연적인 성향에 맞서야 한다. 왜냐하면, 가치관은 변화하고, 가치관이 변하면 인간의 기능에 도움이 되는 것으로 보이던 것이 나쁜 것으로 판명될 수도 있고, 나쁜 것으로 보이는 것이 좋은 것으로 판명될 수도 있기 때문이다. 허버트 조지 웰스H. G. Wells의 『눈먼 자들의 나라 The Country of the Blind』라는 소설은 이 점을 잘 보여준다.[15] 그 이야기에서는 산을 오르던 어떤 사람이 우연히 가파른 절벽 아래로 추락해 여러 세대에 걸쳐 세상과 단절되어 있던 외딴 골짜기로 들어간다. 이 문명에 있는 사람들은 모두 장님이다. 처음에 그 사람은 '장님의 나라에서는 애꾸눈이 왕이다'라는 옛말을 떠올리며 황금 같은 기회를 만났다고 생각한다. 골짜기 주민들을 이용할 생각에 기대에 부풀었지만 그는 그곳의 문화가 시각장애인들에게 유리하고(창문 없는 집, 정교하게 연결된 길 등) 앞을 볼 수 있는 사람에게는 확연히 불리하게 설정되었다는 사실에 좌절하고 만다. 그러던 중 마을의 의사들이 그에게 성공적으로 문화에 적응할 수 있도록 눈을 떼내라고 권한다. 그는 결국 골짜기에서 도망치려고 하고, 그 이야기의 한 버전에서는 탈출을 시도하다가 죽는다. 이와 비슷한 이야기를 고전 텔레비전 시리즈 「환상 특급Twilight Zone」의 '제 눈에 안경The Eye of the Beholder'이라는 에피소드에서도 찾을 수 있다. 그 에피소드에서 한 여성이 흉측한 얼굴의 기형을 제거하기 위해 과도한 성형수술을 시도한다.[16] 붕대를 풀자 그녀의 아름다운 얼굴이 드러나지만, 의사는 수술이 실패했다고 선언한다. 의사가 돌아서는 순간 우리는 그가 흉측한 기형의 얼굴을 하고 있고, 사실 그 아름다운 여성과 잘생긴 한 남자를 제외하고는 그 사회의 사람들 모두 기형이라는 것을 알게 된다. 그 잘생긴 남자는 결국 '기형'을 가진 사람들을 위한 특별한 격리지로 보내진다. 그 문화에서는 아름다운 것이 추하고, 추한 것이 아름답다.

물론 이 이야기들은 판타지다. 하지만 그 작품들은 누가 장애인이고 아닌지를 사회가 어떻게 결정하는지를 보여준다. 심지어 더 주관적인 정신적 '기형'이 아니라 실제적인 신체적 차이에 관해 이야기하고 있다. 우리 사회가 변화함에 따라 새로운 형태의 신경다양성이 인정받을 것이고, 과거의 장애인 집단이 인정되는 표준 속에 섞이게 될 것이라는 것은(예를 들어 지난 50년 사이에 동성애와 관련해 일어난 일들처럼) 의심할 여지가 없는 사실이다. 상상력의 나래를 잠시 펼쳐서, 다가오는 20년 사이에 과학자들이 독서가 암을 유발하고 음악이 수명을 연장한다는 사실을 발견했다고 가정해보자. 하룻밤 사이에, 읽고 쓰는 능력은 장애로 간주될 가능성이 높고, 아이가 책을 읽을 수도 있다는 '적신호'를 느낀 부모와 교사들을 위한 수많은 오디오 테이프가 출시될 것이다 (예: "여러분의 자녀가 자유롭게 그림을 그리면서 글자로 의심되는 위험한 형태를 그리지는 않나요?" "여러분의 아이가 알파벳에 병적인 흥미를 느끼지는 않나요?") 두뇌 연구자들은 막대한 정부 보조금을 받아 훌륭한 읽기 행동과 관련된 '병변'과 기능장애 패턴을 찾는 일에 몰두할 것이다. 난독증은 적절한 행동 모델로 추천될 것이고, '나는 책읽기가 너무 싫고, 그래서 너무 좋아요!'나 '당신의 아이를 난독증으로 만드는 24가지 방법' 과 같은 제목의 오디오 테이프가 등장할 것이다. 반면에 음악은 **모두가** 배워야 하는 것으로 간주할 것이다. 음악을 배우는 데 어려움이 있는 아이들, 즉 '음악장애'가 있는 아이들은 장애아동으로 분류되어 특별한 음악교정프로그램에 등록될 것이다. '아기에게 악보 읽는 법을 가르치기' 같은 프로그램을 만드는 사람은 하룻밤 사이에 백만장자가 될 것이다. 음치인 사람들은 사회적으로 고립되고, 낙인이 찍히고, 학업과 진로에도 지장을 받을 것이다.

신경다양성을 포괄적으로 만들기

판타지는 제쳐두고, 신경다양성의 미래를 예측하고 싶다면, 우리는 그것을 가능한 한 포괄적으로 정의해야 할 것이다. 이 책에 등장하는 신경다양성의 형태 외에도 통합운동장애, 투렛증후군, 비언어성 학습장애, 언어장애 등 관련 질환도 많이 포함해야 한다. 또한 뇌성마비, 파킨슨병, 다발성 경화증, 뇌졸중, 뇌손상, 간질, 뇌 이상으로 인한 시각장애와 청각장애, 루게릭병(근위축성측삭경화증), 알츠하이머병과 기타 치매 등 적어도 600여 가지 이상의 신경학적 질환도 포함해야 한다. 너무도 명백한 질병이 여기에 나열된 것에 대해 발끈하는 사람들이 있을 수도 있겠지만, 그 질병들 역시 어떤 가능성을 끌어낼 수 있다는 것을 인식하는 것이 중요하다(예를 들어 간질을 영적인 깨달음의 상태로 여기는 문화도 있다). 올리버 색스는 "결함, 장애, 질병은 역설적인 역할을 할 수도 있다. 그것들이 없었다면 보이지도 않고 상상조차 할 수 없었을 잠재된 힘, 발달, 진화, 삶의 형태를 끌어냈기 때문이다."[17]라고 말한다. 같은 이유로, 이런 질병은 없지만 비범한 재능을 가진 사람들, 즉 과학 천재, 신비주의자, 심령술사, 위대한 지도자, 뛰어난 예술가, 그리도 이 외에도 세상을 바꾼 일을 해낸 사람들도 포함시켜야 한다.

마지막으로 포함해야 할 것이 남았는데, 아마도 이것이 모든 것 중에서 가장 포함하기 어려운 것일 것이다. 신경다양성은 아마도 '어두운 측면' 또한 포함해야 할 것이다. 이것은 사람들이 이러한 많은 장애의 결과로 겪었던 엄청난 고통뿐 아니라 **그들이 다른 사람들에게 가져 다준 고통도 의미한다.** 내 아버지의 우울한 '신경다양성'은 분명 축하할 일이 아니었다. 그것은 수년 동안 나에게 엄청난 고통을 안겨주었고, 그 고통은 내가 겪은 트라우마의 기억과 아버지에게서 물려받은 우울증 속에서 오늘날까지도 계속되고 있다. 정신질환을 앓고 있는 다른 많은 사람이나 또는 친족이 정신질환을 앓고 있는 사람들은 '신경다양성'에 대해 지불해야 할 끔찍한 대가가 있다는 것을 너무나 잘 알고 있을 것이다. 신경다양성이라는 용어를 처음 만든 주디 싱어는 자신의 웹사이트에 이런 글을 올려놓았다. "신경다양성 운동이 성숙하려면 우리는 모두 현실을 외면해서는 안 되며, 대자연의 모든 실험이 본질적으로 다 좋은 것은 아니라는 사실을 직시해야 한다."[18]

또한 신경다양성이 어두운 면을 가지고 있다고 해서 그 개념을 버려야 한다는 뜻은 아니다. 우리는 동물들이 다른 동물들을 잔인하게 죽인다는 이유로 생물다양성을 거부하지 않는다. 공기질과 수질의 유지, 해충 방제, 농작물의 수분, 기후 안정, 식품과 유기농 약재 공급, 미적 가치 등을 포함한 많은 이점 때문에 생물다양성을 중요하게 여긴다. 마찬가지로, 우리는 단지 몇몇 문화들이 집단 학살을 행한다고 해서 문화다양성을 거부하지는 않는다. 우리는 많은 문화가 만들어내는 혁신적인 아이디어, 문화 사이에서 일어나는 학습, 그리고 문화가 가지고 있는 믿음, 전통, 관행, 이상, 예술의 다양성을 중시한다. 마찬가지로 신경다양성을 가진 많은 사람이 큰 고통을 겪으며 다른 사람들에게도 고통을 안겨준다 하더라도 인간의 문화에서 정신의 다양성이 존재한다는 것은 기본적으로 좋은 것임을 인식할 필요가 있다. 왜냐하면 그것은 문명에 여러 가지 가능성과 다양한 삶의 방식, 삶을 바라보는 많은 독특한 관점, 우리의 세상을 풍요롭게 하는 다양한 인간의 잠재력 등을 제공하기 때문이다. 만약 지구상에 좁은 스펙트럼의 인간들만 있었다면 우리의 세상은 따분했을 것이다. 자폐성 장애 옹호론자인 템플 그랜딘은 이렇게 말한다. "자폐성 장애가 있는 성인들과 그들의 부모들은 자폐증에 대해 종종 화를 낸다. 그들은 자연이나 신이 왜 자폐성 장애나 조울증, 조현병 같은 끔찍한 장애를 만들어냈냐고 따질지도 모른다. 그러나 이러한 상태를 초래한 유전자가 제거된다면, 끔찍한 대가를 지불해야 할지도 모른다. 이런 특징 중 일부를 가진 사람들이 더 창의적일 수도 있고, 어쩌면 천재일 수도 있다. 만약 과학이 이러한 유전자를 제거한다면, 전 세계가 회계사들에 의해 장악될지도 모른다."[19]

불행하게도, 과학은 결국 이런 종류의 시나리오를 실현할 수도 있는 길로 나가고 있다. 이미 다운증후군 여부를 확인하기 위한 산전 선별검사가 가능하고, 미국에서는 임신 초기에 다운증후군으로 밝혀지면 결과적으로 임신의 91~93%가 종료된다. 머지않아 ADHD, 난독증, 조현병, 우울증 또는 다른 형태의 태아의 신경다양성과 관련된 유전자를 발견하거나, 심지어 유전공학을 통해 인간 게놈에서 그 유전자들을 완전히 제거하는 것이 가능해질지도 모른다. 그런 일이 실제로 일어나면 큰 파문이 일어날 것이고, 그것은 20세기 초반의 우생학 운동을 능

가할 것이다. 난독증과 관련해, 교육 심리학자 하워드 가드너는 다음과
같이 경고한다.

> 유전학이 '성년'에 이르게 되면 위험은 확대된다. 의심의 여지 없이
> 우리는 알파벳 글자를 읽는 데 중요한 유전자를 발견할 것이다. 그
> 리고 이미 작은 유전자 조합이 이 읽기 문제와 관련이 있을 수 있다
> 는 증거가 있다. 뇌에 나타나는 증거와 마찬가지로, 그러한 정보는
> 조기 개입에 도움이 될 수 있지만, 낙인을 찍는 용도로 쉽게 사용될
> 수 있다. 실제로, 그런 정보는 결혼이나 취업, 보험, 심지어 우생학적
> 인 목적과도 관련이 있을 수 있다. 그리고 의심의 여지 없이, 특히 우
> 리의 개입주의interventionist 사회에서는, 읽기 문제가 생길 유전적 소인
> 을 가진 사람들은 다양한 종류의 유전공학이나 치료법을 알아볼 것
> 이다. 이런 개입이 효과가 있고 부정적인 부작용이 없을 가능성도
> 있지만, 아마도 예상치 못한 영향을 미칠 가능성이 더 높을 것이다.
> 그리고 특히 독서 장애에 우리의 개입이 집중할 때 다른 귀중한 인
> 간의 능력(예: 공간 인식 또는 패턴 인식 능력)이 위태로워질 수 있다는
> 점도 고려해야 할 것이다.[20]

마찬가지로, 이 책에서 중요하게 다룬 신경다양성 개인의 능력을
살펴보면서 그들이 없었다면 인류가 얼마나 빈곤했을지 상상할 수 있
을 것이다. 보스턴 어린이 병원의 의사인 브라이언 스코트코는 다운증

후군이 있는 자신의 여동생에 대해 이렇게 썼다. "내 여동생은 매일 나에게 많은 삶의 교훈을 가르쳐준다. 사람들이 놀릴 때도 웃어주기, 장애물이 나타나도 노력을 멈추지 않기 등등. 다운증후군이 있는 사람의 수가 더 적은 세상이 있다면 그런 세상은 이 모든 중요한 교훈을 놓칠 거라는 생각이 든다."[21] 신경다양성의 세계는 풍요로운 세계다. 그 '괴짜aberrant' 유전자를 보존하고, 우리 문명을 활력 있고 다양하고 흥미롭게 유지하기 위해 할 수 있는 모든 노력을 다하자.

신경다양성

책

Antonetta, Susanne. A Mind Apart: Travels in a Neurodiverse World. New York: Tarcher/Penguin, 2005.

Bragdon, Allan D., and David Gamon. Brains That Work a Little Bit Differently. Bass River, MA: Brainwaves Books, 2000.

Grant, David. Neurodiversity (NADP Technical Briefing). Northampton, England: National Association of Disability Practitioners, 2007.

Hendrix, Sarah. The Adolescentand Adult Neuro-diversity Handbook: Asperger's Syndrome, ADHD, Dyslexia, Dyspraxia, and Related Conditions. London: Jessica Kingsley, 2009.

Pollack, David. Neurodiversity in Higher Education: Positive Responses to Specific Learning Differences. Hoboken, NJ: Wiley-Blackwell, 2009.

Sacks, Oliver. An Anthropologist on Mars: Seven Paradoxical Tales. NewYork: Vintage, 1996.
올리버 색스, 『화성의 인류학자』, 이은선 옮김(바다출판사, 2015)

─────. The Man Who Mistook His Wife for a Hat and Other Clinical Tales. New York: Touchstone, 1998.
올리버 색스, 『아내를 모자로 착각한 남자』, 조석현 옮김(알마, 2016)

Brainhe.com: Best Resources for Achievementand Intervention re Neurodiversity in Higher Education. http://brainhe.com/.

Coventry Neurodiversity Group. http://www.geocities.com/laurentius-rex/rights/index.htm.

Developmental Adult Neuro-Diversity Association (DANDA). http://www.danda.org.uk/.

EvoLibriNeurodiversity Counseling, 719 Colorado Avenue, Palo Alto, CA 94303. (650) 961-7073. E-mail: info@evolibri.com. Web site: http://www.evolibri.com/.

Human Neurodiversity Laboratory. http://eckertlab.org/.

Institute for the Study of the Neurologically Typical. http://isnt.autistics.org/.

Neurodiversity.com. http://www.neurodiversity.com/main.html.

Neurodiversity.com Weblog. http://www.neurodiversity.com/weblog/.

Neurodiversity International. http://www.neurodiversityinternational.org.uk/.

North East Neuro Diverse Adults (NENDA). http://www.neurodiversity-northeast.org.uk/.

Shift—Journal of Alternatives: Neurodiversity and Social Change (blog). http://www.shiftjournal.com/.

자폐성 장애

책 ───────────────────────────────

Baron-Cohen, Simon. "Autism: The Extreme Male Brain." In The Essential Difference: The Truth About the Male and Female Brain. New York: Basic Books, 2003.
사이먼 배런코언, 『그 남자의 뇌 그 여자의 뇌』, 김혜리 옮김(바다출판사, 2008)

Elder, Jennifer. Different Like Me: My Book of Autism Heroes (Ages 9-12). London: Jessica Kingsley, 2005.

Grandin, Temple. Thinkingin Pictures: My Life with Autism. New York: Vintage, 2006.
템플 그랜딘, 『나는 그림으로 생각한다』, 홍한별 옮김(양철북, 2005)

───. The Unwritten Rules of Social Relationships: Decoding Social Mysteries Through the Unique Perspectives of Autism. Arlington, TX: Future Horizons, 2005.
템플 그랜딘, 숀 배런, 『자폐인의 세상 이해하기』, 김혜리, 정명숙, 최현옥 옮김(시그마프레스, 2014)

───. The Way I See It: A Personal Look at Autism and Asperger's. Arlington,TX: Future Horizons, 2008.

Grandin, Temple, and Kate Duffy. Developing Talents: Careers for Individuals with Asperger Syndrome and High-Functioning Autism. Shawnee Mission, KS: Autism Asperger Publishing, 2008.

Grandin, Temple, and Catherine Johnson. Animals in Translation: Using the Mysteries of Autism to Decode Animal Behavior. Orlando: Harcourt, 2005.
템플 그랜딘, 캐서린 존슨, 『동물과의 대화』, 권도승 옮김(샘터, 2006)

Grandin, Temple, and Margaret M. Scariano. Emergence Labeled Autistic. New York: Warner, 1986.
템플 그랜딘, 『어느 자폐인 이야기』, 박경희 옮김(김영사, 2011)

Greenspan, Stanley I., and Serena Wieder. Engaging Autism: Using the Floortime Approach to Help Children Relate, Communicate, and Think. Cambridge, MA: Da Capo Lifelong Books, 2009.

Haddon, Mark. The Curious Incident of the Dog in the Night Time. New York: Doubleday, 2003.
마크 해던, 『한밤중에 개에게 일어난 의문의 사건』, 유은영 옮김(문학수첩리틀북스, 2004)

Hermelin, Beate. Bright Splinters of the Mind: A Personal Story of Research with Autistic Savant. London: Jessica Kingsley, 2001.

Jackson, Luke. Freaks, Geeks, and Asperger Syndrome: A User Guide to Adolescence. London: Jessica Kingsley, 2002.

Kluth, Paula. Just Give Him the Whale! 20 Ways to Use Fascinations, Areas of Expertise, and Strengths to Support Students with Autism. Baltimore: Brookes,2008.

Larson, Elaine Marie. I Am Utterly Unique: Celebrating the Strengths of Children with Asperger's Syndrome and High-Functioning Autism (Ages 4-8). Illustrated by Vivienne Strand. Shawnee Mission, KS: Autism Asperger Publishing, 2006.

Miller, Jean. Women from Another Planet? Our Lives in the Universe of Autism. Bloomington, IN: AuthorHouse, 2003.

Mukhopadhyay, Tito. Mind Tree: A Miraculous Child Breaks the Silence of Autism. New York: Arcade, 2003.

Oneill, Jasmine Lee. Through the Eyes of Aliens: A Book About Autistic People. London: Jessica Kingsley, 1998.

Robison, John Elder. Look Me in the Eye: My Life with Asperger's. New York: Three Rivers Press, 2008.

Stillman, William. Autismand the God Connection. Naperville, IL: Sourcebooks,2006.

———. The Soul of Autism: Looking Beyond Labels to Unveil the Spiritual Secrets of the Heart Savants. Franklin Lakes, NJ: Career Press, 2008.

Tammet, Daniel. Born on a BlueDay: Inside the Extraordinary Mind of an Autistic Savant. New York: Free Press, 2007.
다니엘 타멧, 『브레인맨 천국을 만나다』, 배도희 옮김(북하우스, 2007)

기관, 웹사이트

Aspergian Pride. http://www.aspergianpride.com/,celebrating the accomplishments and inherent worth of autistic people.

Aspies for Freedom. http://www.aspiesforfreedom.com/.

Autism Acceptance Web Site. http://www.taaproject.com/.

Autism Hub, "The Very Best in AutismBlogging." http://www.autism-hub.co.uk/.

Autism News Science and Opinion. http://leftbrainrightbrain.co.uk/.

Autistic Pride Day Blog. http://tricapd.blogspot.com/.

Autistics.org, "The Real Voice of Autism." http://www.autistics.org/.

Autistic Self-Advocacy Network. http://www.autisticadvocacy.org/.

Autreat, a retreat style conference run by autistic people, for autistic people and friends, sponsored by Autism Network International. http://ani.autistics.org/autreat.html.

Jessica Kingsley Publishers, publishers of positive, practical, and creative books on autism, Asperger's syndrome, and other forms of neurodiversity. 400 Market Street, Suite 400, Philadelphia PA 19106.Toll-free ordering: (866) 416-1078. Main office: (215) 922-1161. Fax: (215)922-1474. E-mail: orders@jkp.com.

Real Voices of Autism, "Social Networkingfor the Autistic Community." http://www.thevoiceofautism.org/.

Temple Grandin Web site: http://www.templegrandin.com.

영상

Adam. Directed by Max Meyer. 99minutes, 2009. Olympus Pictures. Chronicles the life of a young man with Asperger's syndrome and his relationship with an attractive and worldly woman who becomes his new neighbor.

Autism: The Musical. Directed by Tricia Regan. 93 minutes, 2008. HBO docudrama. A group of autistic children put on a theatrical event sponsored by the Los Angeles-based Miracle Project.
『자폐증: 뮤지컬』, 트리시아 레건 감독(2008)

Baggs, Amanda. "In My Language." 9 minutes, 2007. Presents the world from an autistic point of view. http://www.youtube.com/watch?v=JnylM1hI2jc.

Rainman. Directed by Barry Levinson. 134 minutes, 1988. United Artists. Charts the travels across America of an autistic savant with his brother.

『레인 맨』, 배리 레빈슨 감독(1988)

보조 기술

FaceSay, interactive computer software program that lets children gain practice recognizing facial expressions via an "avatar"or on-screen "puppet." Produced by Symbionica. http://www.symbionica.com.

Mind Reading: The Interactive Guide to Emotions, an interactive DVD/CD program that teaches the viewer how torecognize more than 400 human emotions; includes Emotion Library, lessons, quizzes, games, and other learning tools. Created by Simon BaronCohen and produced by Jessica Kingsley Publishers, 2004. http://www.jkp.com/mindreading/ .

Squeeze Machine, a V-shaped device into which an individual lays for deep touch stimulation. Manufactured by the Therafin Corporation, 19747 Wolf Rd., Mokena, IL 60448. E-mail:info@therafin.com. Web site: http://www. therafin.com.

ADHD

책

Armstrong, Thomas. The Myth of the A.D.D. Child: 50 Ways to Improve Your

Child's Behavior and Attention Span Without Drugs, Labels, or Coercion. New York: Plume, 1997.

Breeding, John. The Wildest Colts Make the Best Horses. London: Chimpmunka publishing, 2007.

Freed, Jeffrey, and Laurie Parsons. Right-Brained Children in a Left-Brained World: Unlocking the Potential of Your ADD Child. New York: Simon and Schuster, 1998.
제프리 프리드, 로리 파슨사 『10분 투자로 우리아이 집중력 키우기』, 박경숙 옮김(정인출판사, 2004)

Hallowell, Edward, and John Ratey. Delivered from Distraction: Getting the Most Out of Life with Attention Deficit Disorder. New York: Ballantine, 2005.

Hartmann, Thom. Attention Deficit Disorder: A Different Perception. Nevada City, CA: Underwood, 1997.

———. The Edison Gene: ADHD and the Gift of the Hunter Child. Rochester, VT: Park Street Press, 2005.
톰 하트만, 『산만한 아이들이 세상을 바꾼다』, 최기철 옮김(미래의창, 2009)

Honos-Webb, Laura. The Gift of ADHD: How to Transform Your Child's Problems into Strengths. Oakland: New Harbinger, 2005.
라라 호노스 웹, 『ADHD 아동의 재능』, 변명숙 옮김(시그마프레스, 2007)

———. The Gift of ADHD Activity Book: 101 Ways to Turn Your Child's Problems into Strengths. Oakland: New Harbinger, 2008.
Lara Honos Webb, 『ADHD 아동의 문제를 강점으로 바꾸는 101가지 방법』, 최기철 옮김(시그마프레스, 2011)

Kohlberg, Judith, and Kathleen Nadeau. ADD-Friendly Ways to Organize Your Life. London: Routledge, 2002.

Mooney, Jonathan, and David Cole. Learning Outside the Lines: Two Ivy League Students with Learning Disabilities and ADHD Give You the Tools for Academic Success and Educational Revolution. New York: Fireside, 2000. 조나단 무니 외, 『학생들을 구원하라』, 이순호 옮김(창작시대, 2001)

Nylund, David. Treating Huckleberry Finn: A New Narrative Approach to Working with Kids Diagnosed ADD/ADHD. New York: JosseyBass, 2002.

Weiss, Lynn. ADD and Creativity: Tapping Your Inner Muse. Lanham, MD: Taylor Trade Publishing, 1997.

기관, 웹사이트

ADDitude Magazine, "Living Well with ADD and Learning Disabilities." http://www.additudemag.com/.

Adult ADD Strengths: A Blog About Adults with Attention Surplus Condition (aka ADHD) by Adult ADD Coach Pete Quily. http://adultaddstrengths.com/.

Born to Explore: The Other Side of ADD. http://borntoexplore.org/adhd.htm.

Great Beginnings: The Gift of A.D.D. http://www.gr8beginnings.com/gtj_pages/betasite/index.html.

보조 기술

Personal Digital Assistant (PDA), handheld or palmtop computer that can be used for mobile phone, Web browser, mediaplayer, navigator (with global positioning system [GPS]), calendar, clock,daily organizer, reminder system, or other practical uses. Examples include Apple's iPhone, RIM's Blackberry, and Google's Nexus One.

난독증

책

Armstrong, Thomas. In Their Own Way: Discovering and Encouraging Your Child's Multiple Intelligences. New York: Tarcher/Penguin, 2000.

Corcoran, John. The Teacher Who Couldn't Read. Dublin: Brehon Publishing, 2001.

Davis, Ronald D., and Eldon M. Braun. The Gift of Dyslexia. New York: Perigee, 1997.
Davis, Ronald D., and Eldon M. Braun, 『난독증의 재능』, 정재석 옮김(시그마프레스, 2009)

Palladino, Lucy Jo. Dreamers, Discoverers, and Dynamos: How to Help the Child Who Is Bright, Bored, and Having Problems in School. New York: Ballantine, 1999.

Shaywitz, Sally E. Overcoming Dyslexia: A New and Complete Science-Based Program for Reading Problems at Any Level. New York: Vintage, 2005.
Sally Shaywitz, M.D., 『난독증의 진단과 치료』, 정재석, 제소영, 이은경 옮김(하나의학사, 2011)

Shires Golon, Alexandra. Raising Topsy-Turvy Kids: Successfully Parenting Your Visual-Spatial Child. Denver: Deleon Publishers, 2004.

Silverman, Linda Kreger. Upside Down Brilliance: The Visual-Spatial Learner.

Denver: Deleon Publishers, 2002.

Vitale, Barbara Meister. Unicorns Are Real: A Right-Brained Approach to Learning. Austin: Jalmar Press/Pro-Ed, 1982.

West, Thomas G. In the Mind's Eye: Visual Thinkers, Gifted People with Dyslexia and Other Learning Difficulties, Computer Images, and the Ironies of Creativity. Amherst, NY: Prometheus Books, 1997.
토머스 웨스트, 『글자로만 생각하는 사람 이미지로 창조하는 사람』, 김성훈 옮김 (지식갤러리, 2011)

기관, 웹사이트

Arts Dyslexia Trust. 14 Churchfield Way,Wye, Ashford, Kent, United Kingdom, TN25 5EQ. E-mail:adt@artsdyslexiatrust.org. Web site: http://artsdyslexiatrust.org.

LDOnline. http://www.ldonline.org/.

Yale Center for Dyslexia and Creativity. http://dyslexia.yale.edu/ .

보조 기술

Fast For Word Program, a family of reading intervention software products supported by clinical research to rewire the brain for efficient reading. Scientific Learning. http://www.scilearn.com/.

knfb Reading Technology, cell phone-size"reader" that will scan printed text, and then character-recognition software in conjunction with high-quality text to speech will read the contents of the document aloud. K-NFB

Reading Technology, P.O. Box 620128, Newton Lower Falls, MA 02462 – 0128; (877) 547 – 1500. http://www.knfbreader.com/products-mobile.php.

우울장애/양극성 장애

책

Castle, Lana R. Finding Your Bipolar Muse: How to Master Depressive Droughts and Manic Floods and Access Your Creative Power. New York: Marlowe, 2006.

Greenberg, Michael. Hurry Down Sunshine. New York: Other Press, 2008.

Hershman, D. Jablow, and Julian Lieb. Manic Depression and Creativity. Amherst, NY: Prometheus Books, 1998.

Jamison, Kay Redfield. Touched with Fire: Manic Depressive Illness and the Artistic Temperament. New York: Free Press, 1996.

———. An UnquietMind: A Memoir of Moods and Madness. New York: Vintage, 1997.

Levine, Bruce E. Surviving America's Depression Epidemic: How to Find Morale, Energy, and Community in a World Gone Crazy. White River Junction, VT: Chelsea Green Publishing, 2007.

Maisel, Eric. The Van Gogh Blues: The Creative Person's Path Through Depression. New York: New World Library, 2007.

Moore, Thomas. Dark Nights of the Soul: A Guide to Finding Your Way Through Life's Ordeals. New York: Gotham, 2005.

Solomon, Andrew. The Noonday Demon: An Atlas of Depression. New York: Scribner, 2002.
앤드류 솔로몬, 『한낮의 우울』, 민승남 옮김(민음사, 2004)

Williams, Mark, John Teasdale, Zindel Segal, and Jon Kabat-Zinn. The Mindful Way Through Depression: Freeing Yourself from Chronic Unhappiness. New York: Guilford Press, 2007. Includes CD of guided meditations.
마크 윌리엄스, 존 티즈데일, 진델 세갈, 존 카밧진, 『우울증을 다스리는 마음챙김 명상』, 차재호 옮김(차재호, 2013)

기관, 웹사이트

Depression.com. http://www.depression.com/.

NIMH—Depression. http://www.nimh.nih.gov/health/publications/depression/complete-index.shtml.

WebMD—Depression Health Center. http://www.webmd.com/depression/default.htm.

불안 장애

책

Becker, Gavin de. The Gift of Fear: Survival Signals That Protect Us from Violence. Boston: Little, Brown, 1997.
개빈 드 베커, 『서늘한 신호』, 하현길 옮김(청림출판, 2018)

Bemis, Judith, and Amr Barrada. Embracing the Fear: Learning to Manage

Anxiety and Panic Attacks. Center City, MN: Hazeldon, 1994.

Brantley, Jeffrey. CalmingYour Anxious Mind: How Mindfulness and Compassion Can Free You from Anxiety, Fear, and Panic. Oakland: New Harbinger, 2003.

Gillian, Samuel Nathan. The Beauty of Fear: How to Positively Enjoy Being Afraid. Bronx: Phemore Press, 2002.

Jeffers, Susan. Feel the Fear and Do It Anyway. New York: Fawcett Columbine, 1987.
수잔 제퍼스, 『도전하라 한번도 실패하지 않은 것처럼』, 노혜숙 옮김(리더스북, 2007)

영상

As Good As It Gets. Directed by JamesL. Brooks. 139 minutes, 1997. TriStar Pictures. Features Melvin Udall (played by Jack Nicholson), who struggles with his obsessive compulsive disorder as heattempts to form an intimate relationship with a single mother/waitress.
『이보다 더 좋을 순 없다』, 제임스 L. 브룩스 감독(1997)

High Anxiety. Directed by Mel Brooks. 94 minutes, 1977. Twentieth Century-Fox. Comedy that follows the goings-on at the Psychoneurotic Institute for the Very, VERY Nervous.
『고소공포증』, 멜 브룩스 감독(1997)

Monk. Television series, 2002 - 2009 (60-minuteepisodes with commercials), USA Network. Tracks the adventures of supersleuth Adrian Monk (played by Tony Shalhoub) as he takes on different violent crimes in San Francisco and copes with his obsessive compulsive disorder along the way.
『명탐정 몽크』시리즈, 랜달 지스크, 데이빗 그로스먼 연출(2002-2009)

Stress Eraser Portable Biofeedback Device. Measures pulse rate (byplacing finger in an infrared sensor) and provides audio tone to indicate activation of parasympathetic nervous system (responsible for rest and relaxation).

Thought Stream GSR Biofeedback Device, produced by Mind Modulations. Provides audio and visual feedback to help modulate your galvanic skin response (a measurement of the electrical resistance of the skin—the less resistance, the more anxiety). Include scarrying case, headphones, and a manual. Comes with a PC serial cable and Mental Games I and II software (serial port required for use). Battery powered, portable

지적장애

책

Beck, M. Expecting Adam: A True Story of Birth, Rebirth, and Everyday Magic. New York: Berkley Books, 2000.
마사 베크, 『아담을 기다리며』, 김태언 옮김(녹색평론사, 2019)

Burke, C., and J. B. McDaniel. A Special Kind of Hero: Chris Burke's Own Story. Bloomington, IN: Authorhouse, 2001.

Feuerstein, Reuven, Ya'Acov Rand, and John E. Rynders. Don't Accept Me As I Am: Helping Retarded People to Excel. New York: Plenum, 1988.

Groneberg, J. Road Map to Holland: How I Found My Way Through My Son's First Two Years with Down Syndrome. New York: NAL Trade, 2008.

Jones, Ron. When God Winked and Fellini Grinned: Some Unusual Stories from an Unusual Place. San Francisco: Ron Jones (1201 Stanyan St., San Francisco, CA94117), 2002.

Kidder, C. S., B. Skotko, and K. Dew. Common Threads: Celebrating Life with Down Syndrome. 2nd ed. Rochester Hills, MI: Band of Angels Press, 2007.

Kingsley, J., and M. Levitz. CountUs In: Growing Up with Down Syndrome. Reprinted. New York: Harvest Books, 2007.

MacDonell Mandema, J. Family Makers: Joyful Lives with Down Syndrome. Menlo Park, CA: Mandema Family Foundation, 2002.

Palmer, G. Adventures in the Mainstream: Coming of Age with Down Syndrome. Bethesda, MD: Woodbine House, 2005.

Rogers, C., and G. Dolva. Karina Has Down Syndrome: One Family's Account of the Early Years with a Child Who Has Special Needs. London: Jessica Kingsley, 1999.

Sforza, Teri, with Howard Lenhoff and Sylvia Lenhoff. The Strangest Song: One Father's Quest to Help His Daughter Find Her Voice; The Compelling Story of the Link Between a Rare Genetic Disorder and Musical Talent. Amherst, NY: Prometheus Books, 2006.

Soper, K., and M. Sears. Gifts: Mothers Reflect on How Children with Down Syndrome Enrich Their Lives. Bethesda, MD: Woodbine House, 2007

기관, 웹사이트

Berkshire Hills Music Academy, 48Woodbridge Street, South Hadley, MA 01075. (413) 540-9720. http://www.berkshirehills.org. Theonly private residential postsecondary school for young adults with learning,cognitive, or developmental disabilities and a special talent for music.

DownSyndrome.com, social networking site for people with Down syndrome. http://downsyndrome.com/.

National Association for Down Syndrome. P.O. Box 206, Wilmette, IL 60091. (630) 325-9112. E-mail: info@nads.org.

Speakers Bureau of People with Down Syndrome (Self-Advocates). http://www.ndsccenter.org/selfadvo/speakers_bureau.php.

Williams Syndrome Association. https://williams-syndrome.org/.

영상

Forest Gump. Directed by Robert Zemeckis. 141 minutes, 1994. Paramount Pictures. Tom Hanks plays the title role as a slow witted but warm hearted man who appears in pivotal moments of recent American history.
『포레스트 검프』, 로버트 저메키스 감독(1994)

I Am Sam. Directed by Jessie Nelson.132 minutes, 2001. New Line Cinema. A man with intellectual disabilities(played by Sean Penn) struggles to regain legal custody of his seven-year-old daughter.
『아이 엠 샘』, 제시 넬슨 감독(2001)

What's Eating Gilbert Grape. Directed by Lasse Halström. 118 minutes, 1993. J&M Entertainment. Gilbert Grape(played by Johnny Depp) takes care of his mentally handicapped brother Arnie(played by Leonardo DiCaprio) in a small Iowa town.
『길버트 그레이프』, 라세 할스트롬 감독(2015)

조현병

책

Chadwick, Peter K. Schizophrenia: The Positive Perspective. 2nd ed. London: Routledge, 2009.

Horrobin, David. The Madness of Adam and Eve: How Schizophrenia Shaped Humanity. London: Bantam Press, 2001.

Nasar, Sylvia. A Beautiful Mind: A Biography of John Forbes Nash, Jr. New York: Simon and Schuster/Touchstone, 1998.
실비아 네이사, 『뷰티풀 마인드』, 신현용 옮김(승산, 2002)

Saks, Ellyn R. The Center Cannot Hold: My Journey Through Madness. New York: Hyperion, 2007.

Smith, Daniel B. Muses, Madmen, and Prophets: Rethinking the History, Science, and Meaning of Auditory Hallucinations. New York: Penguin Press, 2007.

영상

A Beautiful Mind. Directed by Ron Howard. 135 minutes, 2001. Universal Pictures. This Oscar winner for Best Picture is a biopic of John Forbes Nash Jr. who won the Nobel Prize in economics despite struggling with schizophrenia.
『뷰티풀 마인드』, 론 하워드 감독(2001)

In the Realms of the Unreal. Directed by Jessica Yu. 81 minutes, 2004. Cherry Sky Films. A documentary on the life and works of writer/illustrator Henry

Darger, whose works of Outsider Artrepresent the schizophrenic mind in a more positive context.

The Soloist. Directed by Joe Wright.117 minutes, 2009. DreamWorks. Tells the true story of Los Angeles Times columnist Steve Lopez and his efforts to help a schizophrenic musician, Nathaniel Ayers, who had studied at Julliard Academy, raise himself up out of his situation as a homeless street musician.
『솔로이스트』, 조 라이트 감독(2009)

교실에서의 신경다양성

책

Armstrong, Thomas. Multiple Intelligences in the Classroom. 3rd ed. Alexandria,VA: Association for Supervision and Curriculum Development, 2009.
Thomas Armstrong, 『다중지능과 교육』, 김동일 옮김(학지사, 2014)

―――. You're Smarter Than You Think: A Kids' Guide to Multiple Intelligences. Minneapolis: Free Spirit Publishing, 2002.
토마스 암스트롱, 『너는 똑똑해』, 김정수 옮김(미래의창, 2013)

Kluth, Paula. You're Going to Love This Kid! Teaching Students with Autism in the Inclusive Classroom. Baltimore: Brookes, 2003.

Pollack, David. Neurodiversity in EE and HE, Positive Initiatives for Specific Learning Differences: Proceedings of Two One-Day Conferences. Leicester, England: De Montfort University, 2006.

Rose, David H., and Anne Meyer. Teaching Every Student in the Digital Age: Universal Design for Learning. Alexandria, VA: Association for Supervision and Curriculum Development, 2007.

Sapon-Chevin, Mara. Widening the Circle: The Power of Inclusive Classrooms. Boston: Beacon Press, 2007.

Schwarz, Patrick. From Disability to Possibility: The Power of Inclusive Classrooms. Portsmouth, NH: Heinemann, 2006.

Schwarz, Patrick, and Paula Kluth. You're Welcome: 30 Innovative Ideas for the Inclusive Classroom. Portsmouth, NH: Heinemann, 2007.

Tomlinson, Carol Ann. The Differentiated Classroom: Responding to the Needs of All Learners. Upper Saddle River, NJ: Prentice-Hall, 1999.

Udvari-Solner, Alice, and Paul Kluth. Joyful Learning: Active and Collaborative Learning in Inclusive Classrooms. Thousand Oaks, CA: Corwin Press, 2007.

기관

Center for Applied Special Technology. 40 Harvard Mills Square, Suite 3, Wakefield, MA 01880. (781) 245-2212. E-mail:cast@cast.org. Specializes in Universal Design for Learning technologies.

신경다양성의 다른 유형

책

Bragdon, Allan D., and David Gamon. Brains That Work a Little Bit Differently. Bass River, MA: Brainwaves Books, 2000.

Cytowic, Richard E. The Man Who Tasted Shapes. Cambridge: MIT Press, 2003.

Cytowic, Richard E., and David M. Eagleman.Wednesday Is Indigo Blue: Discovering the Brain of Synesthesia. Cambridge: MIT Press, 2009.

Grimm, James. The Heart's Alphabet: Daring to Live with Cerebral Palsy. Minneapolis: Tasora Books, 2007.

LaPlante, Eve. Seized: Temporal Lobe Epilepsy As a Medical, Historical, and Artistic Phenomenon. Backinprint.com, 2000.

Larson, Kristine. Stephen Hawking: A Biography. Amherst, NY: Prometheus, 2007.
크리스틴 라센,『스티븐 호킹』, 윤혜영 옮김(이상미디어, 2010)

Luria, Alexander. The Man with the Shattered World: The History of a Brain Wound. Cambridge: Harvard University Press, 1987.

───. The Mind of a Mnemonist: A Little Book About a Vast Memory. Cambridge: Harvard University Press, 2006.
알렉산드르 로마노비치 루리야,『모든 것을 기억하는 남자』, 박중서 옮김(갈라파고스, 2007)

Mooney, Jonathan. The Short Bus: A Journey Beyond Normal. New York: Holt, 2008.
조너선 무니,『숏버스』, 전미영 옮김(부키, 2011)

Ramachandran, V. S. A Brief Tour of Human Consciousness: From Imposter Poodles to Purple Numbers. Upper Saddle River, NJ: Pi Press, 2005.

Ramachandran, V. S., and Sandra Blakeslee. Phantomsin the Brain: Probing the Mysteries of the Human Mind. New York: Harper Perennial, 1999.

빌라야뉴르 라마찬드란, 샌드라 블레이크스리, 『라마찬드란 박사의 두뇌 실험실』, 신상규 옮김(바다출판사, 2007)

Sacks, Oliver. Musicophilia: Tales of Music and the Brain. New York: Vintage, 2008.
올리버 색스, 『뮤지코필리아』, 장호연 옮김(알마, 2012)

———. Seeing Voices. New York: Vintage, 2000.
올리버 색스, 『목소리를 보았네』, 김승욱 옮김(알마, 2012)

영상

Awakenings. Directed by Penny Marshall. 121 minutes, 1990. Columbia Pictures. A group of hospital patients cognitively "frozen" for decades due to the effects of the 1920s encephalitis epidemic come alive as a result of L-dopa and the compassion of one doctor (Oliver Sacks, played by Robin Williams).
『사랑의 기적』, 페니 마셜 감독(2001)

Memento. Directed by Christopher Nolan. 117 minutes, 2000. Newmarket Capitol Group. A person with memory loss tries to figure out who murdered his wife and caused his own brain damage.
『메멘토』, 크리스토퍼 놀란 감독(2001)

Twitch and Shout. Directed by Laurel Chiten.59 minutes, 1993. Documentary about people with Tourette's Syndrome.

1장 ————————————————————————————————————

1. R. C. Kessler et al., "Prevalence, Severity, and Comorbidity of Twelve-Month DSM-IV Disorders in the National Comorbidity Survey Replication (NCS-R)," Archives of General Psychiatry 62, no. 6 (2005): 617-627.

2. John J. Ratey, Shadow Syndromes: The Mild Forms of Major Mental Disorders That Sabotage Us (New York: Bantam, 1998).

3. See Max Coltheart, "Deep Dyslexia Is Right Hemisphere Reading" Brain and Language 71, no. 2 (February 2000): 299-309.

4. See, for example, Martin Seligman, Authentic Happiness: Using the New Positive Psychology to Realize Your Potential for Lasting Fulfillment (New York: Free Press, 2004).
마틴 셀리그만, 『긍정심리학』, 김인자, 우문식 옮김(물푸레, 2014)

5. Harvey Blume, "Neurodiversity," Atlantic, September 30, 1998, http://www.theatlantic.com/magazine/archive/1998/09/neurodiversity/305909/.

6. Judy Singer, "Why Can't You Be Normal for Once in Your Life?" in Disability Discourse, edited by Mairian Corker and Sally French (Buckingham, England: Open University Press, 1999), 64. For another early use of the term "neurodiversity," see Jane Meyerding,"Thoughts on Finding Myself Differently Brained," http://mjane.zolaweb.com/diff.html.

7. René Descartes, The Philosophical Writings of Descartes (Cambridge: Cambridge University Press, 1985), 1:139.

8. Richard Lewontin, The Triple Helix: Gene, Organism, and

Environment(Cambridge: Harvard University Press, 2000), 74 – 75. 리처드 르원틴, 『3중 나선』, 김병수 옮김(잉걸, 2001)

9. Melvin D. Levine, The Concentration Cockpit: Poster, Examiners Guide, Explanatory Text and Record Form, Marker (Cambridge, MA: Educators Publishing Service, 1997).

10. Quoted in John Cornwell, "Master of Creation?" London Times Online, July 1, 2007.

11. See Sandra Blakeslee, "Disease That Allowed Torrents of Creativity," New York Times, April 8, 2008.

12. S. E. Shaywitz et al., "Evidence That Dyslexia May Represent the Lower Tail of a Normal Distribution of Reading Ability," New England Journal of Medicine 326 (January 16, 1992): 145.

13. M. M. Ohayon, "Prevalence of Hallucinations and Their Pathological Associations in the General Population," Psychiatry Research 97, nos. 2 – 3(2000): 153 – 164; John Kerns, "Experimental Manipulation of Cognitive Control Processes Causes an Increase in Communication Disturbances in Healthy Volunteers," Psychological Medicine 37, no. 7 (January 8, 2007): 995 – 1004.

14. Samuel Cartwright, "Diseases and Peculiarities of the Negro Race," De Bow's Review (New Orleans) 11 (1851), http://www.pbs.org/wh/aia/part4/4h3106t.html.

15. Nicholas Hobbs, The Futures of Children (San Francisco: Jossey-Bass, 1975), 24.

16. Ivan Illich, Medical Nemesis (New York: Bantam, 1976), 112.

17. F. John Odling-Smee, Kevin N. Laland, and Marcus W. Feldman, Niche Construction: The Neglected Process in Evolution (Princeton: Princeton University Press, 2003), 2.

18. Steve Silberman, "Geek Syndrome," Wired 9, no. 12 (December 2001), http://www.wired.com/wed/archive/9.12/aspergers.html?pg=4&topic=&topic_set=.

19. Claudia Dreifus, "A Conversation with Carol W. Greider: On Winning a Nobel Prize in Science," NewYork Times, October 12, 2009, http://www.nytimes.com/2009/10/13/science/13conv.html?_r=1; Buzz Aldrin, Magnificent Desolation: The Long Journey Home from the Moon (New York: Harmony, 2009).

20. Mark Rosenzweig, Ed Bennett, and Marian Diamond, "Brain Changes in Response to Experience," Scientific American 226, no. 2(February 1972): 22-29.

21. Carla Counts et al., "Family Adversityin DSM-IV ADHD Combined and Inattention Subtypes and Associated Disruptive Behavior Patterns," Journal of the American Academy of Child and Adolescent Psychiatry 44, no. 7 (July 2005): 690-698.

22. Neal Ryan, "Childhood and Adolescent Depression: Short-Term Treatment Effectiveness and Long-Term Opportunities," International Journal of Methods in Psychiatric Research 12, no.1 (March 24, 2006): 44-53.

23. University of Michigan, "Early Intervention Lessens Impact of Autism," ScienceDaily (June 2004): 16, http://www.sciencedaily.com/releases/2004/06/040616063622.htm.

24. Norman Doidge, The Brain That Changes Itself (New York: Viking, 2007),xiii.

25. Peter D. Kramer, "There's Nothing Deep About Depression," New York Times Magazine, April 17, 2005,http://www.nytimes.com/20/04/17/magazine/17DEPRESSION.html.

2장

1. Russell Barkley is quoted in Susan Moses, "Hypotheses on ADHD Debated at Conference," APA Monitor (American Psychological Association) (February 1990): 34.

2. F. Xavier Castellanos et al.,"Developmental Trajectories of Brain Volume Abnormalities in Children and Adolescents with Attention-Deficit/ Hyperactivity Disorder," Journal of the American Medical Association 288, no. 14(October 9, 2002): 1740-1748.

3. P. Shaw et al., "Attention Deficit/Hyperactivity Disorder Is Characterized by a Delay in Cortical Maturation," Proceedings of the National Academy of Sciences 104, no. 49 (December 4, 2007): 19649-19654.

4. J. C. Hill and E. P. Schoener,"Age-Dependent Decline of Attention Deficit Hyperactivity Disorder," American Journal of Psychiatry 154, no. 9 (1996): 1323-1325.

5. Ronald W. Clark, Einstein: The Life and Times (New York: Avon, 1984), 27 (emphasisadded).

6. Ashley Montagu, Growing Young (Boston: Bergin and Garvey, 1988); Stephen Jay Gould, Ontogeny and Phylogeny (Cambridge: Harvard University Press, 1977).

7. Montagu, Growing Young, 175.

8. J. Biederman et al., "Family-Genetic and Psychosocial Risk Factors in DSM-III Attention Deficit Disorder," Journal of the American Academy of Child and Adolescent Psychiatry 29, no. 4 (1990): 526-533.

9. Florence Levy et al., "Attention Deficit Hyperactivity Disorder: A Category or a Continuum? Genetic Analysis of a Large Scale Twin Study," Journal of the American Academy of Child and Adolescent Psychiatry 36, no. 6 (June 1997): 737-744.

10. J. Benjamin et al., "Population and Familial Association Between the D4 Dopamine Receptor Gene and Measures of Novelty Seeking," Nature Genetics 12, no. 1 (January 1996): 81-84.

11. Yuan-Chung Ding et al., "Evidence of Positive Selection Acting at the Human Dopamine Recept or D4 Gene Locus," Proceedings of the National Academy of Science 99, no. 1(January 8, 2002): 309-314.

12. Robert Moyzis quoted in "Attention-Deficit Hyperactivity Disorder Related to Advantageous Gene," press release, University of California, Irvine, January 8, 2002, http://www.universityofcalifornia.edu/news/article/3848.

13. For an elaboration of these views, see Peter S. Jensen et al., "Evolution and Revolution in Child Psychiatry: ADHD As a Disorder of Adaptation," Journal of the American Academy of Child and Adolescent Psychiatry 36, no. 12(December 1997): 1672-1679.

14. See Thom Hartmann, Attention Deficit Disorder: A Different Perception (Nevada City, CA: Underwood Books, 1997).

15. Terry Orlick, Second Cooperative Sports and Games Book (New York: Pantheon, 1982), 128.

16. Bonnie Cramond, "Attention-Deficit Hyperactivity Disorder and Creativity—What Is the Connection?" Journal of Creative Behavior 38, no. 3 (1994): 193-210.

17. Matthew Kutz quoted in Thom Hartmann and Janie Bowman, Think Fast! The ADD Experience (Nevada City, CA: Underwood Books, 1996), 88.

18. Lara Honos-Webb quoted in Anne Underwood, "The Gift of ADHD?" Newsweek, March 14, 2005,http://www.newsweek.com/id/145658.
라라 호노스웹, 『ADHD 아동의 재능』, 양돈규, 변명숙 옮김(시그마프레스, 2007)

19. Maria Montessori, The Secret of Childhood (New York: Ballantine,

1973), 119; Mihaly Csíkszentmihályi, Flow: The Psychology of Optimal Experience (New York: HarperCollins, 1990).

20. Sydney S. Zentall and Thomas R.Zentall, "Activity and Task Performance of Hyperactive Children As a Function of Environmental Stimulation," Journal of Consulting and Clinical Psychology 44, no. 5 (1976): 693 – 697.

21. O. L. Schilling et al., "Classroom Seating for Children with Attention Deficit Hyperactivity Disorder: Therapy Balls Versus Chairs," American Journal of Occupational Therapy 57 (2003): 534 – 541.

22. Frances Kuo quoted in Carl Sherman,"Natural ADHD Treatments: An Alternative to Medication," ADDitude Magazine(April – May 2006), http://www.additudemag.com/adhd/article/print/1537.html. See also Frances E. Kuo and Andrea Faber Taylor, "A Potential Natural Treatment for Attention Deficit/Hyperactivity Disorder," American Journal of Public Health 94, no. 9 (September 2004): 1580 – 1586.

23. Jaak Panksepp, "Attention Deficit Hyperactivity Disorders, Psychostimulants, and Intolerance of Childhood Playfulness: A Tragedy in the Making?" Current Directions in Psychological Science 7 (1998): 91.

24. Quoted in Harold C. Cohen with Bryan Bailer, "Lazy, Crazy, or Stupid," Fire Chief (August 1, 1999), http://firechief.com/mag/firefighting_lazy_crazy_stupid/.

25. David Neeleman and Paul Orfalea quotedin Lois Gilman, "Career Advice from Powerful ADHD Executives," ADDitude Magazine (December – January 2005), http://www.additudemag.com/adhd/article/754.html#.

26. Kris Paige, "My PDA Keeps Me on Track!"http://www.addresources.org/article_pda_paige.php.

27. David Neeleman and Paul Orfalea quotedin Gilman, "Career Advice from Powerful ADHD Executives."

28. Jeff Hamilton quoted in Carl Sherman, "Coming Out of a Fog," ADDitude Magazine (April – May 2006),http://www.additudemag.com/adhd/article/print/775.html.

29. For information about the source of this quotation, see http://www.snopes.com/quotes/edison.asp.

3장

1. Amanda Baggs, "In My Language," http://www.youtube.com/watch?v=JnylM1hI2jc.

2. See, for example, Oliver Sacks, Seeing Voices: A Journey into the World of the Deaf (NewYork: Harper Perennial, 1990).
올리버 색스, 『목소리를 보았네』, 김승욱 옮김(알마, 2012)

3. David Wolman, "The Truth About Autism: Scientists Reconsider What They Think They Know," Wired 16, no. 3 (February 25, 2008).

4. See, for example, Paul A. Offit, Autism's False Prophets: Bad Science, Risky Medicine, and the Search for a Cure (NewYork: Columbia University Press, 2008). For a "vaccine causes damage" perspective, see Jenny McCarthy, Mother Warriors: A Nation of Parents Healing Autism Against All Odds (New York: Dutton,2008).

5. Simon Baron-Cohen and Patrick Bolton, Autism: The Facts (Oxford: Oxford University Press, 1993).
Simon Baron, 『자폐증의 진단과 치료』, 강영심 옮김(특수교육, 1996)

6. "Mirror, Mirror in the Brain: Mirror Neurons, Self-Understanding, and Autism Research," ScienceDaily (November 7, 2007), http://www.sciencedaily.com/releases/2007/11/071106123725.htm; Benedict Carey, "In Novel Theory of Mental Disorders, Parents' Genes Are in Competition," New York Times, November 11, 2008.

7. Simon Baron-Cohen, The Essential Difference: The Truth About the Male and Female Brain (New York: Basic Books, 2003).
   사이먼 배런코언, 『그 남자의 뇌 그 여자의 뇌』, 김혜리 옮김(바다출판사, 2008)

8. Deborah Tannen, You Just Don't Understand: Women and Men in Conversation (New York: Ballantine Books, 1991).
   데보라 태넌, 『그래도 당신을 이해하고 싶다』, 정명진 옮김(한언, 2012)

9. Mary Ann Winters-Messiers, "From Toilet Brushes to Tarantulas: Understanding the Special Interest Areas of Children and Youth with Asperger Syndrome," Remedial and Special Education 28, no. 3 (May – June 2007): 140.

10. Jonathan Leake, "Autism Genes Can Add Up to Genius," Manchester Times Online, October 5,2008.

11. Anthony Storr, Solitude: A Return to the Self (New York: Free Press, 1988),xii.
    앤서니 스토, 『고독의 위로』, 이순영 옮김(책읽는수요일, 2011)

12. Amitta Shah and Uta Frith, "Why Do Autistic Individuals Show Superior Performance on the Block Design Task?" Journal of Child Psychology and Psychiatry 34, no. 8(1993): 1351 – 1364.

13. Simon Baron-Cohen, "Superiority on the Embedded Figures Task in Autism and in Normal Males: Evidence of an 'Innate Talent'?" Behavioral and Brain Sciences 21(1998): 408 – 409.

14. Pamela Heaton, "Pitch Memory, Labeling, and Disembedding in Autism," Journal of Child Psychology and Psychiatry 44, no. 4(2003): 543 – 551.

15. Laurent Mottron et al., "Enhanced Perceptual Functioning in Autism: An Update and Eight Principles of Autistic Perception," Journal of Autism and Developmental Disorders 36, no. 1 (January 2006): 27 – 43. See also

Kate O'Connor and IanKirk, "Brief Report: A typical Social Cognition and Social Behaviours in Autism Spectrum Disorder; A Different Way of Processing Rather than an Impairment," Journalof Autism and Developmental Disorders (August2008).

16. Stuart Shanker, personal communication, October 3, 2008.

17. Temple Grandin, Animals in Translation: Using the Mysteries of Autism to Decode Animal Behavior (New York: Harcourt, 2005), 34.
템플 그랜딘, 캐서린 존슨, 『동물과의 대화』, 권도승 옮김(샘터, 2006)

18. Temple Grandin, Thinking in Pictures and Other Reports from My Life with Autism (New York: Doubleday, 1995), 19, 20 – 21.
템플 그랜딘, 『나는 그림으로 생각한다』, 홍한별 옮김(양철북, 2005)

19. Michelle Dawson et al., "The Level and Nature of Autistic Intelligence," Psychological Science 8, no. 8 (August 2007): 657 – 662.

20. University of Montreal, "Autistics Better at Problem-Solving, Study Finds," ScienceDaily (June 17, 2009), http://www.sciencedaily.com/releases/2009/06/090616121339.htm.

21. Research Autism.net, http://www.researchautism.net/alphabeticalInterventionList.ikml?startat=20&set=1.

22. Stanley I. Greenspan and Serena Wieder, Engaging Autism: Using the Floortime Approach to Help Children Relate, Communicate, and Think (Cambridge, MA: DaCapo/Perseus, 2006), 59.

23. Educating Children with Autism (Washington, DC: National Academy Press, 2001). See also Stanley I. Greenspan and Serena Wieder, "Developmental Patterns and Outcomes in Infants and Children with Disorders of Relating and Communication: A Chart Review of 200 Cases of Children with Autistic Spectrum Diagnoses," Journal of Developmental and Learning Disorders 1 (1997): 87 – 141.

24. Hans Asperger quoted in Uta Frith, ed. and trans., Autism and Asperger Syndrome (Cambridge: Cambridge University Press, 1991), 45.

25. Stephen Shore, "Life on and Slightly to the Right of the Autistic Spectrum: A Personal Account," EPMagazine (October 2003): 85 – 90.

26. Mother quoted on the Autism Life.com Web site, November 17, 2008, http://www.theautismlife.com/mommys-blog/finding.your.child's.strengths/.

27. Justin Canha discussed in Felice J.Freyer, "Autism Conference Seeks to Highlight Personal Potential," Providence Journal (March 18, 2006),http://www.projo.com/news/content/projo_20060318_autism18.2217371c.html.

28. Mary Ann Winter-Messiers et al., "How Far Can Brian Ride the Daylight 4449 Express? A Strength-Based Model of Asperger Syndrome Based on Special Interest Areas," Focus on Autism and Other Developmental Disabilities 22, no. 2(Summer 2007): 70, 77.

29. Asperger quoted in Frith, Autismand Asperger Syndrome, 45.

30. Lisa Jo Rudy, "Autistic Traits: A Plus for Many Careers," September 3, 2009, http://autism.about.com/od/transitioncollegejobs/p/autismskills.htm.

31. Temple Grandin, "Making the Transition from the World of School into the World of Work," November 17, 2008, http://www.autism.com/individuals/transition.htm.See also "Choosing the Right Job for People with Autism or Asperger's Syndrome," http://www.autism.com/individuals/jobs.htm.

32. Grandin, Animals in Translation, 4 – 5.

33. Joel Smith, "Unusual Sensory Traits,"September 3, 2009, http://www.thiswayoflife.org/senses.html.

34. Rachel Cohen-Rottenberg, August 14,2009, http://www.aspergerjourneys.com/2009/08/12/deafness-and-my-experience-of-autism/.

35. I learned this from a lecture by Karl Pribram at a conference on brain-based learning sponsored by Public Information Services in Washington, D.C., on May 4, 2001.

4장

1. An original version of this tale can befound in Jalal-al-Din Rumi, The Masnavi: Book One (Oxford: Oxford University Press), 174-175.

2. S. E. Shaywitz et al., "Functional Disruption in the Organization of the Brain for Reading in Dyslexia," Proceedings of the National Academy of Sciences 95 (1998):2636-2641.

3. Sally E. Shaywitz, Overcoming Dyslexia: A New and Complete Science-Based Program for Reading Problems at Any Level (New York: Vintage, 2005).
Sally Shaywitz, M.D., 『난독증의 진단과 치료』, 정재석, 제소영, 이은경 옮김(하나의학사, 2011)

4. Norman Geschwind, "Language and the Brain," Scientific American 226, no. 4 (1972):76-83.

5. Beverly Steffart quoted in Diana Appleyard, "The Art of Being Dyslexic," The Independent (London), February 27, 1997, http://www.independent.co.uk/news/education/educationnews/education-the-art-of-being-dyslexic-1280776.html.

6. Sara G. Tarver, Patricia S. Ellsworth, and David J. Rounds, "Figural and Verbal Creativity in Learning Disabled and Nondisabled Children," Learning Disability Quarterly 3 (Summer1980): 11-18.

7. John Everatt, Beverly Steffart, and Ian Symthe, "An Eye for the Unusual: Creative Thinking in Dyslexics," Dyslexia 5 (1999): 28 – 46.

8. Catya von Károlyi et al., "Dyslexia Linked to Talent: Global Visual-Spatial Ability," Brain and Language 85 (2003): 430.

9. See Marshall McLuhan, The Gutenberg Galaxy: The Making of Typographic Man (Toronto: University of Toronto Press, 1962). 마샬 맥루한, 『구텐베르크 은하계』, 임상원 옮김(커뮤니케이션북스,2001)

10. Thomas G. West, In the Mind's Eye: Visual Thinkers, Gifted People with Learning Difficulties, Computer Images, and the Ironies of Creativity(Buffalo: Prometheus Books, 1991), 229. 토머스 웨스트, 『글자로만 생각하는 사람 이미지로 창조하는 사람』, 김성훈 옮김(지식갤러리, 2011)

11. Bill Dreyer quoted in Betsy Morris, "Overcoming Dyslexia," Fortune, May 13, 2002, http://money.cnn.com/magazines/fortune/fortune_archive/2002/05/13/322876/index.htm.

12. Larry Smarr quoted in Thomas G. West, "The Gifts of Dyslexia: Talents Among Dyslexics and Their Families," HongKong Journal of Paediatrics 10, no. 2 (2005):153 – 158, available at http://hkjpaed.org/details.asp?id=12&show=1234.

13. Julie Logan, "Abstract: Are We Teaching Potential Entrepreneurs in the Best Way to Enhance Their Career Success?" Cass Business School, City University, London, 2007,http://www.cass.city.ac.uk/media/stories/resources/Julie_Logan_abstract.pdf.

14. Charles Schwab quoted in Shaywitz, Overcoming Dyslexia, 356.

15. Richard Branson, Losing My Virginity: How I've Survived, Had Fun, and Made a Fortune Doing Business My Way (New York: TimesBusiness, 1998).

16. Craig McCaw and John Chambers quoted in Morris, "Overcoming Dyslexia"; Diane Swonk quoted in Gilman, "Career Advice from Powerful ADHD Executives" (see chap. 2, n. 25).

17. Elise Temple et al., "Neural Deficits in Children with Dyslexia Ameliorated by Behavioral Remediation: Evidence from Functional MRI," Proceedings of the National Academy of Science 100, no. 5 (March 4, 2003): 2860–2865; Ann Meyler et al., "Modifying the Brain Activation of Poor Readers During Sentence Comprehension with Extended Remedial Instruction: A Longitudinal Study of Neuroplasticity," Neuropsychologia 46, no. 10 (August 2008): 2580–2592.

18. Guinevere F. Eden et al., "Neural Changes Following Remediation in Adult Developmental Dyslexia," Neuron 44, no.3 (October 28, 2004): 411–422; Lynn Flowers quoted in Georgetown University Medical Center, "Old Dog, New Tricks? New Study Examines How the Dyslexic Brain Can Change," ScienceDaily, November 2, 2004, http://www.sciencedaily.com/releases/2004/10/041030212457.htm.

19. Sally Gardner, "Is Dyslexia a Gift?" Manchester Guardian, March 29, 2007, http://www.guardian.co.uk/society/2007/mar/29/health.medicineandhealth.

20. "A Conversation with Sally Shaywitz," http://www.greatschools.net.

21. Ronald Davis quoted in Rosalie P. Fink, "Literacy Development in Successful Men and Women with Dyslexia," Annals of Dyslexia 68 (1998): 311–346, http://findarticles.com/p/articles/mi_qa3809/is_199801/ai_n8767301/?tag=content;col1.

22. Alan Meckler quoted in Gilman, "Career Advice from Powerful ADHD Executives."

23. H. Girard Ebert and Sylvia Law quoted in Fink, "Literacy Development."

증상이 아니라 독특함입니다

24. The Gift of Dyslexia, http://www.thegiftofdyslexia.com.

5장 ────────────────────────────────────

1. Deirdre Bair, Jung: A Biography (Boston: Little, Brown, 2003), 242.
   디어드리 베어, 『융: 1875~1961 분석심리학의 창시자』, 정영목 옮김(열린책들, 2008)

2. Carl Jung, Memories, Dreams, Reflections (New York: Vintage, 1965), 174,199.

3. Ruth Benedict, "Anthropology of the Abnormal," Journal of General Psychology 10 (1934),http://dsc.dixie.edu/owl/syllabi/English2010/BenedictEthical%20Relativism.pdf; Roy Richard Grinker, Unstrange Minds: Remapping the World of Autism (New York: Basic Books, 2007), 125. See also Theresa Deleane O'Nell, Disciplined Hearts: Hearts, Identity, and Depression in an American Indian Community (Berkeley and Los Angeles: University of California Press, 1998).
   로이 리처드 그린커, 『낯설지 않은 아이들』, 노지양 옮김(애플트리태일즈, 2008)

4. Gananeth Obeyesekere, "Depression, Buddhism, and the Work of Culture in Sri Lanka," in Culture and Depression, edited by A. Kleinman and B. Good(Berkeley and Los Angeles: University of California Press, 1985), 134 – 152.

5. Allan V. Horwitz and Jerome C. Wakefield, The Loss of Sadness: How Psychiatry Transformed Normal Sorrow into Depressive Disorder (New York: Oxford University Press, 2007), 225.

6. Emmy Gut, Productive and Unproductive Depression: Success or Failure of a Vital Process (New York: Basic Books, 1989), 12 – 13.

7. See http://www.all-about-beethoven.com/heiligenstadt_test.html,which

contains the text of the Heiligenstadt Testament.

8. Thomas Moore, Care of the Soul: A Guide for Cultivating Depth and Sacredness in Everyday Life (New York: Harper Perennial, 1992), 138.
   토마스 무어, 『영혼의 돌봄』, 김영운 옮김(아침영성지도연구원,2007)

9. Eric Maisel, The Van Gogh Blues: The Creative Person's Path Through Depression (Novato, CA: New World Library, 2002), 8.

10. L. B. Alloy and L. Y. Abramson, "Judgment of Contingency in Depressed and Nondepressed Students: Sadder but Wiser?" Journal of Experimental Psychology: General 108 (1979): 441–485.

11. James Hillman, Kind of Blue (British Broadcasting, 1994) (54 minutes) (emphasis added).

12. Eric G. Wilson, Against Happiness: In Praise of Melancholy (New York:Farrar, Straus, and Giroux, 2008), 4–6; Gut, Productive and Unproductive Depression, 14.
    에릭 G. 윌슨, 『멜랑콜리 즐기기』, 조우석 옮김(세종서적, 2010)

13. See Paul J. Watson and Paul W. Andrews,"Toward a Revised Evolutionary Adaptationist Analysis of Depression: The Social Navigation Hypothesis," Journal of Affective Disorders 72(2002): 1–12.

14. Jim Phelps, "The Biologic Basis of Bipolar Disorder,"http://www.psycheducation.org/BipolarMenism/introduction.htm.

15. Aristotle quoted in Horwitz and Wakefield, Loss of Sadness, 57.

16. Arnold Ludwig, The Price of Greatness: Resolving the Creativity and Madness Controversy (New York: Guilford Press, 1995).
    아놀드 루드비히, 『천재인가 광인인가』, 김정휘 옮김(이화여자대학교출판부, 2007)

17. Nancy C. Andreasen, The Creating Brain: The Neuroscience of Genius (New

York: Dana Press, 2005).

낸시 C. 안드리아센, 『천재들의 뇌를 열다』, 유은실 옮김(허원미디어, 2006)

18. C. M. Santosa et al., "Enhanced Creativity in Bipolar Disorder Patients: A Controlled Study," Journal of Affective Behavior 100,nos. 1 – 3 (June 2007): 31 – 39.

19. Diana I. Simeonova et al., "Creativity in Familial Bipolar Disorder," Journal of Psychiatric Research 39, no. 6 (November 2005): 623 – 631.

20. Kay Redfield Jamison, Touched with Fire: Manic-Depressive Illness and the Artistic Temperament (New York: Free Press, 1996), 103.

21. Masafumi Kodama, Takashi Fujioka, and Ronald S. Duman, "Chronic Olanzipine or Fluoxetine Administration Increases Cell Proliferation in Hippocampus and Prefrontal Cortex of Adult Rat," Biological Psychiatry 57, no. 2 (January 15, 2005): 199.

22. Joanna Saisan et al., "Dealing with Depression: Self-Help and Coping Tips," http://www.helpguide.org/mental/depression_tips.htm.

23. See, for example, Josephine Beatson and Suzanna Taryan, "Predisposition to Depression: The Role of Attachment,"Australian and New Zealand Journal of Psychiatry 37, no. 2 (2003): 219 – 225.

24. E. E. Werner, "Resilience in Development," Current Directions in Psychological Science 4 (1994): 81 – 85.

25. Andrew Solomon, The Noonday Demon: An Atlas of Depression (New York: Scribner, 2001), 31 – 32, 442.

앤드류 솔로몬, 『한낮의 우울』, 민승남 옮김(민음사, 2004)

26. Marya Hornbacher, Madness: A Bipolar Life (Boston: Mariner Books, 2009), 279

1. Paul Bannister, "John Madden: America's Biggest Commuter," http://www.bankrate.com/brm/news/auto/car-guide-2004/madden1.asp.

2. Karen Zipern, "Fleeting Images of Fearful Faces Reveal Neurocircuitry of Unconscious Anxiety," press release, Columbia University Medical Center, December 15, 2004, http://www.cumc.columbia.edu/news/press_releases/hirsch_kandel_etkin_anxiety_neuron.html.

3. NIH/National Institute of Mental Health, "Gene May Bias Amygdala Response to Frightful Faces," ScienceDaily (July 22, 2002), http://www.sciencedaily.com/releases/2002/07/020722073438.htm.

4. Margaret Wehrenberg and Steven M. Prinz, The Anxious Brain: The Neurobiological Basis of Anxiety Disorders and How to Effectively Treat Them (New York: W. W.Norton, 2007), 33 – 34.
마거릿 워렌버그, 『왜 나는 늘 불안한 걸까』, 김좌준 옮김(소울메이트, 2014)

5. Oliver G. Cameron, "The Comorbidity of Anxiety and Depression," http://www.uptodate.com/patients/content/topic.do?topicKey=~zvlz_gUwtZN62/z.

6. Samuel Nathan Gillian, The Beauty of Fear: How to Positively Enjoy Being Afraid (Bronx: Phemore Press, 2002), 28.

7. Robert H. Rosen, Just Enough Anxiety: The Hidden Driver of Business Success (New York: Penguin, 2008), 3.
로버트 로젠, 『황홀한 걱정』, 이진 옮김(비즈니스맵, 2009)

8. Ralph Keys quoted in Bryan Knight, "Writers Thrive on Anxiety," http://ezinearticles.com/?Writers-Thrive-On-Anxiety&id=465886;Dr. Stephen Diamond quoted in Douglas Eby, "The Psychology of Creativity: An Interview with Stephen A. Diamond, Ph.D.," http://talentdevelop.com/interviews/psychcreat.html.

9. Andrea Tone, The Age of Anxiety: A History of America's Turbulent Affair with Tranquilizers (New York: Basic Books, 2009), xvii.

10. Benjamin Franklin, Wit and Wisdom from Poor Richard's Alamanack (Mineola, NY: Dover, 1999), 51.
벤자민 프랭클린, 『재치와 지혜』, 이혜경 옮김(더불어책, 2003)

11. Quoted in the British Psychological Society Research Digest blog, "Don't Worry, Anxiety Has Its Benefits,"http://bps-research-digest.blogspot.com/2006/04/dont-worry-anxiety-has-its-benefits.html. See also W. E. Lee, M. E. J. Wadsworth, and M. Hotop, "The Protective Role of Trait Anxiety: A Longitudinal Cohort Study," Psychological Medicine 36 (2006): 345-351.

12. Chris Cantor, Evolution and Post-traumatic Stress: Disorders of Vigilance and Defence (East Sussex, England: Routledge, 2005), 123-124.

13. Gavin de Becker, The Gift of Fear: Survival Signals That Protect Us from Violence (Boston: Little, Brown, 1997), 7.
개빈 드 베커, 『서늘한 신호』, 하현길 옮김(청림출판, 2008)

14. Mark R. Leary and Robin M. Kowalski, Social Anxiety (New York: Guilford Press, 1995), 26.

15. Quoted in Anthony Stevens and John Price, Evolutionary Psychiatry, 2nd ed. (London: Routledge, 2000), 105.

16. J. M. Schwartz et al., "Systematic Changes in Cerebral Glucose Metabolic Rate After Successful Behavior Modification Treatment of Obsessive-Compulsive Disorder," Archives of General Psychiatry 53 (1996): 109-113. See also Jeffrey Schwartz and Beverly Bayette, Brain Lock: Free Yourself from Obsessive-Compulsive Behavior(New York: Harper Perennial, 1997).
제프리 M 슈워츠, 『사로잡힌 뇌 강박에 빠진 사람들』, 강병철 옮김(마티, 2010)

17. George Gmelch, "Ritual and Magic in American Baseball," in Conformity and Conflict: Readings in Cultural Anthropology, edited by James P. Spradley and David W. McCurdy (New York:Harper, 1994), 356.

18. Judith L. Rapoport and Alan Fiske, "The New Biology of Obsessive-Compulsive Disorder: Implications for Evolutionary Psychology," Perspectives in Biology and Medicine41, no. 2 (Winter 1998); Siri Dulaney and Alan Page Fiske, "Cultural Rituals and Obsessive Compulsive Disorder: Is There a Common Psychological Mechanism?" Ethos 22, no. 3 (September 1994): 250 – 251.

19. Caroline Briggs, "Allen Uses Films to Avoid Anxiety," BBC News, May 12, 2005, http://news.bbc.co.uk/2/hi/entertainment/4539493.stm.

20. See, for example, J. Kabat-Zinn et al.,"Effectiveness of a Meditation-Based Stress Reduction Program in the Treatment of Anxiety Disorders," American Journal of Psychiatry 149(1992): 936943; and J. Miller, K. Fletcher, and J. Kabat-Zinn, "Three-Year Follow-Up and Clinical Implications of Mindfulness-Based Stress Reduction Intervention in the Treatment of Anxiety Disorders," General Hospital Psychiatry 17 (1995): 192 – 200.

7장

1. Teri Sforza, The Strangest Song: One Father's Quest to Help His Daughter Find Her Voice; The Compelling Story of the Link Between a Rare Genetic Disorder and Musical Talent (Amherst, NY: Prometheus Books, 2006), 100.

2. Quoted in Howard M. Lenhoff et al.,"Williams Syndrome and the Brain," Scientific American 277, no. 6 (December 1997): 68.

3. Audrey J. Don, Glenn E. Schellenberg, and Byron P. Rourke, "Music

and Language Skills of Children with Williams Syndrome," Child Neuropsychology 5 (1999): 3; H. Lenhoff, O. Perales, and G. Hickok, "Absolute Pitch in Williams Syndrome,"Music Perception 18, no. 3 (2001): 491–503; D. J. Levitin et al.,"Characterizing the Musical Phenotype in Individuals with Williams Syndrome," Child Neuropsychology 10, no. 4 (2004): 223–247.

4. Lenhoff et al., "Williams Syndrome and the Brain," 68.

5. Wolf Wolfensberger, "The Origin and Nature of Our Institutional Models," in Changing Patterns in Residential Services for the Mentally Retarded, edited by Robert B. Kugel and Wolf Wolfensberger (Washington, DC: President's Committee on Mental Retardation, 1969), para. 115, http://www.disabilitymuseum.org/lib/docs/1909.htm.

6. 〈위의 책〉, para. 224.

7. Fred Hechinger, "About Education," NewYork Times, April 12, 1989.

8. See, for example, Ruth Kaufman and Robert Burden, "Peer Tutoring Between Young Adults with Severe and Complex Learning Difficulties: The Effects of Mediation Training with Feuerstein's Instrumental Enrichment Programme," EuropeanJournal of Psychology of Education 10, no. 1(2004): 107–117; and Susanne M. Jaeggi et al., "Improving Fluid Intelligence with Training on Working Memory," Proceedings of the National Academy of Sciences 105, no. 19 (May 13, 2008): 6829–6833.

9. Howard Gardner, Frames of Mind: The Theory of Multiple Intelligences (New York: Basic Books, 1993).
하워드 가드너, 『지능이란 무엇인가』, 김동일 옮김(사회평론, 2016)

10. Howard Gardner, The Shattered Mind (New York: Vintage, 1976).

11. Antonio R. Damasio, Descartes' Error: Emotion, Reason, and the Human Brain (New York: Harper Perennial, 1995).

안토니오 다마지오, 『데카르트의 오류』, 김린 옮김(중앙문화사, 1999)

12. Steven Pinker, The Language Instinct: How the Mind Creates Language(New York: Harper Perennial, 2007).
    스티븐 핑커, 『언어본능』, 김한영 옮김(그린비, 1998)

13. Elisabeth M. Dykens, "Toward a Positive Psychology of Mental Retardation," American Journal of Orthopsychiatry 76, no. 2 (2006): 189.

14. John Langdon Down, "Observations on an Ethnic Classification of Idiots," London Hospital Reports 3 (1866): 259; Dykens, "Toward a Positive Psychology of Mental Retardation," 189; V. Reddy, E. Williams, and A.Vaughn, "Sharing Laughter: The Humor of Pre-school Children with Down Syndrome," Down Syndrome Research and Practice 7,no. 3 (October 2001): 125–128.

15. Jason Kingsley and Mitchell Levitz, Count Us In: Growing Up with Down Syndrome (Orlando: Harcourt, 1994), 3, 27–28.

16. Chris Burke and Jo Beth McDaniel, A Special Kind of Hero (New York: Doubleday, 1991),49.

17. Jani Klotz, "The Culture Concept: Anthropology, Disability Studies, and Intellectual Disability," paper presented to Disability Studies and Research Institute Symposium, University of Technology, Sydney, 2003, 19, 20,http://www.transforming.cultures.uts.edu.au/pdfs/new_paths_klotz.pdf.

18. Quoted in Howard M. Lenhoff, "Williams Syndrome: An Inspiration for Some Pixie Legends?" Scientific American 277, no. 6 (December 1997): 73.

19. Jared Edward Reser, "Evolutionary Neuropathology and Down Syndrome: An Analysis of the Etiological and Phenotypical Characteristics of Down Syndrome Suggests That It May Represent an Adaptive Response to Severe Maternal Deprivation," Medical Hypothesis 67, no. 3 (2006): 474.

20. Side-by-Side Coalition, "Employ 101: Frequently Asked Questions

(FAQs)—Hiring People with Developmental Disabilities,"March 30, 2009, http://sideside.park-ridge.il.us/employ10employFAQ.htm#1.

21. Klotz,"Culture Concept," 15. See also David Goode, World Without Words (Philadelphia: Temple University Press, 1994).

22. Ron Jones, When God Winked and Fellini Grinned: Some Unusual Stories from an Unusual Place (San Francisco: Ron Jones, 2002), 89–90.

8장

1. Philip K. Dick, Clans of the Alphane Moon (New York: Carroll and Graf,1990).

2. Wikipedia, s.v. "Philip K. Dick," http://en.wikipedia.org/wiki/Philip_K._Dick.

3. See Paul Thompson, "Visualizing Schizophrenia," NewYork Times, June 13, 2008.

4. Daniel Doischer et al., "Postnatal Differentiation of Basket Cells from Slow to Fast Signaling Devices," Journal of Neurosciences 28, no. 48 (November 28, 2008):12956–12968.

5. Susan Whitfield-Gabrieli et al.,"Hyperactivity and Hyperconnectivity of the Default Network in Schizophrenia and in First Degree Relatives of Persons with Schizophrenia," Proceedings of the National Academy of Sciences 106, no. 4 (January 27, 2009): 12791284.

6. Quoted in "Odd Behavior and Creativity May Go Hand in Hand," Newswise, September 6, 2005, http://www.newswise.com/articles/view/514287/.

7. James Joyce, Finnegans Wake (New York: Viking Press, 1969), 3. 제임스 조이스, 『피네간의 경야』, 김종건 옮김(어문학사, 2018)

8. See John L. Karlsson, "Psychosis and Academic Performance," British

Journal of Psychiatry 184 (2004): 327 – 329; J. L. Karlsson, "Genetic Association of Giftedness and Creativity with Schizophrenia," Hereditas 66, no. 2 (1970): 177 – 182.

9. David Horrobin, The Madness of Adam and Eve: How Schizophrenia Shaped Humanity (London: Bantam Press, 2001), 237.

10. D. F. Horrobin et al., "Fatty Acid Levels in the Brains of Schizophrenics and Normal Controls," Biological Psychiatry 30, no. 8 (1991): 795 – 805; M. Peet etal., "Two Double-Blind Placebo Controlled Pilot Studies of Eicosapentaenoic Acidin the Treatment of Schizophrenia," Schizophrenia Research 49, no. 3 (2001): 243 – 251.

11. Nikhil Swaminathan, "It's No Delusion: Evolution May Favor Schizophrenia Genes," Scientific American Online, September 6, 2007, http://www.scientificamerican.com/article.cfm?id=evolution-may-favor-schizophrenia-genes.

12. Sylvia Nasar, A Beautiful Mind (New York: Simon and Schuster/ Touchstone,2001), 11.
실비아 네이사, 『뷰티풀 마인드』, 신현용 외 옮김(승산, 2002)

13. Jung, Memories, Dreams, Reflections,125 – 126 (see chap. 5, n. 2); Carl Jung, Collected Works, vol. 8, The Structure and Dynamics of the Psyche, translated by R. F. C. Hull, 2nd ed. (Princeton: Princeton University Press, 1981), paras. 317 – 318.

14. S. P. K. Jena and S. Ramachandra,"Creativity Among Schizophrenics and Non-psychiatric Individuals: A Comparative Study," Journal of Personality and Clinical Studies 1 (1995): 59 – 63; T. Merten, "Factors Influencing Word Association Responses: A Reanalysis," Creativity Research Journal 8 (1995):249 – 263.

15. Stuart Baker-Brown quoted in "A Beautiful Mind," BBC News Online, October 10, 2007,http://news.bbc.co.uk/2/hi/uk_news/

magazine/7037314.stm; Timothy Foley quotedin "Schizophrenia and Creativity: New York Features Artwork," March 7, 2007, http://www. schizophrenia.com/sznews/archives/004751.html.

16. Jamison, Touched with Fire, 60 (see chap. 5, n. 20).

17. Louis A. Sass, "Schizophrenia, Modernism, and the 'Creative Imagination': On Creativity and Psychopathology," Creativity Research Journal 13, no. 1 (2000 – 2001): 55 – 74.

18. For more information, see Colin Rhodes, Outsider Art: Spontaneous Alternatives (London: Thames and Hudson, 2000), and the 2004 documentary movie In the Realms of the Unreal, about the work of Henry Darger.

19. Anna Abraham et al., "Creative Thinking in Schizophrenia: The Role of Executive Dysfunction and Symptom Severity," Cognitive Neuropsychiatry 12, no. 3 (2007): 253.

20. Elyn Saks, The Center Cannot Hold (New York: Hyperion, 2007), 229.

21. E. Fuller Torrey and Judy Miller, The Invisible Plague: The Rise of Mental Illness from 1750 to the Present (New Brunswick: Rutgers University Press, 2002), ix – x; Michel Foucault, Madness and Civilization: A History of Insanity in the Age of Reason (New York: Vintage Books, 1988), 8, 35. 미셸 푸코, 『광기의 역사』, 이규현 옮김(나남출판, 2003)

22. Sylvia Mohr and Phillipe Huguelet, "The Relationship Between Schizophrenia and Religion and Its Implication for Care," Swiss Medical Weekly 134 (2004): 369 – 376.

23. Plato, Phaedrus, translated by Benjamin Jowett, http://classics.mit.edu/ Plato/phaedrus.html.

24. David Lukoff, "The Diagnosis of Mystical Experiences with Psychotic Features," Spiritual Competency Resource Center, http://www.

spiritualcompetency.com/se/dxtx/diagnosticcriteriamystical,html; Philippe Huguelet et al., "Spirituality and Religious Practices Among Outpatients with Schizophrenia and Their Clinicians," Psychiatric Services 57 (March 2006): 366 – 372; Peter K. Chadwick, Schizophrenia: The Positive Perspective, 2nd ed. (London: Routledge, 2009), 130.

25. Joseph Campbell, Myths to Live By (New York: Bantam, 1971), 210.
조지프 캠벨, 『신화와 함께 하는 삶』, 이은희 옮김(한숲출판사, 2004)

26. Holger Kalweit, "When Insanity Is a Blessing: The Message of Shamanism," in Spiritual Emergency: When Personal Transformation Becomes a Crisis, edited by Stanislav Grof and Christina Grof (New York: Tarcher/Putnam, 1989), 81.

27. Julian Silverman, "Shamans and Acute Schizophrenia," American Anthropologist 69, no. 1(February 1967): 22, 21.

28. Svitlana Kobets, "Foolishness in Christ: East vs. West," Canadian-American Slavic Studies 34,no. 3 (Fall 2000): 339.

29. Accounts taken from William Donkin, The Wayfarers: Meher Baba with the God-Intoxicated(Walnut Creek, CA: Sufism Reoriented, 1969), 294, 341.

30. World Health Organization, Schizophrenia: An International Follow-Up Study (New York: Wiley,1979). See also Maju Matthews et al., "Better Outcomes for Schizophrenia in Non-Western Countries," Psychiatric Services 57 (January 2006):143 – 144.

31. Nasar, A Beautiful Mind, 335, 354.
실비아 네이사, 『뷰티풀 마인드』, 신현용 외 옮김(승산, 2002)

32. Saks, The Center Cannot Hold, 282, 298.

33. Chadwick, Schizophrenia: The Positive Perspective, 127, 128.

34. 〈위의 책〉, ix.

9장

1. Jessica Calefati, "College Is Possible for Students with Intellectual Disabilities," U.S. News and World Report Online, February 13, 2009, http://www.usnews.com/articles/education/2009/02/13/college-is-possible-for-students-with-intellectual-disabilities.html.

2. Mary Poplin, "Summary Rationalizations, Apologies, and Farewell: What We Don't Know About the Learning Disabled," Learning Disability Quarterly 7 (Spring 1984): 133.

3. See, for example, K. Osterholm, W. R. Nash, and W. A. Kritsonis, "Effects of Labeling Students 'Learning Disabled': Emergent Themes in the Research Literature, 1970 – 2000," Focuson Colleges, Universities, and Schools 1, no. 1 (2007): 1 – 11.

4. P. Albinger, "Stories from the Resource Room: Piano Lessons, Imaginary Illness, and Broken Down Cars," Journal of Learning Disabilities 28 (1995): 615 – 621.

5. Tamar C. Daley and Thomas S. Weisner, "'I Speak a Different Dialect': Teen Explanatory Models of Difference and Disability," Medical Anthropology Quarterly 17, no.1 (2003): 38.

6. N. K. Barga, "Students with Learning Disabilities in Education: Managing a Disability," Journal of Learning Disabilities 29 (1996): 413 – 421.

7. Curtis Decker, School Is Not Supposed to Hurt: Investigative Report on Seclusion and Restraint in Schools(Washington, DC: National Disability Rights Network, 2009). See also Seclusions and Restraints: Selected Cases of Death and Abuse at Public and Private Schools and Treatment Centers, GAO report number GAO-09 – 719T (Washington, DC: Government

Accounting Office, 2009).

8. American Civil Liberties Union and Human Rights Watch, A Violent Education: Corporal Punishment of Children in U.S. Public Schools (New York: Human Rights Watch, 2008).

9. David C. Berliner and Sharon L. Nicols,"High Stakes Testing Is Putting the Nation at Risk," Education Week 26, no. 27 (March 12, 2007): 36.

10. Stephen A. Harman, "Annual Progress and Special Education," letter to the editor, Education Week 25, no. 7 (October 12, 2005): 33; Libby Quaid, "White House Seeks Comments on Education Law," Associated Press, May 5, 2009; Christina A. Samuels, "Teachers Lauded for Refusing to Give Tests," Education Week Blog, March 10, 2009, http://blogs.edweek.org/edweek/speced/2009/03/teachers_lauded_for_refusing_t_1.html?print=1.

11. Bill Henderson, "Champions of Inclusion: Making the Extraordinary Ordinary," TASH Connections 32, nos. 9 – 10 (September – October 2006):21.

12. William Henderson, "High Expectations and Developmental Disabilities," Developmental Disabilities Leadership Forum 3,no. 1 (Spring 2003), http://www.mnip-net.org/ddlead.nsf/2c45a89887a4779185256a720054b1bb/1e4455b9fe2cb08b85256d3c00559dbd!OpenDocument.

13. 〈위의 책〉.

14. Suzanne Sataline, "A Matter of Principal," Boston Globe, January 30, 2005.

15. See, for example, Frank Fitch, "Inclusion, Exclusion, and Ideology: Special Education Students' Changing Sense of Self," Urban Review 35, no. 3 (September2003): 233 –252.

16. Grinker, Unstrange Minds, 183 (see chap. 5, n. 3).
로이 리처드 그린커, 『낯설지 않은 아이들』, 노지양 옮김(애플트리태일즈,2008)

17. See Julie Causton-Theoharis and George Theoharis, "For All Students," Education Digest 74, no. 8 (February 2009): 43-47.

18. See, for example, David H. Rose and Anne Meyer, Teaching Every Student in the Digital Age: Universal Design for Learning (Alexandria, VA: Association for Supervision and Curriculum Development, 2002).

19. See, for example, Thomas Armstrong, Multiple Intelligences in the Classroom, 3rd ed.(Alexandria, VA: Association for Supervision and Curriculum Development, 2009).
Thomas Armstrong, 『다중지능과 교육』, 김동일 옮김(학지사, 2014)

20. J. J. Rousseau, Emile;or, On Education, translated by A. Bloom (1762; reprint,New York: Basic Books, 1979), 37-38; Friedrich Froebel, The Education of Man (New York: Appleton, 1887), 8; Maria Montessori, To Educate the Human Potential (Oxford: Clio Press, 1989), http://www.moteaco.com/abcclio/human.html.
장 자크 루소, 『에밀』, 김중현 옮김(한길사, 2003)

10장

1. Robert Austin, Jonathan Wareham, and Xavier Busquets, Specialisterne: Sense and Details, HBS case study 9-608-109 (Cambridge: Harvard Business School, 2008), 1.

2. "Better, Faster . . . and No Office Politics: The Company with the Autistic Specialists," The Independent, May 31, 2009, http://www.independent.co.uk/life-style/gadgets-and-tech/features/better-faster-and-no-office-politics-the-company-with-the-autistic-specialists-1693057.html.

3. 〈위의 책〉.

4. Austin, Wareham, and Busquets, Specialisterne: Sense and Details, 18.

5. Tang emperor Taizon (648 CE) quoted in Patricia Buckley Ebrey, ed., Chinese Civilization: A Sourcebook, 2nd ed. (New York: Free Press, 1993), 113.

6. Fyodor Dostoyevsky, The Brothers Karamazov, translated by Andrew R. MacAndrew (New York: Bantam, 1970), 149.
Fyodor Dostoyevsky, 『카라마조프 가의 형제들』, (THE TEXT, 2008)

7. Thorkil Sonne quoted in "Better, Faster… and No Office Politics"; Larry Abramson quoted in Gary Anthes, "The Invisible Workforce," Computerworld, May 1, 2000, http://www.computerworld.com/s/article/44587/The_Invisible_Workforce.

8. Thomas Hehir, "Eliminating Ableism in Education," Harvard Educational Review 72, no. 1(Spring 2002): 3.

9. Robert Lewis Stevenson, Dr Jekyll and Mr. Hyde (New York: Tor Publishers, 1991): 7.
로버트 루이스 스티븐슨, 『지킬 박사와 하이드』, 김세미 옮김(문예출판사, 2009)

10. Matt Ridley, Genome: The Autobiography of a Species in 23 Chapters (NewYork: Harper Collins Perennial, 2000), 145.
매트 리들리, 『생명설계도』, 하영미, 전성수, 이동희 옮김(반니, 2016)

11. G. K. Chesterton and Jorge Luis Borges quoted in Borges, Selected Non-Fictions (New York: Viking, 1999), 232, 236; Robert Musil, The Man Without Qualities, translated by Sophia Wilkins (New York: Vintage, 1996), 271 – 272.

12. Evelyn Fox Keller, The Century of the Gene (Cambridge: Harvard University Press, 2000), 37.
이블린 폭스 켈러, 『유전자의 세기는 끝났다』, 이한음 옮김(지호, 2002)

13. See, for example, Graham Bell, Selection: The Mechanism of Evolution

(New York: Springer,1996), http://www.gate.net/~rwms/EvoMutations.
html.

14. Keller, Century of the Gene, 37.

15. H. G. Wells, The Country of the Blind, and Other Science Fiction Stories
(New York: Dover Publications, 1997),http://www.gutenberg.org/
files/11870/11870 8.txt.

16. "The Eye of the Beholder," written by Rod Serling, on Twilight Zone,
first aired on CBS on November 11, 1960. See also Marc Scott Zicree, The
"Twilight Zone" Companion (Los Angeles: Silman-James Press, 1992),
144-149.

17. Oliver Sacks, An Anthropologist on Mars: Seven Paradoxical Tales(New
York: Vintage, 1996), xvi.
올리버 색스, 『화성의 인류학자』, 이은선 옮김(바다출판사, 2005)

18. http://www.neurodiversity.com.au/lighark.htm(site is no longer active).

19. Quoted in Sacks, Anthropologiston Mars, 292.

20. Howard Gardner on the occasion of his receipt of the Samuel T. Orton
Award by the International Dyslexia Associationin Chicago, November 6,
1999, quoted in Annals of Dyslexia 50, no. 1 (January 1, 2000): ix-xvi.

21. Rob Stein, "New Safety, New Concerns in Testing for Down Syndrome,"
Washington Post, February 24, 2009, A1.

옮긴이 강순이

고려대학교 영어교육과를 졸업했으며, 펍헙 번역그룹에서 활동하고 있다. 옮긴 책으로는 『가짜 우울』, 『무엇이 수업에 몰입하게 하는가』, 『사회주의 100년』(공역), 『우리는 왜 어리석은 투표를 하는가』, 『아이들은 자격이 있다!』, 『부의 주인은 누구인가』 등이 있다.

감수한 이 김현수

서울에서 태어나 초·중·고와 의과대학을 모두 서울에서 마쳤다. 의사로서의 첫 근무지인 김천 소년 교도소에서 빈곤과 장애 청소년들의 현실을 배우기 시작했고, 이후 정신과 전문의 자격을 취득하고 현재까지 청소년, 지역사회, 중독, 트라우마, 정신분석 등의 분야에서 사회 정신의학과 관련된 일을 해오고 있다.

2002년 '성장학교 별'을 설립하여 아픔과 어려움이 있는 청소년들을 위한 치유형 대안학교 활동에 지금까지 참여하고 있고, '스타칼리지'라는 청년 학교와 더불어 경계인들의 작업공간인 '아자라마'를 마련해서 그들과 함께하고 있다.

명지병원 정신건강의학과에서 진료 및 상담하고 있고, 교육과 강의 등 다양한 활동을 지속하고 있다. 저서로는 『요즘 아이들 마음고생의 비밀』, 『공부 상처』, 『교사 상처』, 『중2병의 비밀』, 『무기력의 비밀』, 『교실심리』가 있다. 역서로는 『우리는 왜 분노에서 벗어나지 못하는가』, 『빈곤가족과 일하기』, 『정신장애로부터 어떻게 회복할 것인가』 등이 있으며 감수한 책으로 『몸은 기억한다』 등이 있다.

증상이 아니라 독특함입니다

부모와 교사를 위한 신경다양성 안내서

초판 1쇄 펴낸날 2019년 11월 7일
초판 4쇄 펴낸날 2024년 7월 12일

지은이 토머스 암스트롱
옮긴이 강순이
감수한이 김현수
펴낸이 이후언
편 집 이후언
디자인 윤지은
인 쇄 화정문화사
제 책 강원제책사

발행처 새로온봄
주 소 서울시 관악구 솔밭로7길 16, 301-107
전 화 02) 6204-0405
팩 스 0303) 3445-0302
이메일 hoo@onbom.kr
홈페이지 www.onbom.kr

© onbom, 2019. Printed in Seoul, Korea

ISBN 979-11-956996-6-7 (03370)

* 이 도서의 국립중앙도서관 출판예정도서목록(CIP)은 서지정보유통지원시스템(http://seoji.nl.go.kr)과
  국가자료공동목록시스템(http://www.nl.go.kr/korisnet)에서 이용하실 수 있습니다.
  (CIP제어번호: CIP2019040911)